Zweite Auflage
Verlag: tredition GmbH, Hamburg
© Peter Gaßmeyer 2016

Das Buch ist als Paperback (ISBN 978-3-7345-3376-1)
und auch als e-Book  (ISBN 978-3-7345-3378-5) erhältlich.

# ... ich will, daß er bleibe, bis ich komme

## Auftrag und Aktualität des Johannesevangeliums

2015

# Inhaltsverzeichnis

**Peter Gaßmeyer,**
geboren 1941 in Schweidnitz/Schlesien, Oberstu-
dienrat, verheiratet, drei Kinder. Nach Beendi-
gung der beruflichen Lehrtätigkeit Beschäftigung
mit Geisteswissenschaft, insbesondere der
Erkenntnistheorie. Eigentliches Anliegen:
Neubelebung des christlichen Glaubens durch
Hinwendung des einzelnen zur Spititualität.

Das Umschlagbild: Michelangelo Buonarroti (1475-1564)
Die Erschaffung Adams, c. 1511
Ausschnitt aus dem Deckengemälde in der Sixtinischen Kapelle, Vatikan

# Vorwort

Am Beginn stand meine Beschäftigung mit den biblischen Gleichnissen. Wie rasch versagten da die intellektuellen Bordmittel, mit denen mich Schule und öffentliches Leben ausgestattet hatten! Die Formel „gegeben ist – gesucht wird durch Verbinden mit Kausalketten" eröffnete bestenfalls Teilaspekte. Nicht dass das logische Schlussfolgern außer Kraft gesetzt gewesen wäre, aber ich merkte rasch, dass es nicht zum eigentlichen Problemlöser taugte, sondern nur Hilfsfunktion hatte.

Hinzu kam eine Diskussion, die 150 Jahre historisch-kritische Bibelauslegung ausgelöst hat in den letzten Jahren: das Bedürfnis nach mehr spiritueller Exegese.

Im Beitrag von Ursula Batz (Publik-Forum Nr. 24, 2013) wird das thematisiert. Ist es möglich, die Bibel ohne Verlust kritischen Denkens und ohne Verlust der spirituellen Tiefe in die Gegenwart zu holen?

Dabei wird die Notwendigkeit betont, „die Geschichten und Gestalten der Schrift als Metaphern und Gleichnisse für die persönliche Glaubenspraxis lebendig zu machen", was eben die historisch-kritische Methode nicht leiste. Gleichzeitig wird warnend der Finger erhoben, letztere nicht „zugunsten einer spiritualistisch-symbolischen Interpretation über Bord zu werfen". Meditation wird in diesem Artikel gleichgesetzt mit „besinnlichem Nachdenken über Worte der Bibel und die sinnliche Realität". Sinneswahrnehmungen seien jedoch nie „reine", sondern stets kulturell und historisch bedingt, weswegen sich demgemäß auch die Meditation in einem politisch-sozialen Kontext bewege.

Gotteserfahrung, als dritter und letzter Schritt, sei der Contemplatio vorbehalten, der *unio mystica*. Sie sei nicht mehr vermittelbar, da die Unzulänglichkeit menschlicher Sprache dies verhindere. Im Übrigen sei unklar, ob die Gotteserfahrung personal oder apersonal vorzustellen sei.

So viel geistige Bedenkenträgerei und Übernahme von altbekannten Klischees war mir ein dankbares Gegenüber und eine Möglichkeit, meinen eigenen Weg leichter zu klären. Es ging mir vor allem um den Erkenntnisweg der Meditation. Er wird uns angeboten als „symbolische Interpretation" und „besinnliches Nachdenken". Letzteres gab mir den Geschmack schöngeistiger Literatur auf die Zunge, einer Form der Beliebigkeit, welche der Existentialität der Thematik nicht gerecht wird. Die symbolische Interpretation vollends ließ mich die ganze Blutleere des scholastischen Nominalismus empfinden, gepaart und weiterentwickelt mit dem reinen Kantianismus, den der Protestantismus ja bekanntlich mit der Muttermilch aufsaugt.

Das Symbol steht in ihm für ein leeres Gedankenkonstrukt, von dem der Mensch unterschwellig weiß, dass er sein Schöpfer ist, und das ihn deshalb kalt lässt. Vom „besinnlichen Nachdenken" kommt ebenfalls keine Wärme herüber, da es auf die Sinne zurückgeführt wird und die erklärt uns heute die Naturwissenschaft.

Dass Meditation gerade erst im Sich-Freimachen von aller sinnlicher Verstrickung beginnt, war gar kein Thema. Und so kristallisierte sich nach und nach mein eigenes denkerisches Vorgehen heraus, das den meisten ungewohnt sein dürfte. Es geht das Problem als Ganzheit an, indem es diese zunächst nur auf den Menschen einwirken lässt. Bilder Atmosphäre, Handlungen werden so nur angeschaut, wahrgenommen, ohne dass versucht wird, etwas in sie hineinzulegen. Damit wird alles ausgeschaltet, was uns so durch den Kopf schießt als Bild- oder Sinnfetzen, aus denen unser Drang nach schneller Antwort eine kleine Theorie zusammenbasteln möchte. Die stimmt oder nicht, wozu wir in die Sekundärliteratur vermeintlich schlauerer Spezialisten blicken müssen, zumindest solcher mit einem Namen. Titel schaden dabei nicht, zumindest in Deutschland. Da geht der eigene Geist ergeben in die Knie, d. h. er gibt sein Urteilsvermögen ab, bzw. lässt es erst gar nicht zur Entfaltung kommen.

Was auf der Strecke bleibt bei einem solchen Vorgehen, ist das Erleben. Gedanken, die wir nicht auch erleben, sei es in ihrer Entstehung, sei es in ihren Weiterungen, lassen uns kalt, berühren uns nicht. Damit sind sie Kopfgeburten, die uns als ganzen Menschen nicht erreichen.

Die Texte der Bibel aber, allen voran die Evangelien, sind einmal geschrieben worden, um auch die Menschen zu entzünden, die beim Geschehen um Jesus nicht dabei sein konnten, weil sie Nachgeborene sind. Zu einmalig und großartig war das von diesen Ereignissen Berichtete oder Erlebte, als dass man es dem Vergessen hätte anheimgeben können.

Die Sprache des Sinnbildhaften indessen wendet sich an alle in uns veranlagten Wahrnehmungsmöglichkeiten, dabei auch die unterbewussten und die gefühlsmäßigen. Sie alle stellen eine eigenständige Wirkung und Realität in uns her, die nur darauf wartet, aus ihrem Dornröschenschlaf geweckt zu werden. Der Prinz in diesem Märchen ist die immer wieder aus dem Wachbewusstsein, also dem Verstand und dem Willen erfolgende Durchimpulsierung des Ganzen im Sinne einer Thematik oder einer Fragestellung. Der Prinz weckt die schlafende Schöne, worauf sie erwacht und in ihrer Schönheit erblüht. Nüchterner ausgedrückt, wie es unserem Zeitgeist entspricht, heißt das: Die Allegorien und Verschlüsselungen der Schrift erfordern ein multiples mentales Vorgehen. Alle Erkenntniskräfte werden gleichzeitig eingesetzt und genutzt. Das Sinnbild als Ganzes mit seiner eigenen Wirksamkeit, das Empfinden, der Verstand und die höheren Formen des Erkennens wie die Meditation. Zusammen tragen sie dazu bei, dass sich aus dem geistigen Welthintergrund unseres Unterbewusstseins Impulse melden, die ins Bewusstsein des Wortes, der Sprache aufsteigen wollen. Dieser Prozess ist ein dialektischer, d. h. ein Geben und Nehmen, das am Ende zu immer größerer Klarheit sich läutert, um am Ende als Antwort dazustehen, die aus sich selbst spricht. In ihr sind die bisher offenen Fragen gelöst.

Das nenne ich das Wesen der Dinge sprechen lassen. Und was kann ich mehr wollen? Sein Gegenmodell ist das Theorie-Aufstellen. Wissenselemente werden dabei im Sinne der Fragestellung kombiniert, bis sich ein eigener Sinnzusammenhang zeigt. Den legt man an das zu lösende Problem an und kontrolliert, ob eine Übereinstimmung zwischen diesem und der Frage besteht. Es ist das uns aus der Naturwissenschaft bekannte Vorgehen der Empirie. Haut es nicht hin, weil zu viel offen, d. h. ungeklärt oder widersprüchlich bleibt, ist eine neue, verbesserte Theorie zu entwickeln und so fort.

Statt zurückzutreten und die Dinge aus sich sprechen zu lassen, wird ihnen permanent ein fremder Wille, eine fremde Sicht übergestülpt. Wenn diese in sich logisch erscheint, ist der Zeitgenosse bereit, die These als Lösung zu akzeptieren. Was nicht bedacht wird dabei: Diese Logik muss nicht der Natur der zu erkennenden Dinge entsprechen.

Für einen glaubensbereiten und -fähigen Menschen ist zusätzlich zu bedenken: Christus sagt nicht ohne Grund und Unterlass, dass er spreche, wie er höre, und meint damit das Wort des Welten-Vaters. Er legt expressis verbis Wert darauf, dass er die Welt nicht nach seiner subjektiven Sicht erklärt, sondern nach dem Geist, der der Schöpfung zugrunde liegt, zu dem er aber unmittelbar Zugang hat. Damit fordert er uns auf, ein Entsprechendes zu tun, wozu er uns mit seinem Tod den Geist des Vaters entbunden hat. Wäre dieser dem Menschen nicht grundsätzlich zugänglich, wäre Christi Tat und Reden null und nichtig. Deswegen kann es auch nicht sein, spirituelle Erkenntnisse, die sich zweifelsfrei aus biblischen Texten ergeben, wissenschaftlichen Erkenntnissen nachzuordnen.

Und ein Weiteres folgt daraus: Waren die Evangelisten vom Geist Gottes geführt, und wer wollte daran zweifeln, wenn er auf dem Boden des Glaubens steht, dann müssen auf die Fragen, die sich aus den Texten ergeben, die Antworten auch in den Texten gesucht werden. Diese Antworten können nur verschlüsselt gegeben worden sein, weil sie dem Geist von Jahrtausenden genügen sollen und der Mensch so gezwungen ist, seinen Geist zu aktivieren und das Verwandlungspotenzial freizusetzen, das in den Texten ruht. Diese Aktivitäten und ihre Wirkung an mir selbst erlebt zu haben, gehörte und gehört zum Größten, das mir im Leben geschenkt wurde. Davor habe ich so manchen Traum gehabt, der in seiner Aussage mir den Hintergrund meines Lebensweges angedeutet hat. Mit dem Arbeiten am Johannesevangelium haben diese Hinweise schlagartig aufgehört, sodass ein Zusammenhang zwischen beidem nicht zu übersehen war. Es war, wie wenn es mir geschenkt worden wäre, diese Welt aus ihrer jenseitigen Verankerung zu lösen und den Himmel ein Stück weit in mich hereinzuholen. Mein letzter großer Traum hatte dies auch angedeutet. Ganz verstanden habe ich ihn aber erst durch meine Arbeit am Evangelium, bzw. durch deren Wirkung auf mich.

Es war mein Bestreben, Johannes zu verstehen und zu deuten nur mit den Mitteln, zu denen der Mensch heute geistig-seelischen Zugang haben kann und die jenseits jeglicher Irrationalität liegen. Dass damit selbst Fragen wie die nach dem Autor zu lösen sind, war für mich eine der überraschenden Erkenntnisse. Am nachhaltigsten beeindruckt hat mich aber diese Einsicht: Solange unser Rang- und Ehre-Denken vor der Welt all unsere übrigen seelischen Kräfte aufzehrt, wird die Liebe in der Welt und damit Christus, keine Heimstatt in uns finden. Gegen diesen herrschenden Ungeist gibt es nur ein Mittel: zu einem wahrhaftigen Ich zu gelangen, in welchem Christus auferstehen kann. Um dieses johanneische Ziel muss unser Ringen gehen.

# Stil und Aussage

Stil als literarisches Mittel kann Ausdruck einer Epoche, einer Geschmacksrichtung sein ebenso wie Markenzeichen eines einzelnen Autors. In jedem Fall steht er im Dienste einer künstlerischen Vermittlung des Inhaltes eines Werkes. Johannes entzieht sich weitgehend diesen Kriterien. Der Autor – derzeit nicht bekannt und hinterm Werk verschwindend. Künstlerische Überhöhung – nicht erkennbar. Wirkung des Textes stellt sich auf völlig anderen Wegen ein. Bindung an Geschmacksrichtung? Der Text ist dem Überzeitlichen verpflichtet. Was hervorsticht, ist die Nähe zum Stil des Sinnbildhaften, wie es in Gleichnissen vorliegt, und eine Knappheit in der Vermittlung des Inhaltes. Beide zwingen den Leser unmittelbar in eine gedankliche Auseinandersetzung mit dem Text, allem voran das Sinnbildhafte.

Statt der Gleichnisse bei den Synoptikern stehen bei Johannes die Wundertaten Jesu; sie sind ein Zeichen der Verwandlung, zu der der Einzelne die Voraussetzung seines Glaubens, Jesus aber die Wirkung beisteuert.

Die Wunder sind oft Auslöser von Streitgesprächen zwischen Jesus und seiner verfassten Gegnerschaft, den Pharisäern. Sie dienen dazu, einerseits den Glauben des Alten Bundes dort zu kritisieren, wo er als überholt erscheint, da erstarrt im Formalismus des Gesetzes und tot nach und durch den Geist des Buchstabens. Die Streitgespräche dienen aber auch dazu, Jesu weit über die Gruppe der Pharisäer hinaus zielende Heilsvorstellungen zu transportieren. Überragendes Stilelement aber bleibt die Bildersprache des Evangeliums, auch weil sie im Dienste eines Paradigmenwechsels des Bewußtseins steht, wie wir an Johannes Kap. 16, 25 und 29, noch deutlicher ausgesprochen in Matthäus Kap. 13, 10 ff und 18 ff, erkennen können.

Diese Belegstellen besagen:
1.     Zur Zeit Jesu war die auf Verstand und Vernunft gegründete Sprache unserer Zeit dem Volke noch nicht so selbstverständlicher Besitz wie uns Heutigen. Dafür hatte es noch einen natürlichen Zugang, d. h. einen über Empfindungen und Gemüt, zu Bild und Symbol, was umgekehrt uns heute eher schwerfällt. Letzteres können Sie, lieber Leser, leicht überprüfen. Sie brauchen nur mal ein paar mittelschwere Gleichnisse aus Matthäus Menschen ohne biblische Kenntnisse und unter Ausschluss von Zuhilfenahme von Interpreten vorlegen und Sie werden feststellen, wie schwer sich der heutige Mensch mit ihrem Verständnis tut.

Die Jünger Jesu hatten Zugang zu beidem: zum Bildhaften, als Erbe der Vergangenheit, zu Verstand und Vernunft dank individueller Prädisposition für die kommende Zeit und dank Jesus, weil geschult im Gespräch mit ihm.

2. ## Die doppelte Bedeutung und Wirkung des Bildhaften

Aus den genannten Stellen geht hervor, dass die Intelligenz, das Erkenntnisvermögen der Menschheit, eine Entwicklung durchmacht, aber eben nicht in linearer Weise, wie sich das die heutige Wissenschaft so schön vorstellt. Der Gegenbeweis wurde oben ja bereits angedeutet. Wäre es nicht so, dann dürfte eine Interpretation von Gleichnissen aus eigener Kraft uns heute nicht die Probleme bereiten. Tut es aber.
Anlass genug, sich über die Entwicklung modernen Denkvermögens Gedanken zu machen.

Dieses beginnt etwa 500 Jahre vor unserer Zeitrechnung. Griechische Literatur und Philosophie bezeugen es. Die Übergänge freilich sind schleichend und dauern Jahrhunderte. So lange hängen die Menschen noch am alten, d. h. am gefühlsmäßigen Auffassen einer Geistes- und Götterwelt über die Plastik, das Bild, den Tanz, den Gesang. Nur in ihren fortschrittlichsten Vertretern, oft dargestellt im Mythos, z. B. des Prometheus, oder in Gestalten wie Oedipus oder Odysseus, meldet sich schon mächtig die neue Zeit, die kommen will und muss:
Eine individuelle Auseinandersetzung mit den Phänomenen der Welt. Will besagen: Der Einzelne, das Individuum, nabelt sich ab von der Götterwelt, deren Vermenschlichung ja ein erster Hinweis auf diesen Prozess ist, und tritt ihr gegenüber.

Dadurch empfindet er sie mehr und mehr als fremdes Objekt, zu dem er nur über Benutzung seines erwachenden Verstandes in eine neue Beziehung treten kann. Nicht ohne Grund war dies erste Reflektieren die Geburtsstunde der Philosophie in Griechenland.

Durch das Gegenübertreten und eigenständige Denken wurde aber gleichzeitig ein neues Selbst-Gefühl geboren: Das Selbstbewusstsein meldet sich (Beispiel: der den Göttersohn Polyphem, den einäugigen Riesen, schmähende, sich seiner List brüstende Odysseus) und mit ihm das Erleben des eigenen Ich.

Nicht mehr Gruppen-Sippenseele zu sein (bei den Israeliten z. B.: der Vater Abraham und wir/ich sind eins; siehe auch Johannes Kap. 8, 42) bekam zunehmende Bedeutung. Christus, das Welten-Ich-bin (siehe seine Ich-bin-Worte) will den Menschen mitnehmen in diese Entwicklung einer nächsten Bewusstseins-Stufe, weil er nur so in ihm würde auferstehen können. Indem der Mensch lernt, das Sippen-Bewusstsein zu ersetzen, und sagen und erleben lernt „Christus, der Vater und ich sind eins" (Johannes Kap. 17, 21).

Dies neue Denken brauchte Zeit, sich zu entwickeln, und konnte sich nur mühsam gegen das alte Gruppen-Empfinden und Bild-Empfinden durchsetzen. Die Menschen sträuben sich gegen das Neue, weil es ungewohnt ist und Mühe macht. Das war und ist zu allen Zeiten so, wie wir selbstkritisch einräumen müssen.

Jesus geißelt diese Unlust (Matthäus Kap. 13, 13ff) mit diesen Worten: „… denn mit sehenden Augen sehen sie nicht und mit hörenden Ohren hören/verstehen sie nicht". Um in 18 ff, also anschließend, seinen Jüngern das Gleichnis in unserer heutigen, verstandes- und vernunftgeprägten Sprache zu erklären!

Seitdem sind ca. 2000 Jahre vergangen und haben wir es in der Ausbildung der Ratio und ihrer Ableger (Naturwissenschaft, Technik, Kapitalismus etc.) so herrlich weit gebracht, dass sich schon gewaltige Schattenseiten zu zeigen beginnen. Es zeigen sich Kräfte, die das Leben selbst bedrohen, weil sie Erstarrung und Tod in sich tragen. Das einer solchen Entwicklung zugrunde liegende Denken muss erneut belebt werden, wollen wir nicht in einer Sackgasse enden und uns Menschen eine Zukunft sichern.

Dabei sollten wir vom Erreichten das Positive bewahren, so dieses von der Verstandes-Kultur:
- das logische Schlussfolgern
- den Respekt vor Tatsachen
- die Genauigkeit

Die Vernunft könnte uns lehren, eine neue Gefühls-Kultur von unbewusster Emotionalität zu unterscheiden und den Willen unter die Kontrolle dieser Werte zu nehmen.

Gleichzeitig sollten wir unser Denken beleben durch Erweitern um diese Qualität: Bild und Bildhaftes meditativ so auf uns einwirken zu lassen, bis, nach entsprechender Zeit, die darin enthaltene geistige Botschaft in unserem Bewusstsein aufleuchtet. Denn wenn Gott existiert, dann existiert er auch als eine Kraft, zu der wir grundsätzlich Zugang haben müssen.

Ohne die Errungenschaften des Verstandes aufzugeben und damit eine Gabe der in Gott gründenden Evolution, müssen wir diese Bewusst seins-Stufe heben auf die nächst höhere durch Verlebendigung. Nichts anderes ist im Johannes-Evangelium angelegt und erfüllt somit die von uns bereits erkannte Aufgabe des Fortwirkens des Evangeli ums. Zwei Beispiele sollen das veranschaulichen und den Sinn für ein Verstehen des Evangeliums wecken.

1. Beispiel:
In Kapitel 2, Reinigung des Tempels, gibt uns Johannes selbst ein Beispiel, wie bei ihm Stil und Verstehen des Textes ineinander verzahnt sind und man dennoch zu einem Verständnis kommen kann: In Vers 19 fordert Jesus die Juden (= Pharisäer) auf, den Tempel abzubrechen, denn in drei Tagen wolle er ihn wieder aufrichten. Das nehmen die Juden wörtlich und verstehen es demzufolge falsch. Die richtige Antwort gibt der Autor selbst: „Er (Jesus) aber redete von dem Tempel seines Leibes und von seiner Auferstehung von den Toten."

Zum Verständnis der drei Tage muss man wissen, dass, nach Vorstel lung der älteren Menschheit, der gestorbene Mensch sich erst nach drei Tagen mit seinen Wesensgliedern von der Erde löst und in die geistige Welt eingeht, daher auch die Regel, nicht vor Ablauf des dritten Tages zu bestatten.

Ich möchte den kennenlernen, der an anderen, entsprechenden Stellen des Evangeliums ohne Vorbildung oder langjährige Vorarbeit in der Lage wäre, auf Anhieb die richtige Antwort auf ein solches hermetisches Bild zu geben.

Und doch ist es nicht mehr, aber auch nicht weniger, wozu uns das Johannes-Evangelium auffordert, denn in aller Regel wird in ihm die Antwort auf solche Rätsel nicht vorgegeben.
Finden wir sie nicht selbst eines Tages oder lassen uns von den Ant

worten anderer so weit überzeugen, dass es ist, als hätten wir sie selbst gefunden, so bleibt uns nicht nur deren Sinn verschlossen, sondern das Evangelium kann seine eigentliche Kraft an uns nicht entfalten: seine unsere Seele verwandelnde Wirkung.

Man sieht, wie der Stil bei Johannes kein literarisches Mittel ist, sondern im Dienst einer höheren Aufgabe steht. Vielleicht wird jetzt noch verständlicher, warum am Beginn meines Buches der Satz steht „ich will, dass er bleibe ...“
Christus selbst hat dem Evangelium nach Johannes eine menschenbildende, menschenformende Aufgabe zugewiesen; sein Geist ist in besonderer Weise in ihm gegenwärtig, heute nicht weniger denn je, eher mehr, weil wir diesen Geist bitter benötigen im Kampf der Überwindung des Materialismus. Weil Er will, dass wir leben und eine Zukunft haben.

Nichts ist daher näherliegend, als dass der Lieblingsjünger der Verfasser dieses Textes ist und vom Geist Christi unmittelbar inspiriert wurde, dass es daher aber abwegig ist, anzunehmen, dass er von einer Redaktion verfasst worden sein könnte. Die mag in der einen oder anderen Abschrift daran herumhantiert haben. Entscheidend ist doch dieses: Ist der voranstehend besprochene Stil erkennbar, d. h. steht er im Zusammenhang mit den spirituellen Aussagen des Text-Ganzen oder nicht?

2. Beispiel
Es wurde schon darauf hingewiesen, dass hermetische Stellen oft eine Entsprechung, eine Art Schlüssel zum Verständnis, im Text-Ganzen des Johannes haben. So etwas liegt auch vor in der Kreuzesszene, wo der sterbende (Kap. 19, 28) Jesus bittet: „Mich dürstet!“
Wo ist im Text-Ganzen die Rede vom Durst-Löschen, vom Wasser, welches den Durst löscht? Das ist in Kapitel 4, 10 und 14, Jesus und die Samariterin.

Dort ist vom Wasser des Lebens die Rede, welches Jesus zu spenden vermag und das den Durst des Menschen für immer zu stillen in der Lage ist.

Das löst die Frage aus, warum dürstet Jesus am Kreuz, und die nächste Frage, jedenfalls nach dem Gesetz der Konsequenz (siehe unsere Überlegung zur Rolle der Bewusstseins-Stufe): Der, der für uns Menschen den köstlichsten Durstlöscher bereithält, nämlich den Geist seines Wortes, was löscht denn seinen Durst?!

Dass dies keine irdische Substanz sein kann, analog zu oben, werden Sie nun selbst empfinden, selbst wenn von Essig die Rede ist, den man ihm reichte. Doch davon später.

Die weitere Suche nach der Antwort erfordert nun wieder ein Vorstel len und Denken, die über dem rein Verstandlichen angesiedelt sind. Von Empfinden war nicht ohne Grund die Rede; es belebt unser Denken, macht es durchlässiger, dem Wasser vergleichbar. Nicht ohne Grund spricht Jesus, als er das Kommen des Heiligen Geistes ankündigt, von „Strömen lebendigen Wassers", welche fließen werden (Johannes Kap. 7, 38-39). Mit ihrer Hilfe erreichen wir auf meditativem Weg eine höhere Bewusstseins-Stufe, weil auf ihr das Geistige in uns einfallen kann. Wir müssen dabei zum Gefäß werden, indem wir dazu die notwendige geistig-seelische Haltung in uns erzeugen: Konzentration ohne Verkrampfung durch Freimachung von allen von außen kommenden Einwirkungen, plus Herstellung reiner Demut und Erzeugung von Ruhe und Abwarten-Können; denn im Geistigen, welches nicht selbst gemachte Theorie ist, werde ich zum Empfangenden und ein anderer, ein Größerer als der Mensch, wird zum Gebenden, zum Schenkenden.

Das Warten-Können und sich immer wieder Neueinstellen schützt vor allzu schnellen Antworten, die der Unrast der Phantasterei entspringen, möglichst schnell zu einer Lösung zu kommen. Denn merke auf: Dies ist kein Wettbewerb menschlicher Eitelkeiten und nicht die schnellste Antwort hat Gewicht, sondern die, die uns am meisten berührt, geistig und seelisch, die anstehende Fragen und Widersprüche auflöst, sodass unser Innerstes, unser Ich, nicht unser Ego, zustimmen kann. Denn in ihm ist ein Stück des Welten-Ich, des Christus in Form des Heiligen Geistes, anwesend.

So löste sich für mich auch das Rätsel des Durstes Christi, auch wenn die Antwort manchem als wenig spektakulär erscheinen mag; doch dürfen solche menschlichen Kriterien hier keine Rolle spielen! Christus dürstet nach Menschen, die bereit und willens sind zu seiner Nachfolge.

Diese Bereitschaft steht heute noch auf schwachen Füßen, ja trifft in der Mehrzahl der Fälle auf totale Ablehnung. Sinnbilder für diese Positionen sind die Substanzen, die dem sterbenden Herrn von den Soldaten gereicht werden: Galle bei Matthäus, Essig bei Johannes.

Die Galle verweigert Jesus, vom Essig jedoch nimmt er. Was will uns das sagen? Mit der Galle drückt Matthäus die völlige Überforderung des Menschen aus, auf die größte Liebestat der Weltgeschichte angemessen zu reagieren!
Johannes dagegen weiß aus tieferer Einsicht in die geistigen Welten, dass die gegenwärtige Antwort des Menschen mit dem Essig zwar noch ein großes Ungenügen ausdrückt; dass andererseits Christus mit der Annahme des Essig nicht nur dessen Nähe zur Symbolkraft des Weines andeuten will, sondern uns Menschen dieses sagen: „Das ist zwar noch nicht eure wahre, menschenwürdige Antwort auf meine Bitte, mir zu trinken zu geben, d. h. mir nachzufolgen, aber ich habe solches Vertrauen in euern guten Willen, in eure Kräfte, dass ich euch das Finden des rechten Weges, meine Nachfolge, zutraue in der Zukunft.

Darin drückt sich Jesu Wesen aus: noch im Sterben gibt er seinem Glauben und seiner Liebe in diejenigen Ausdruck, die dabei sind, ihn zu Tode zu quälen.

Bei Matthäus fehlt dieses letzte Liebesbekenntnis des Christus. Daraus lässt sich erahnen, um wie viel tiefer Johannes mit Christus verbunden war als Zeitzeuge und aus Liebe Wissend-Gewordener.

Vielleicht, lieber Leser, empfinden Sie nun besser, wie jedes Wort bei Johannes seine ganz eigene Bedeutung hat und von uns aus dem Dornröschenschlaf erweckt werden will, weil es erst so seine, unsere Seele verändernde, Kraft entfalten kann.

Es war Christus selbst, der darauf hinweisen wollte mit den geheimnisvollen Worten: „ich will, dass er bleibe, bis ich komme.“

# Die Kapitel und ihre Deutung

## Kapitel 1, Kosmologie

### Das Wort ward Fleisch

*[1] Im Anfang war das Wort, und das Wort war bei Gott, und Gott war das Wort. [2] Dasselbe war im Anfang bei Gott. [3] Alle Dinge sind durch dasselbe gemacht, und ohne dasselbe ist nichts gemacht, was gemacht ist. [4] In ihm war das Leben, und das Leben war das Licht der Menschen. [5] Und das Licht scheint in der Finsternis, und die Finsternis hat's nicht ergriffen.*

*[6] Es war ein Mensch, von Gott gesandt, der hieß Johannes. [7] Der kam zum Zeugnis, daß er von dem Licht zeugte, auf daß sie alle durch ihn glaubten. [8] Er war nicht das Licht, sondern er sollte zeugen von dem Licht.*

*[9] Das war das wahrhaftige Licht, welches alle Menschen erleuchtet, die in diese Welt kommen. [10] Er war in der Welt, und die Welt ist durch ihn gemacht; aber die Welt erkannte ihn nicht. [11] Er kam in sein Eigentum; und die Seinen nahmen ihn nicht auf. [12] Wie viele ihn aber aufnahmen, denen gab er Macht, Gottes Kinder zu werden, die an seinen Namen glauben, [13] welche nicht von dem Geblüt noch von dem Willen des Fleisches noch von dem Willen eines Mannes, sondern von Gott geboren sind.*

Nur Johannes lässt sein Evangelium mit der Urschöpfung (All, Gestirne, Materie) beginnen, während Matthäus, einer der Synoptiker, eine seitenlange Genealogie, d. h. also Abstammung des irdischen Jesus, bringt. Als ein direkt aus dem Geiste Wiedergeborener (siehe dazu die Kapitel Autorenschaft / Wer ist Johannes?) hat Johannes einen Bewusstseins-Hintergrund, der es ihm zum Bedürfnis macht, die Lebensgeschichte seines Jesus dort beginnen zu lassen, wo der Christus in ihm seinen Ursprung nimmt: im Wort (1. Mose „im Anfang war das Wort"), d. h. im Vater-Gott, im unbewegten Beweger.

Für uns Heutige hat das Wort seine Schöpfer-Urkraft lange verloren, ist zu einem Abstraktum verkommen, das sich Intellektuelle um die Ohren schlagen in Begriffsgefechten, um Diskussionen als Sieger verlassen zu können. Das mag man bedauern, ist aber eine wohl notwendige Etappe auf dem mentalen Evolutionsweg des Menschen. Wer mag schon mit Sicherheit voraussagen, dass das immer so bleiben wird, dass das Wort und damit die menschliche Stimme nicht etwas von ihrer einst magischen Kraft zurückgewinnen könnte?

Auch wenn unsere Ahnen an langen Winterabenden vom Leben ihrer Götter gesungen oder erzählt haben, hatte das Wort einen anderen Klang, ein anderes Leben aus sich heraus. Und wie am Eingang der Geschichte des Menschen das Wort seine Rolle als Geburtshelfer hatte, so könnte es eine adäquate an ihrem Ausgang wieder erlangen.

Aus dem Wort, aus Geist, ist danach auch alles Ding, d.h. alle Materie, hervorgegangen. Im Bilde heutiger physikalischer Vorstellungen: erste Energie-, Gas- und Staubmassen werden ausgeschieden und verdichten sich langsam in von Leben durchwalteten Prozessen.

In dieses Schöpfungschaos nun bricht das Licht als Geschenk aus dem Wort, aus dem Vater-Gott. Dies Licht ist zugleich der Quell des Lebens für den Menschen. Mit dem Licht erscheint wie ein Geschwister die Finsternis in einer passiven, rein dienenden Rolle, da sie „das Licht nicht ergreifen kann". Sie hat nicht die Chance des Menschen mit seiner veranlagten Freiheit, sich vom Wesen des Lichtes ergreifen zu lassen, d. h. zu verwandeln, sich zu gestalten, und so zu entwickeln.

Mit dem Licht haben wir vor uns ein Bild des kosmischen Christus. Diese Linie läuft weiter in Vers 9-13: Das Licht ist die einzig wahre Erleuchtung für den Menschen, also sein Führer in die Zukunft.

Die Welt, von der ab Vers 10 die Rede ist, ist die des Menschen, und der kosmische Christus erscheint darin als ihr Schöpfer („die Welt ist durch ihn gemacht"). An dieser Stelle ist ein Rückgriff auf 1. Mose hilfreich. Diese Referenz nennt zwei Schöpfungsberichte, „die Schöpfung" und „das Paradies". In beiden ist von der Erschaffung des Menschen die Rede, und sie ereignet sich auf unterschiedliche Weise. Die historisch-kritische Theologie nimmt hier drei unterschiedliche Quellen an, die zusammengeflossen seien in ein Werk, ohne allerdings zu einer sinnvollen Einheit zusammengewachsen zu sein.

Was sie damit gar nicht in Erwägung zieht, ist, dass es Hinweise gibt im Text, die den zweiten Bericht sehr wohl als Fortsetzung des ersten plausibel machen. Die Vorstellung, dass ein Text unterschiedliche Autoren haben müsse, weil er plötzlich in Stil oder Inhalt vom bisherigen abweicht, ist zwar sehr verlockend – da ja möglich – kann aber leider auch zur Zwangsidee werden, die es dann verhindert, die Abweichungen auf weitere, vielleicht schwieriger zu bemerkende Zusammenhänge der Textanalyse zurückzuführen. Um das zu verhindern, ist es absolut unerlässlich, jedes Wort eines Bibeltextes ernst zu nehmen, d. h. nicht als zufällig dastehend und damit als vernachlässigbar, um eine Sichtweise stimmig zu machen. Der Tod rechten Bibelverständnisses ist ganz gewiss eine buchstabengetreue Auslegung der Schrift, wie sie dem Fundamentalismus eignet. Eine diskussionswürdige Wirkung kann sich allerdings auch einstellen, wo dem Wortlaut der Schrift nicht der gebührende Respekt gezollt wird.

Im 1. Mose Kap. 1, 26, spricht Gott: „Lasset uns den Menschen machen, ein Bild, das uns gleich sei." Offensichtlich wendet sich Gott an Wesen, die er für fähig und berufen hält, seine Ideen vom Menschen in eine erste stoffliche Prägung umzusetzen. Die Formeln „und Gott sprach" und „es werde" zeigen an, dass Geist und Wille aus dem Vater-Gott hervorgehen, aber von dienstbaren Geistern ins Werk gesetzt werden.

Diese entstammen den „himmlischen Heerscharen", die in den uns nächststehenden Engeln ihre unterste Vertretung haben. Niemand Geringerer als Paulus macht die höheren unter ihnen aus als diejenigen, die Weisung von Gott empfangen, so in Epheser Kap. 3, 10: „auf dass jetzt kund würde den Mächten und Gewalten im Himmel die Weisheit Gottes".

Wenn wir ein bisschen in den Geist dieser Hierarchien eintauchen wollten, der so sehr von dem irdischer Gesellschaftsmodelle und von Prestigedenken vor der Welt abweicht, könnten wir wohl Christi Aufforderung an die Jünger herausspüren „wer der Größte unter euch sein will, der sei der Diener aller".

Im ersten Schöpfungsbericht erschafft Gott den Menschen als Mann und Weib (1. Mose Kap. 1, 27), d. h. als Idee, als Anlage, also auch geschlechtlich; er ist, ähnlich wie primitive Pflanzen heute noch, männlich und weiblich angelegt, also androgyn.

Erst im Paradiesesbericht tritt der Mensch aus diesem Umriss heraus und beginnt ein Individuum zu werden. 1. Mose Kap. 2, 7 Einhauchung des Lebens durch den Odem des Herrn bedeutet wahrscheinlich: Anlage der Atmung und damit auch des Blutkreislaufes. Die Formung des Adam aus Lehm und der Hinweis auf seine Rippe, aus der später Eva entsteht, sind als Hinweis zu nehmen auf eine Phase kurz vor der Verstofflichung und Verhärtung des Urmenschen zu seiner späteren irdischen Gestalt. Biblisch gesehen ist dies noch Garten Eden.

Endgültig ankommen auf der Erde kann der Mensch nur durch das Dazwischentreten der Widersacher-Mächte zwischen Schöpfer und Mensch (Symbol: die Schlange).

Jetzt folgt die Trennung der Geschlechter, individuelle Erkenntnis, aus Arbeit, Not und Leid geboren, Krankheit und Sterblichkeit (Symbol dafür: die Vertreibung aus dem Paradies) und das alles um den Preis der Freiheit, der Entwicklung des Individuums.

Wir sehen, wie der Paradieses-Bericht also als Fortführung und Vollendung des ersten Schöpfungsberichtes verstanden werden kann. Wenn der Evangelist Johannes von seinem kosmischen Christus sagt „die Welt ist durch ihn gemacht", dürfen wir annehmen, dass der Vater-Gott nach seinem 7-Tage-Werk (= 1. Schöpfung) den Sohn mit der Vollendung der Schöpfung beauftragte.

Auch hier können wir Paulus als Garanten bemühen: Kolosser Kap. 1, 16: „Denn in ihm ist alles geschaffen, was im Himmel und auf Erden ist, das Sichtbare und Unsichtbare, es seien Throne oder Herrschaften oder Reiche oder Gewalten (Namen der höheren Hierarchien); es ist alles durch ihn und zu ihm geschaffen". Und in Vers 10 wird Christus als das Haupt dieser Hierarchien benannt.

Danach kann der Gott, der mit Abraham und Moses spricht als Elohim/Jahwe, keine andere Wesenheit sein als die des kosmischen Christus (siehe auch unten).

Dass der Evangelist mit seiner Christologie so weit ausholt und sich damit so weit von der Abstammungslehre Jesu der anderen Evangelisten entfernt hat, führt die Theologie zurück auf die griechische Bildung des Johannes und damit auf seine Kenntnis der griechischen Logoslehre.

Was lässt sich nun dafür oder dawider sagen?

Johannes als Zeitgenosse des Hellenismus kann die Logoslehre sehr wohl gekannt haben. Aber wenn, dann hat er in ihr Elemente wiedererkannt, die er originär mit dem Wesen des Christus verband. Nicht diese Lehre hat ihn geleitet und inspiriert, sondern der Geist Christi, der sich über die Sprache des Evangelisten zuweilen der Lehre bediente.

Was ganz normal wäre, da ein Mensch immer auch Kind seiner Zeit ist; aber eben nicht vorrangig, wenn er ein starkes Ich hat. Entscheidend für mich ist der überzeitliche Anspruch eines Werkes, der in seiner Wirkung auf demjenigen liegt, der um es ringt: vermag es ihn zu verwandeln oder nicht. Wenn nicht, liegt eine schöngeistige Schrift vor, also Literatur, wenn ja, spricht echter, d. h. lebendiger Geist aus ihm.

14 Und das Wort ward Fleisch und wohnte unter uns, und wir sahen seine Herrlichkeit, eine Herrlichkeit als des eingebornen Sohnes vom Vater, voller Gnade und Wahrheit. 15 Johannes zeugt von ihm, ruft und spricht: Dieser war es, von dem ich gesagt habe: Nach mir wird kommen, der vor mir gewesen ist; denn er war eher als ich. 16 Und von seiner Fülle haben wir alle genommen Gnade um Gnade. 17 Denn das Gesetz ist durch Mose gegeben; die Gnade und Wahrheit ist durch Jesus Christus geworden. 18 Niemand hat Gott je gesehen; der eingeborne Gott, der in des Vaters Schoß ist, der hat ihn uns verkündigt.

### Des Täufers Zeugnis von sich selbst

*19 Und dies ist das Zeugnis des Johannes, da die Juden zu ihm sandten von Jerusalem Priester und Leviten, daß sie ihn fragten: Wer bist du? 20 Und er bekannte und leugnete nicht, und er bekannte: Ich bin nicht der Christus. 21 Und sie fragten ihn: Was denn? Bist du Elia? Er sprach: Ich bin's nicht. Bist du der Prophet? Und er antwortete: Nein. 22 Da sprachen sie zu ihm: Was bist du denn? daß wir Antwort geben denen, die uns gesandt haben. Was sagst du von dir selbst? 23 Er sprach: »Ich bin eine Stimme eines Predigers in der Wüste: Richtet den Weg des Herrn!« wie der Prophet Jesaja gesagt hat (Jesaja 40,3).*
*24 Und es kamen, die gesandt waren von den Pharisäern. 25 Die fragten ihn und sprachen zu ihm: Warum taufst du denn, wenn du nicht der Christus bist noch Elia noch der Prophet? 26 Johannes antwortete ihnen und sprach: Ich taufe mit Wasser; aber er ist mitten unter euch getreten, den ihr nicht kennet. 27 Der ist's, der nach mir kommen wird, des ich nicht wert bin, daß ich seine Schuhriemen auflöse. 28 Dies geschah zu Bethanien jenseits des Jordan, wo Johannes taufte.*

### Des Täufers Zeugnis vom Lamm Gottes

*29 Des andern Tages sieht Johannes Jesus kommen und spricht: Siehe, das ist Gottes Lamm, welches der Welt Sünde trägt! 30 Dieser ist's, von dem ich gesagt habe: Nach mir kommt ein Mann, welcher vor mir gewesen ist, denn er war eher als ich. 31 Und ich kannte ihn nicht; sondern auf daß er offenbar würde in Israel, darum bin ich gekommen, zu taufen mit Wasser.*
*32 Und Johannes bezeugte und sprach: Ich sah, daß der Geist herabfuhr wie eine Taube vom Himmel und blieb auf ihm, 33 und ich kannte ihn nicht. Aber*

*der mich sandte, zu taufen mit Wasser, der sprach zu mir: Über welchen du sehen wirst den Geist herabfahren und auf ihm bleiben, der ist's, der mit dem Heiligen Geist tauft. [34] Und ich sah es und bezeugte, daß dieser ist Gottes Sohn.*

Johannes Kap. 1, 14 ff. kündet sodann von der Geburt des Christus auf Erden („das Wort ward Fleisch"). In Vers 10 wird jedoch eine Verbindung des Christus mit der Erde bereits vor diesem Ereignis genannt: „er war in der Welt"; was die Zeit des Alten Bundes gewesen sein muss, denn im Kontakt mit ihm entwickeln sich zweierlei Menschensorten: die große Mehrheit, die ihm noch nicht folgen kann oder will (wie oft war Jahwe verzweifelt über sein Volk) und die wenigen Geist-Geborenen, auch Gottes Kinder genannt, die also erst in zweiter Hinsicht einen irdischen Vater haben. Das müssen dann Gestalten wie Abraham, Moses, die Propheten oder auch ein Hiob gewesen sein.

Auch Johannes der Täufer, dessen Mission in den Versen 6-8 angekündigt und im Vers 15 fortgeführt wird, weist auf den Christusgeist hin und seine Präexistenz mit den Worten: „Nach mir wird kommen, der vor mir gewesen ist."

Und der Täufer stellt den aus der Trinität herabgestiegenen und Mensch gewordenen Gottes-Sohn vor als den „eingebornen Sohn". Also seinem Wesen und Natur nach aus dem Vater-Gott, aus dem Weltengeist geboren (siehe Vers 8), dem Fleische nach von einer irdischen Mutter abstammend.

Warum aber ist von Gnade um Gnade (Vers 16) die Rede, die wir dem Christus verdanken? Das alttestamentarische Gesetz steht hier in gewissem Kontrast zu „Gnade und Wahrheit", die wir Jesus Christus verdanken. Mit seinem Opfer hat er die Freisetzung des Heiligen Geistes ermöglicht, die Grundvoraussetzung für das Mündig-Werden des Menschen in Freiheit. Ein grundlegender, immerwährender, da lebender Gnaden-Erweis. Dazu kommt das individuelle Angenommen-Werden, wenn wir auf Christus zugehen im persönlichen Ringen. Martin Luther hatte da offensichtlich seinen Weg gesucht und gefunden.

Demgegenüber erscheint das Gesetz des Alten Testament als Überlieferung („durch Mose gegeben"), die zwar nichts von ihrer Bedeutung verliert, jedoch durch die Tat und die Gegenwart Christi im Einzelnen zur Aufgabe sich wandelt und nach Verlebendigung und Verwirklichung strebt.

Aus dem statischen „gegeben" wird ein dynamisches „werden", zwei einfache, scheinbar unbedeutende, Wörter können beim Leser zum Auslöser eines Denk- und Erkenntnisprozesses werden. So wird er zum Mitschaffenden in der Berührung durch ein Geistiges.

Die Besonderheit des 4. Evangeliums hat hierin eine ihrer Wurzeln.

Der Täufer Johannes (Kap. 1, 6-8) ist Bote Gottes und Zeuge davon, dass Christus auf Erden erscheinen wird. Damit ist es seine Aufgabe, den Menschen auf den neuen Glauben vorzubereiten.

## Die Jordantaufe

Der Täufer ist der Prediger einer Zeitenwende. In ihm prallen zwei Welten aufeinander: die des Alten Bundes und die des Neuen von Christus her. In Vers 24-27 gibt er sich als Priester der alten Taufe zu erkennen - der mit Wasser.

*[24] Denn Johannes war noch nicht ins Gefängnis gelegt. [25] Da erhob sich ein Streit zwischen den Jüngern des Johannes und einem Juden über die Reinigung. [26] Und sie kamen zu Johannes und sprachen zu ihm: Meister, der bei dir war jenseits des Jordans, von dem du zeugtest, siehe, der tauft, und jedermann kommt zu ihm. [27] Johannes antwortete und sprach: Ein Mensch kann nichts nehmen, es werde ihm denn gegeben vom Himmel.*

Sie erforderte viel Wasser, weswegen an einem Fluss getauft wurde, hier dem Jordan. Der Täufling wurde dabei ganz untergetaucht, bis eine gewisse Atemnot eintrat. Dies führt kurzfristig ein Aufbrechen des physischen Leibes gegenüber den übrigen Wesensgliedern herbei, sodass geistige Impulse schneller und direkter aufgenommen werden können. Eine entsprechende Wirkung ist bisweilen an Kranken zu beobachten, die durch eine noch bewusste und damit aktive Vor-Todesphase gehen.

Das Flusswasser, da bewegt, fließend, wurde in alten Zeiten zudem als Träger von Lebenskräften angesehen und galt somit als heilig. Anklänge daran finden sich heute noch bei den Hindus mit ihrem Reinigungsbad im Ganges.

Vers 31 weist darauf hin, dass Johannes mit der Wassertaufe die Menschen für das Kommen Christi sensibilisieren wollte. Er stand, wie alle Propheten, in direkter Verbindung mit der geistigen Welt, weswegen er in seinem Inneren die Stimme Gottes vernahm bei der Taufe des Jesus: Vers 33 „über welchen du sehen wirst den Geist herabfahren und auf ihm bleiben, der ist's, der mit dem Heiligen Geist tauft"; geistige Geburtsstunde des Jesus-Christus.

Seit diesem Ereignis sind die Riten der Alten Taufe abgelöst durch die eigentliche Taufe, die darin besteht, dass sich Christus dem Menschen in einem Akt der Gnade offenbart, weil sein Geist sich von dessen Geist und Seele angezogen fühlt. Auch heutige christliche Taufe kann in diesem Sinne nur Vorstufe zu dieser eigentlichen sein; ein Wunsch, ein gestammeltes Versprechen, dass diese Seele den Weg zu Christus finden möge. Die eigentliche Taufe mit dem Heiligen Geist jedoch wird sich lange noch nur in der Intimität zwischen Christus und dem Einzelnen vollziehen.

<u>Des Täufers Zeugnis von sich selbst</u>

Ganz offensichtlich erzeugte der am Jordan Taufende Irritation, wenn nicht Zorn bei den jüdischen Schriftgelehrten und Priestern. In ihren Augen war sein Tun Anmaßung; es sei denn, der Betreffende wäre der Christus, Elia oder ein Prophet selbst gewesen; was es aufzuklären galt und so musste sich Johannes ausweisen.

Er tat das in Vers 23 mit diesen kryptischen Worten: „Ich bin eine Stimme eines Predigers (Rufenden) in der Wüste: Richtet (ebnet) den Weg des Herrn!", wie Jesaja gesagt hatte (Jesaja Kap. 40, 3).
Wie kann man das verstehen?

Ein Rufender, gar predigen Wollender, in der Wüste ist zuallererst einmal ein Paradoxon, denn da ist niemand, der ihn hören könnte, außer er selbst. Die Wüste verweist ihn also zurück auf sich. Seine Anfrage wandelt sich zum inneren Dialog mit einem imaginären Du erst, schließlich mit dem geistigen Welthintergrund. So oder so ähnlich war immer der Weg derer gewesen, die die Wüste aufsuchten oder darin zu überleben suchten, von Nomaden einmal abgesehen.

Der Eremit braucht die Einsamkeit, um sich gegen die Gruppe abzusetzen und zu entwickeln, oder er trägt die Einsamkeit mit sich herum, weil er merkt, dass er anders denkt und fühlt als die Gemeinschaft. Und es waren nicht die Schwachen, die so lebten, eher die Vorreiter von Kommendem. So auch der Eremit Johannes, angetan mit härenem Gewand und von wildem Honig sich nährend.

Als er seine Zeit gekommen fühlt, weiß er um seine Aufgabe, die Menschen auf die Erdenfahrt des Christus hinzuweisen und über die Taufe vorzubereiten.

Als ein Kundiger in der Wüste weiß er die schlimmsten Höhen und die gefährlichsten Schluchten zu umgehen und einen Ausgleich in der Wegführung anzustreben, um die ihm anvertrauten Reisenden heil an ihr Ziel zu bringen, welches heißt der auf Erden erwartete Gott.

### Die ersten Jünger

*[35] Des andern Tages stand abermals Johannes und zwei seiner Jünger; [36] und als er sah Jesus wandeln, sprach er: Siehe, das ist Gottes Lamm! [37] Und die zwei Jünger hörten ihn reden und folgten Jesus nach. [38] Jesus aber wandte sich um und sah sie nachfolgen und sprach zu ihnen: Was suchet ihr? Sie aber sprachen zu ihm: Rabbi – das ist verdolmetscht: Meister –, wo bist du zur Herberge? [39] Er sprach zu ihnen: Kommt und sehet! Sie kamen und sahen's und blieben den Tag bei ihm. Es war aber um die zehnte Stunde. [40] Einer von den zweien, die es von Johannes hörten und Jesus nachfolgten, war Andreas, der Bruder des Simon Petrus.*

*[41] Der findet zuerst seinen Bruder Simon und spricht zu ihm: Wir haben den Messias gefunden, das ist verdolmetscht: der Gesalbte, [42] und führte ihn zu Jesus. Da ihn Jesus sah, sprach er: Du bist Simon, des Johannes Sohn; du sollst Kephas heißen, das wird verdolmetscht: Fels.*

*[43] Des andern Tages wollte Jesus wieder nach Galiläa ziehen und findet Philippus und spricht zu ihm: Folge mir nach! [44] Philippus aber war von Bethsaida, aus der Stadt des Andreas und Petrus. [45] Philippus findet Nathanael und spricht zu ihm: Wir haben den gefunden, von welchem Mose im Gesetz und die Propheten geschrieben haben, Jesus, Josephs Sohn, von Nazareth. [46] Und Nathanael sprach zu ihm: Was kann von Nazareth Gutes kommen? Philippus spricht zu ihm: Komm und sieh es!*

*[47] Jesus sah Nathanael kommen und spricht von ihm: Siehe, ein rechter Israelit, in welchem kein Falsch ist. [48] Nathanael spricht zu ihm: Woher kennst du mich? Jesus antwortete und sprach zu ihm: Ehe denn dich Philippus rief, da du unter dem Feigenbaum warst, sah ich dich. [49] Nathanael antwortete ihm: Rabbi, du bist Gottes Sohn, du bist der König von Israel! [50] Jesus antwortete und sprach zu ihm: Du glaubst, weil ich dir gesagt habe, daß ich dich gesehen habe unter dem Feigenbaum; du wirst noch Größeres als das sehen. [51] Und spricht zu ihm: Wahrlich, wahrlich, ich sage euch: Ihr werdet den Himmel*

*offen sehen und die Engel Gottes hinauf- und herabfahren auf des Menschen Sohn.* `

## Die ersten Jünger

In der Schrift heißt es lapidar „und die zwei Jünger hörten ihn (Johannes) reden („siehe, das ist Gottes Lamm") und folgten Jesus nach".

Man hätte Lust, den Evangelisten einen Meister der Unterkühlung zu nennen oder einen Schreibstubenangestellten gar, so wenig scheint er Emotionen zu kennen! Denn man stelle sich das vor, langsam und gründlich: Das, worauf das Volk der Israeliten Jahrhunderte in Erwartung hingelebt hatte, das Erscheinen des Messias, von dem sich keiner wirklich vorzustellen vermochte, es zu erleben, das wird hier in eine Mitteilung gepresst von etwa acht Worten!

Und doch sind die wenigen Worte, die daraufhin zwischen Jesus und den Jüngern gewechselt werden, in ihrer Einfachheit so voll innerer Spannung, dass man die Erregung in den Jüngern um so mehr zu spüren glaubt. Jesus: „Was suchet ihr?" Sie: „Rabbi, wo bist du zur Herberge?" Er: „Kommt und sehet!"

Diese Aufforderung, zu kommen und zu sehen, ergeht noch weitere Male. Zuletzt im Munde Jesu, als er den ihm vermeintlich unbekannten Nathanael einen wahren Israeliten nennt. Der rechte Israelit ist eine Metapher für einen Juden, der aus der reinsten Geistigkeit der Volksreligion und -frömmigkeit heraus lebt.Da wird der Zusammenhang mit einer besonderen Art des Sehens erkennbar: Sehen heißt bei Jesus mit Geistesaugen wahrnehmen, um hinter die Dinge zu schauen.

In Vers 46 wird Nathanaels leicht überhebliche Reaktion zurechtgewiesen: „Komm und sieh es!" Desselben Nathanael Identität (der rechte Israelit) und spirituelle Neigung (das Sitzen unter dem Feigenbaum: Ist ein Sinnbild des nach höherer Erkenntnis Strebenden. Dem entspricht im Buddhismus das Sitzen des Buddha unter dem Bodhi-Baum, dem Baum der Erkenntnis.) wird ihm von Jesus auf den Kopf zugesagt, hellgesehen, wenn man so will. Nathanael merkt daran, dass er mehr als einen Eingeweihten vor sich hat, daher sein ergreifender Ausbruch: „Rabbi, du bist Gottes Sohn …"

Aber wie um zu zeigen, dass diese Qualität des Sehens noch einer unteren Stufe angehört, antwortet Jesus: „Ihr werdet den Himmel offen sehen und die

Engel Gottes hinauf- und hinabfahren auf des Menschen Sohn." Um welchen Himmel es sich dabei handelt, geht hervor aus dem Bezug zu den Engeln. Es ist ein geistlicher Himmel, der dem sichtbar werden wird eines Tages, der sich für eine Schulung durch Christus entscheidet und sein Jünger wird.

Wurde da ein Blick in eine mögliche Zukunft des Menschen gewährt? Der Ausblick macht schwindeln. Doch zurück auf den Boden!

Du, lieber Leser, solltest nicht meinen, dass Johannes seine Gestalten nur untereinander sprechen ließe. Jeder Dialog ist auch so gemeint, wie wenn du selbst an der Stelle eines der Angesprochenen stündest. Wenn also eine Frage sich erhebt, so hat der Evangelist die unausgesprochene Erwartung, dass du der Frage nachhorchst, sie wirken lässt. Sie will in dir zu eigenem Leben erwachen, wachsen wie ein eigen Wesen, mit dem du behutsam umgehst, ohne jede Hast, ohne jeden Zwang, rasch eine Antwort zu finden.

So, nur so, findet die Frage „Herberge" in dir. Bevor sie dich wieder verlässt, um weiterzuziehen, stattet sie dir ihren Dank ab dafür, dass du ein guter Gastgeber warst. Im Augenblick, den sie für angemessen hält, gibt sie sich zu erkennen als die gesuchte Antwort.
So ist es mir ergangen mit der Frage der Jünger an Jesus: „Wo bist du zur Herberge?" Sie bekommen keine direkte Antwort darauf. Stattdessen werden sie von ihm eingeladen zu sehen, zu sehen mit ihrem inneren Auge, ihrem inneren Ohr zu hören. Und so verstehen sie nach und nach. Ihre Frage nach der Herberge Jesu lautete eigentlich: „Wo bist du zu Hause, wo ist deine Heimat?" Darauf antwortet Jesus mit „Kommt und sehet!" Er will sie erst innerlich aufschließen, damit sie ihn begreifen können dort, wo er ihre Frage beantwortet, nämlich erst am Ende des Kapitels, wo er sagt zu ihnen: „Ihr werdet den Himmel offen sehen …"

Dort ist er zu Hause, als das Haupt der himmlischen Heerscharen (sie fahren auf ihm hinauf und herab)!

Vielleicht, lieber Leser, hast du jetzt ein blitzhaftes Déjà-vu: waren das nicht auch die Worte des Paulus, als Zeuge in der Kosmologie auftretend? (Kolosser Kap. 1,10)

In beiden, in Johannes und Paulus, wirkte und webte der gleiche Geist. Uns Heutige will er nicht weniger verwandeln, allein nach unserem Maß.

# Kapitel 2

Hochzeit zu Kana

*[1] Und am dritten Tage war eine Hochzeit zu Kana in Galiläa, und die Mutter Jesu war da. [2] Jesus aber und seine Jünger wurden auch auf die Hochzeit geladen. [3] Und da es an Wein gebrach, spricht die Mutter Jesu zu ihm: Sie haben nicht Wein. [4] Jesus spricht zu ihr: Weib, was geht's dich an, was ich tue? Meine Stunde ist noch nicht gekommen. [5] Seine Mutter spricht zu den Dienern: Was er euch sagt, das tut. [6] Es waren aber allda sechs steinerne Wasserkrüge gesetzt nach der Sitte der jüdischen Reinigung, und es gingen in jeden zwei oder drei Maß. [7] Jesus spricht zu ihnen: Füllet die Wasserkrüge mit Wasser! Und sie füllten sie bis obenan. [8] Und er spricht zu ihnen: Schöpfet nun und bringet's dem Speisemeister! Und sie brachten's. [9] Als aber der Speisemeister kostete den Wein, der Wasser gewesen war, und wußte nicht, woher er kam – die Diener aber wußten's, die das Wasser geschöpft hatten –, ruft der Speisemeister den Bräutigam [10] und spricht zu ihm: Jedermann gibt zuerst den guten Wein und, wenn sie trunken geworden sind, alsdann den geringern; du hast den guten Wein bisher behalten. [11] Das ist das erste Zeichen, das Jesus tat, geschehen zu Kana in Galiläa, und offenbarte seine Herrlichkeit. Und seine Jünger glaubten an ihn.*
*[12] Danach zog er hinab nach Kapernaum, er, seine Mutter, seine Brüder und seine Jünger, und blieben nicht lange daselbst.*

Hochzeit zu Kana

Die Jünger, auch die am weitesten fortgeschrittenen unter ihnen wie Nathanael, haben Jesu Worte noch nicht wirklich begriffen, zu sehr stehen sie alle erst am Beginn eines Weges, zu sehr auch sind sie noch verhaftet der Welt des Gesetzes von Moses her.

Aber sie spüren, dass von ihrem neuen Herrn und Meister eine Kraft ausgeht, die sie so von Johannes nicht kannten. Nicht Faszination erfüllt sie, obwohl alle Bedingungen dafür erfüllt waren.

Nichts in Bann Schlagendes geht aus von dem Mann aus Nazareth. Vielmehr etwas wie vom Erleben eines Künstlers, eines Bildhauers etwa, entsteht in ihnen, wenn ihm aus dem noch ungeformten Stoff heraus, Schritt für Schritt, die Idee der zu erschaffenden Gestalt zuwächst. Ein Ausdruck von Willen, gepaart mit der Bereitschaft zu empfangen, malt sich auf ihren Gesichtern. Ihr Weg ins eigentliche Leben, der beginnt erst jetzt, das sagt ihnen eine Stimme tief in ihrem Innern. Eine Frage noch bleibt aber auf ihren Herzen: Bis wohin würde die Wirkmächtigkeit ihres neuen Herrn sie führen? Jesus spürt das und wird ihnen eine 7-fache Antwort darauf geben, mit den sogenannten Wundern ...

Die erste Antwort wird gegeben in der Hochzeit zu Kana.

In der Alchemie und Esoterik verstand man unter einer Hochzeit die Vereinigung zweier Substanzen. Wenn wir im Bereich des Sinnbildhaften bleiben beim Geschehen in Kana, stellt sich daher die Frage, ob und wer dort eine Verbindung einzugehen bestrebt war. Der Text ist hierzu überraschend klar: In Kapitel 2, 11 werden die Jünger genannt („und seine Jünger glaubten an ihn"). Ab der Hochzeit zu Kana bilden sie mit Jesus eine Schüler-Meister-Gemeinschaft als urbildhafte Glaubensgemeinschaft. Wer darin den Beginn von Kirche sehen will, liegt sicher nicht falsch. Allerdings nicht Kirche im verfassten, organisierten Sinn, sondern im Sinne des Christus zugeschriebenen Wortes: „Wo zwei oder drei in meinem Namen versammelt sind, da bin ich mitten unter ihnen." Der Geist des Herrn ist dabei das Band und die Orientierung, alles andere ist Menschenwerk.

Jesus ist mit den Jüngern zur Hochzeit geladen, er ist dort also zu Gast. Und doch wirkt alles so arrangiert, wie wenn er die Hauptperson wäre, also der Bräutigam. Sich um den Wein der Hochzeitsgäste kümmern zu müssen, ist doch wohl nicht Aufgabe eines einzelnen Gastes, oder?! So drängt sich nach und nach der Eindruck auf, dass er der eigentlich Werbende ist.

Wer aber ist die Braut?

Von der Theologie wurde und wird oft gegen den Evangelisten vorgebracht, es gehe ihm zu wenig um den historischen Jesus, anders als den Synoptikern, den anderen drei Evangelisten. Und doch ist es gerade auch die Geschichte von Kana, verbunden mit der obigen Frage, die an Matthäus und Markus anknüpft und damit Gemeinsamkeit der Evangelien herstellt.

So in Matthäus Kap. 22, Gleichnis von der königlichen Hochzeit, oder Markus Kap. 2,19. Noch deutlicher bei Johannes selbst, Offenbarung Kap. 19, 7-9. Danach ist die Seele des Menschen die Braut Christi. Deshalb nur kann Johannes am Ende von Kana sagen, dass die Jünger an Jesus glaubten. Sie hatten eine geistliche Verwandlung erfahren und gehören von nun an zu Jesus wie die Braut zum Bräutigam.

Lassen sich Stationen dieser Verwandlung ausmachen?

In den sechs steinernen Wasserkrügen (Vers 6), zur Reinigung nach jüdischem Ritus bestimmt, kann man die sechs Jünger Jesu sehen, welche noch stark auf die Gesetzesbefolgung nach dem Alten Bund ausgerichtet sind. Ihre Verwandlung zu Jüngern Jesu geschieht über ihre Berührung durch seinen Geist, wofür der vom Wasser zum Wein gewordene Inhalt sinnbildlich steht. Dass der Speisemeister dem Bräutigam vorhält, er habe den guten Wein zu lange zurückgehalten, erklärt sich so: Die Wandlung der Jünger steht stellvertretend für einen geistig-seelischen Entwicklungsprozess, der folglich seine Zeit braucht, weswegen das positive Ergebnis erst gegen Ende sichtbar werden kann. Reinigung in diesem höheren Sinne nach Christus hin ist die Verwandlung des Gesetzesgehorsams in eine durch das einzelne Ich verantwortete freie Entscheidung für die Sache Christi. Da dies die Gnaden-Gewährung einschließt, hebelt es auch zeitlich Maßstäbe aus, die wir Menschen so gerne setzen. Daher der vermeintlich verspätet gegebene Wein.

Überhaupt die Rolle des Weines (Alkohols), sie ist nicht unbedeutend, denn der Wein tritt in sehr unterschiedlicher Bedeutung an den Menschen heran.

Der Speisemeister selbst führt in Vers 10 in die trivialste ein, wo er davon ausgeht, dass auch bei dieser Hochzeit gebechert werden wird, bis die Leute „trunken" sind. Die alten Griechen erlebten den Gott des Weines, Dionysos, als den „zerstückelten". Seine Wirkung über Ekstase und Rausch führte zum Verlust der ehemaligen Harmonie zwischen den Göttern und dem Menschen und machte den letzteren erst recht irdisch. Heute haben wir einen Tiefpunkt dieser Entwicklung erreicht, wenn die Persönlichkeit des Menschen im Alkoholmissbrauch ihre Selbstkontrolle verliert, d. h. ihre Steuerung durchs Ich, und damit ihre Würde und eigentliche Bestimmung.

Diese Verstrickung ins Materielle (Es gibt leider noch weitere Spielarten davon!) und damit in die Welt der Widersachermächte zu korrigieren, geschah Christi Opfertat.

Das gilt es als Hintergrund zu bedenken, wenn Jesus das Ansinnen seiner Mutter zurückweist, für die Hochzeitsgesellschaft den Wein zu besorgen, mit den Worten: „Meine Stunde ist noch nicht gekommen." Welchen Bezug hat denn sein Tod zum Wein?

Im Abendmahl gibt er uns Auskunft hierzu: Die Trans-Substantiation, die Verwandlung des Weines ins Blut Christi, bekommt dort Substanz, wird real, wo der Mensch sich vom Geist Christi berühren lässt.

Dass die Jünger in Kana endgültig zu Jüngern Jesu werden, hat zu tun mit der spirituellen Verwandlungskraft, der sie sich öffnen; die Wein genannt wird im Text, in Wahrheit aber eher „Wasser des Lebens" ist, wie wir es bald in Kapitel 4, Jesus und die Samariterin, kennenlernen werden.

Wie Wein und Wein im Kapitel über Kana nicht einerlei sind, so erscheint auch Maria in zweifacher Gestalt. Der Evangelist führt sie wohl nicht ohne Bedacht ein als „die Mutter Jesu". Damit werden Familienbande angesprochen und mit diesen Verpflichtungen, die ein Sohn gegenüber den Eltern hatte in alten Zeiten, auch gegenüber dem Glauben, in dem er aufwuchs. In unserem Falle also die Welt des Alten Bundes. Wie wir schon wissen, sagt Jesus, dass er nicht gekommen sei, das Gesetz abzuschaffen, sondern zu vollenden. Dies Vollenden heißt nun nicht, das Gesetz in 1000 Raffinessen hinein zu verfeinern, sondern dem Geiste nach weiterzuentwickeln, um es so seiner Bestimmung zuzuführen, die da heißt: Der erkennende und liebesfähige Mensch sollte sich daraus entwickeln.

Weil aber die Mutter Jesu auch die Maria ist, also ein an Reinheit und Weisheit überragender Mensch, so verkündet durch göttliche Mächte, muss sie auf die Zurechtweisung durch ihren Sohn nicht reagieren, wie wir vermutlich reagiert hätten. Mit ihrer Anweisung an die Diener „was er euch sagt, das tut", drückt sich ihr tiefes Vertrauen und Verstehen in ihren Sohn und seine Menschheits-Aufgabe aus. Eine in früheren Bibelübersetzungen (Vers 3 und 4) anzutreffende Antwort Jesu „Weib, was habe ich mit dir zu schaffen?", lag daher haarscharf neben dem Geist der Szene.

Ist Wunder gleich Wunder? Über die Wundertaten Jesu ist viel gestritten worden, auch weil die Evangelien selbst unterscheiden zwischen „Zeichen" (griech. semeion) und „Wunder" (griech. dynamis) und die Menschen noch immer die unselige Angewohnheit haben des Rangdenkens, welches die geistige Welt nicht kennt. Ergo wollen sie wissen, was den Vorrang hat.

Johannes spricht von semeion (Zeichen) und meint dieses damit: Nur wo sich der Einzelne um eine echte Nachfolge Christi bemüht, kann das Wunder der Gnade sich ereignen und er so vom Geist durchdrungen werden, dass er, um im Bilde zu bleiben, das Wasser als Wein erlebt. Die Synoptiker hingegen sprechen von Machttaten Jesu, dynamis genannt, wo das Wunder entscheidend aus der Machtfülle Christi geschieht und damit sich auch über die Gesetze der Natur hinwegzusetzen vermag.

Die für mich entscheidende Frage ist: Welche Art des Wunders lag wohl eher im Sinne Christi, dessen ganzes Streben und Trachten darauf ausgerichtet war, den Menschen zum Mitgestalter und Mitschöpfer an der Vollendung der Schöpfung zu gewinnen?! Ich scheue mich, die Antwort zu geben, da die Frage sich selbst beantwortet.

Bei den Krankenheilungen hilft uns Jesus selbst, die rechte Gewichtung vorzunehmen und damit die Frage, semeion oder dynamis, selbst zu entscheiden. Wenn Jesus sagt: „Dein Glaube hat dir geholfen" (woher ist das Zitat???), dann ist offensichtlich, dass semeion (Zeichen) vorangeht und dynamis die natürliche Folge daraus ist. Dass also ein Phänomen das andere bedingt, dass eins nur mit dem anderen zusammen Sinn ergibt … Ein bisschen wie im Leben eben, wo die Wissenschaft gerade lernt zu begreifen, dass nicht Darwins Kampf aller-gegen-alle der Antrieb der Evolution ist, sondern eher der Symbiose-Gedanke des Einer-mit-und-durch-den anderen.

## *Reinigung des Tempels*

*[13] Und der Juden Ostern war nahe, und Jesus zog hinauf nach Jerusalem. [14] Und er fand im Tempel sitzen, die da Ochsen, Schafe und Tauben feilhielten, und die Wechsler. [15] Und er machte eine Geißel aus Stricken und trieb sie alle zum Tempel hinaus samt den Schafen und Ochsen und verschüttete den Wechslern das Geld und stieß die Tische um [16] und sprach zu denen, die die Tauben feilhielten: Traget das von dannen und machet nicht meines Vaters Haus zum Kaufhaus! [17] Seine Jünger aber gedachten daran, daß geschrieben steht (Psalm 69,10): »Der Eifer um dein Haus hat mich gefressen.«*
*[18] Da hoben nun die Juden an und sprachen zu ihm: Was zeigst du uns für ein Zeichen, daß du solches tun darfst? [19] Jesus antwortete und sprach zu ihnen: Brechet diesen Tempel ab, und in drei Tagen will ich ihn aufrichten.*
*[20] Da sprachen die Juden: Dieser Tempel ist in sechsundvierzig Jahren erbaut; und du willst ihn in drei Tagen aufrichten? [21] Er aber redete von dem Tempel seines Leibes. [22] Da er nun auferstanden war von den Toten, gedachten seine Jünger daran, daß er dies gesagt hatte, und glaubten der Schrift und dem Wort, das Jesus gesagt hatte.*
*[23] Als er aber zu Jerusalem war am Osterfest, glaubten viele an seinen Namen, da sie die Zeichen sahen, die er tat. [24] Aber Jesus vertraute sich ihnen nicht*

*an; denn er kannte sie alle* [25] *und bedurfte nicht, daß jemand ihm Zeugnis gäbe von einem Menschen; denn er wußte wohl, was im Menschen war.*

<u>Reinigung des Tempels</u> (oder: andauernde Wandlung des Menschen)

So mancher Zeitgenosse liest wohl insgeheim ganz gerne von den Handgreiflichkeiten Jesu im Vorfeld des Passah-Festes, als der Herr, eine Geißel schwingend, den Geldwechslern die Tische umstieß. Endlich mal klare Kante, ein Ende der Toleranz und des ewigen Verstehens und Verzeihens. Dieser Jesus rückt einem näher, verliert etwas von seiner unerreichbaren Größe und damit Distanz, wird ein bisschen einer von uns, die wir ja immer wieder versagen, gerade da, wo wir es eigentlich besser wissen.

Und doch sind die Verse 15 und 16 auch ganz anders zu deuten, wenn wir uns besinnen. Jesus war doch Jude und damit in der Tradition des Alten Testaments aufgewachsen. Er wusste daher, dass zu diesem hohen Feste aus der ganzen Diaspora Gläubige nach Jerusalem strömten und nicht jeder ein Opfertier über Hunderte von Kilometern hinter sich herzerren konnte; dass viele Geldwechsler um den Tempel herum sein mussten, um die Währungen aus den Herkunftsländern der Diaspora-Juden umzutauschen, und dass außerdem die Tempelsteuer zu entrichten war. Und doch verweist Jesus ausgerechnet diejenigen unter den Händlern, die die Tauben feilbieten, Symbole des Friedens und des Heiligen Geistes für uns, expressis verbis, des Platzes! Der Hinweis der Jünger auf Psalm 69, 10 scheint Jesu Handeln noch von der höheren Warte der religiösen Überlieferung her zu rechtfertigen.

Dass die jüdische Amtsautorität über die religiösen Werke mit Jesu Handeln nicht einverstanden sein würde, das hatten wir geahnt dagegen. Eher noch erscheint uns ihr Eingreifen zurückhaltend, denn sie fordert Jesus nur auf, sein Tun religiös zu rechtfertigen:

„Was zeigst du uns für ein Zeichen, dass du das tun darfst?" (Zeichen bedeutet hier: Vollmacht, Vermögen, Autorität). Indes ist mit Händen zu greifen, dass es in ihnen brodelt und sie sich nur mühsam zurückhalten.

Da muss ihnen die Antwort Jesu „Brechet diesen Tempel ab, und in drei Tagen will ich ihn aufrichten", nicht nur dumm und anmaßend, sondern geradezu blasphemisch vorgekommen sein, schließlich war ihnen der Tempel der Ort der höchsten Anbetung Jahwes selbst.

34

In Vers 21 und 22 tut Johannes nun, was er später nicht mehr macht, nämlich dem Leser den Schlüssel zum Verständnis der Worte Jesu an die Hand zu geben. So sehr muss er wohl selbst empfunden haben, dass Jesu Erklärung seiner Vollmacht nicht mal von seinen Jüngern verstanden werden konnte, jedenfalls nicht vor Ostern, geschweige denn von jemand anderem.

Selbst 2000 Jahre später dürfte Jesu Wort vom Tempel seines Leibes in Verbindung mit seiner Auferstehung noch geheimnisvoll sein, vollends aber, wenn wir es mit der vorausgehenden Reinigungsszene in Verbindung bringen.

Wenn du, lieber Leser, dich angesprochen fühlst, deine eigenen spirituellen Kräfte zu erproben, dann überspring einfach die nächsten Zeilen. Dich zu erproben ist gewiss im Sinne des Evangelisten. Wenn du stattdessen jedoch weiterliest, lies es so oft, bis du inwendig Zustimmung verspürst, oder lass es ruhen in dir, denn oft kommt später die Antwort von alleine in dir hoch, und wenn es Wochen, gar Jahre dauerte. Aber dann hast du verstanden, mit deinem ganzen Menschen, nicht nur mit dem Kopf. So will Johannes „gearbeitet" werden.

Das Wiederaufrichten des Tempels ist also mit der Auferstehung Christi nach drei Tagen gleichzusetzen, wie wir erfahren. Es ist nach uraltem Wissen die Zeit, die Seele und Geist brauchen, um sich von ihrer Leiblichkeit zu lösen. Deshalb wird bei uns, wenn möglich, auch nicht vor dem dritten Tag beerdigt. Der nun nicht mehr stoffliche Leib Christi erscheint den Jüngern als der Auferstandene und da verstehen sie erst ganz das Mirakel-Wort aus Vers 19.

In diese Zeit muss auch die Freisetzung des Heiligen Geistes gefallen sein und steht seitdem, wie Jesus vor seinem Tod angekündigt hatte, bereit, jeden Menschen guten Willens in die Nachfolge Christi einzuführen.

Es geht dabei um eine Auseinandersetzung zwischen diesem und den Widersachermächten, die um unseren Kern, das positive Ich, kämpfen. Dort, nirgends anderswo, will Christus auferstehen eines Tages, den seine Gnade mitbestimmt, aber nie ohne unser Zutun, denn die Freiheit des Menschen würde von Christus nie missachtet. Nur er weiß, wann wir wirklich selbstbestimmt denken und handeln. Angelus Silesius hat diese Dinge in die passenden Worte gesetzt: „Wär Christus tausendmal zu Bethlehem geboren und nicht in dir, du bliebst doch ewiglich verloren!"

Was aber hat dies alles mit der Reinigungsszene vor dem Tempel zu tun?!

Jesus wettert ganz offensichtlich gegen das Tieropfer und seinen begleitenden materialistischen Geist. Zu seiner Zeit war diese Opferform im Formalismus eines Gesetzes-Glaubens erstarrt, weit entfernt von einem lebendigen Bezug zu Jahwe. Für Jesus konnte Opfer nicht mehr stellvertretend für den einzelnen Menschen gegeben werden, sondern der Mensch sollte es lernen, sich selbst als Opfer zu geben. Damit wurde Opfern zu einer inneren Aktivität, die dem Menschen etwas abverlangte, das er noch kaum kannte: die Selbstüberwindung.

Jeder von uns weiß, dass wahre Selbstüberwindung, z. B. dort, wo man recht hat und dennoch verzeiht, das Selbstwertgefühl stärkt. Nicht das Ego, sondern das personale Ich, den Kern unseres Menschseins. In ihm dürfen wir auch Seele und Geist verortet wissen und damit den Christus, der in uns auferstehen will.

Jeder Kampf also gegen das unbewusste „Tier in uns", Adam und Eva erlebten es als Schlange, d. h. unsere ungereinigte, emotionale Natur, ist eine Entscheidung für den Christus, der die Schöpfung mit Hilfe des Menschen vollenden soll. Auftrag des Vater-Gottes.

Für dieses Ziel tritt Jesus mit Feuergeist auf vor dem Passah-Fest. Die Tische der Wechsler jedoch hat er mit Sicherheit stehen lassen. Sie und das Kaufhaus, zu dem der Tempel nicht werden soll, sind nur Sinnbilder für die Lage des Menschen, der droht, sich für die falschen Werte zu entscheiden.

Der Mensch soll sich immer wieder hinterfragen in diesem Sinne und zum Wandel bereit sein, d. h. zum Aufbau einer von Christus her bestimmten Seele; er muss „sterben, um zu leben" wie Paulus sagte.

Mit dieser Reinigung hatte Jesus seinen Jüngern den Weg gewiesen, den er mit ihnen gehen wollte. Nun ging es darum, einzelne Positionen ihrer geistigen Entwicklung von ihrem Ursprung im Alten Testament bis zu ihrer Verwandlung in den neuen Menschen vor den Jüngern aufzurollen und in ihnen zum Erklingen zu bringen.

# Kapitel 3

## Jesus und Nikodemus

*¹ Es war aber ein Mensch unter den Pharisäern mit Namen Nikodemus, ein Oberster unter den Juden. ² Der kam zu Jesus bei der Nacht und sprach zu ihm: Meister, wir wissen, daß du bist ein Lehrer von Gott gekommen; denn niemand kann die Zeichen tun, die du tust, es sei denn Gott mit ihm ³ Jesus antwortete und sprach zu ihm: Wahrlich, wahrlich, ich sage dir: Es sei denn, daß jemand von neuem geboren werde, so kann er das Reich Gottes nicht sehen. ⁴ Nikodemus spricht zu ihm: Wie kann ein Mensch geboren werden, wenn er alt ist? Kann er auch wiederum in seiner Mutter Leib gehen und geboren werden? ⁵ Jesus antwortete: Wahrlich, wahrlich, ich sage dir: Es sei denn, daß jemand geboren werde aus Wasser und Geist, so kann er nicht in das Reich Gottes kommen. ⁶ Was vom Fleisch geboren wird, das ist Fleisch; und was vom Geist geboren wird, das ist Geist. ⁷ Laß dich's nicht wundern, daß ich dir gesagt habe: Ihr müsset von neuem geboren werden. ⁸ Der Wind bläst, wo er will, und du hörst sein Sausen wohl; aber du weißt nicht, woher er kommt und wohin er fährt. So ist ein jeglicher, der aus dem Geist geboren ist. ⁹ Nikodemus antwortete und sprach zu ihm: Wie kann solches zugehen? ¹⁰ Jesus antwortete und sprach zu ihm: Bist du ein Meister in Israel und weißt das nicht? ¹¹ Wahrlich, wahrlich, ich sage dir: Wir reden, was wir wissen, und bezeugen, was wir gesehen haben; ihr aber nehmt unser Zeugnis nicht an. ¹² Glaubt ihr nicht, wenn ich euch von irdischen Dingen sage, wie werdet ihr glauben, wenn ich euch von himmlischen Dingen sage? ¹³ Und niemand fährt gen Himmel, denn der vom Himmel herniedergekommen ist, nämlich des Menschen Sohn.*

## Jesus und Nikodemus
### (oder der Heilige Geist ersetzt die alte Mystik)

Vorgestellt wird Nikodemus, ein Oberster unter den Pharisäern. Jesus selbst nennt ihn einen „Meister in Israel", was so viel heißt wie: Er ist ein Kenner des alten Testaments und des Gesetzesgeflechtes der Juden. Aber er ist in seiner persönlichen Entwicklung weiter als diese, die Schriftgelehrten, denn er kommt „bei der Nacht". Dieser Ausdruck steht dafür, dass Nikodemus mehr spürt als seine Glaubensbrüder und ahnt, dass es ein tieferes Wissen und Erkennen gibt. In diesem will er sich bei Jesus vergewissern. Dieser merkt das, weswegen er es wagt, ihn in die Existenz und das Wesen des Heiligen Geistes einzuführen.

Und dennoch erkennt Nikodemus in Jesus nicht den Messias, wie etwa Nathanael. An Nikodemus, der wissen will, wer dieser Jesus wirklich ist, will der Evangelist verdeutlichen, dass nicht nur der Volksglaube der Israeliten nicht mehr trägt, sondern auch das okkulte Wissen der Vorzeit, aus dem ja ein gut Teil ihrer Religion hervorgegangen war (so z. B. der Mythos der Sintflut). Zwar gilt Nikodemus in seinem Volke noch als „Meister", kann aber dieser Rolle nicht mehr gerecht werden, was auch sein naives Nachfragen verdeutlicht gegenüber Jesus (Vers 4 „Kann er (der Mensch) auch wiederum in seiner Mutter Leib gehen und geboren werden?"). Einem Meister steht in Jesus der eigentliche, weil wahrhaftige neue Meister gegenüber und verkündet ihm, wodurch die zu Ende gehende antike Welt gerettet werden kann, nämlich durch das in die Welt-Treten des Heiligen Geistes. Erstarrung, Tod auf der einen Seite also, Neugeburt auf der anderen.

Diese Neugeburt muss sich vollziehen aus „Wasser und Geist" (Vers 5). Eine Wassertaufe kann hier nicht gemeint sein, denn Jesus taufte ja mit dem Heiligen Geist. Das Wasser ist hier eher Metapher für die Herkunft des Lebens, also auch des Menschen, aus einem Stoff, aus dem er sich heraus verdichtet hat bis zur damaligen und heutigen Sklerose, die nur durch die Lebendigkeit des Geistes wieder aufgelöst werden konnte. In einem tieferen Sinn entspräche das auch der Rolle Christi als dem Retter des Menschen. Es wäre auch daran zu denken, dass hier Johannes einen Vorgriff auf Kapitel 4 „Jesus und die Samariterin" getan haben könnte, wo vom „Wasser des Lebens" die Rede ist, das den Durst des neuen Menschen für immer zu stillen vermag.

An dieser Stelle sind ein paar Gedanken unverzichtbar zu dem Geist, aus dem die Neugeburt erfolgen soll. Jeder spürt wohl, dass der Heilige Geist gemeint ist.

Was hat die Menschheit sich nicht alles unter ihm vorgestellt oder aus lauter Bigotterie und Unterwürfigkeit nicht gewagt sich etwas vorzustellen und in der Folge bis heute einen fatalen Bogen um ihn gemacht. Fatal, weil das materialistische Denken der Neuzeit nicht das ihm gemäße Gegengewicht hat finden können! Dabei kleidet Johannes ihn in Bilder, die ihn als verstehbare irdische Abspiegelung seiner trinitarischen Existenz zeigen. Auch Kapitel 16, Vers 13-15, ist heranzuziehen.

In Vers 8 wird dieser Geist mit dem Wind und dessen Natur verglichen:

Woher – wo – wohin:
- du weißt nicht, woher er kommt
- er bläst, wo er will
- du weißt nicht, <u>wohin</u> …

Die 7-fache Alliteration (Wiederholung des „w") ruft ein Empfinden in uns wach, dass man meint, den Wind sinnlich zu verspüren; gleichzeitig stellt sich das Gefühl einer überpersönlichen Kraft ein.

Dieser Wind scheint über Ort und Zeit zu stehen und damit den Dingen, die den Menschen fesseln:
- er taucht auf aus dem Nichts der Vergangenheit
- er wirkt in der Gegenwart (= wo er will)
- er führt in die Zukunft (wohin er fährt)

Kapitel 16, Vers 13 bestätigt dies Letztere:
- „was zukünftig ist, wird er euch verkündigen."

Sein wichtigstes Kriterium aber ist dies:
- „Denn er wird nicht aus sich selber reden;
- sondern was er hören wird, das wird er reden."

Die Natur dieses Geist-Windes: Er ist eine Kraft, die selbst die Vorgaben bestimmt, d. h. er öffnet sich dem Menschen, nicht der Mensch kann ihn herbeizwingen (wo er will). Er erscheint nicht planbar, sondern vom Menschen aus gesehen spontan, nur eigener Gesetzmäßigkeit folgend. Und du musst dich ihm überlassen, d. h. wohin dich das Denken unter seiner Regie führt. Sein kräftigster Wesenszug aber ist dieser: Er redet nicht aus sich selber, was so viel heißt wie: Er ordnet sich einer höheren Instanz unter und redet damit wie er hört, d. h. er wird zu deren Sprachrohr.

Vergleichen wir diese Charakteristika mit Kap.3, V.11.

Damit stellt sich Jesus Christus selbst in den Dienst einer höheren Instanz. Für ihn kann diese nur der Vater-Gott sein, für den Hl. Geist Vater und Sohn. Wenn Jesus den Nikodemus auffordert, sich aus diesem Geiste neu gebären zu lassen, so ist damit garantiert, daß der Mensch grundsätzlich Anschluß an ihn finden kann. Nur wo? Und wie? Gibt es ein Vermögen in uns, welches die oben dargestellten Züge der Natur dieses Geistes trägt, zumindest ihrem irdischen Abglanz nach? Es ist das freie, d.h. keiner Autorität folgende zweckungebundene, individuelle, intuitive Denken, in dem sich die Person des Menschen äußert. Noch den Realisten der Scholastik war klar, daß im Begriff ein Reales anwesend ist, das sie mit Hilfe der Meditation zum Leben erwecken konnten.

Wer sich mit Meditieren auskennt, prüfe die Arbeitsschritte dabei und vergleiche sie mit der voranstehend gezeichneten Natur des höchsten Geistes:
- sich leer machen von jeglichem Ballast, der unser Fühlen und Denken besetzt und deren eigentliche Möglichkeiten verhindert
- die notwendige seelische Gestimmtheit herstellen, wie sie dem Geist der Fußwaschung  entspricht :

> Ich statt Ego
> Dienen statt Herrschen
> Demut statt Gelten-Wollen vor der Welt
> Liebe zu allem, was lebt um uns herum

- nun kann geistige Wirklichkeit als zusammenhängende, belebende Kraft in uns einfallen.

- tastendes Umsetzen ins Bewußtsein und Suche nach Ausdruck:
> Versprachlichung durch Priester, Philosophische Denker, Ärzte etc.
> Vertonung durch Musiker
> Farbgebung durch Maler
> Formgebung durch Plastiker

Ich meine die wichtigsten Gemeinsamkeiten mit christlichem Denken werden sichtbar: es ist das Zurücktreten vom niederen Ego, das sich zum Einfallstor-Machen für den Geist als eigenständige Realität und Kraft und schließlich das Zeugen von diesem Höheren. In solches Rüstzeug für den gemeinsamen Weg wollte Jesus die Jünger einführen. Um den Vergleich abzurunden, wollen wir das „normale Denken" dagegen setzen. Seit dem Nominalismus der mittelalterlichen Scholastik und der Aufklärung durch Kant wird dem Begriff keine eigene, wirkende Realität mehr zugesprochen, da im Subjekt-Objekt-Bezug nur Wille und Vorstellung gesehen wird.  Mit anderen Worten: im Denken gestalte der Mensch eine ausschließlich subjektive Realität, die also mit einer eventuell vorhandenen, außerhalb seiner, nichts zu tun habe. Denken sei mithin reines Konstrukt des Menschen allein. Seitdem kann man eigentlich nicht mehr von Erkennen sprechen, wohl aber von Thesen und Theorien, die maximal in den empirischen Wissenschaften einen Bezug zur Realität der Natur bekommen. Auch von den Kirchen wurde diese Denke mitgemacht. Weil man den Bezug zur christlichen Spiritualität verloren oder nie gefunden hatte oder weil man nicht als Verhinderer der Moderne und damit des Fortschritts gelten wollte.

Auch war man nicht in der Lage zu unterscheiden, ob es um eine Frage des reinen Verstandes ging oder um Wesenserkenntnis, die nur über den christlich-spirituellen Weg zu leisten ist.

Doch zurück zu Johannes. Vers 12 zeigt, dass Nikodemus durch Jesu Vorstellung der Geburt aus Geist überfordert ist. Er kann sie sich nicht als irdisches Ereignis für den Menschen vorstellen. Das ist die Ungläubigkeit gegenüber irdischen Dingen. Dem steht gegenüber das Wort von den himmlischen Dingen V.13, die dann vollends zum Rätselwort für den Menschen werden.

Wir wollen uns dennoch daran versuchen:

Im Zentrum steht der Menschensohn. So bezeichnet sich Jesus selbst, nicht als Gottessohn. Die Kulturen des alten Orients kannten die Bezeichnung Gottessohn für den obersten Priester und König ihres Gemeinwesens. In ihr wurde die enge Verbindung des Menschen mit der Götterwelt erlebt und zum Ausdruck gebracht.

Im Menschensohn dagegen lebt der zur höchsten Reife gelangte Mensch, der bei der Jordantaufe den geschaffenen Logos, den Sohn Gottes, aufnimmt und für die drei Jahre seiner Erdenmission Mensch und Gott gleichermaßen ist. Jesus wählte die Bezeichnung Menschensohn vermutlich in bewusster Anlehnung und gleichzeitiger Abgrenzung gegenüber dem schon in der damaligen Kulturwelt bekannten Gottessohn. Dieser war das Band, mit Hilfe dessen es einem Auserwählten (zum Beispiel dem Pharao) möglich war in Sphäre der höheren Geistigkeit hinauf zu reichen und deren Kraft seiner Gemeinschaft nutzbar zu machen.

Im Menschensohn drückt sich eine gegenläufige Bewegung aus: Das Göttliche (der Sohn) selbst steigt herab (Deszendenz) und verbindet sich mit dem Geschick des Menschen durch Inkarnation. Er übernimmt das Menschsein in all seinen Facetten: Von der Kenntnis der Sünde bis zur Reinheit der Heiligkeit weist er dem Menschen den Weg zurück zum Vater (Aszendenz). Damit verbrüdert sich Christus mit uns und macht uns aufmerksam auf die Schöpferkräfte, die in uns angelegt sind und auf deren Entbindung Christus seitdem wartet.

Menschensohn ist also die höchste Stufe, die auch ein Mensch erreichen kann in der Nachfolge Christi. Es ist die Umwandlung all unserer unfertigen geistig-seelischen Anlagen bis in ihre mögliche Form der Vollendung hinein. Im Menschensohn hat sich der Logos ohnmächtig gemacht, um aufzuerstehn in Herrlichkeit, wo ein Mensch diesen Weg geht. Dort wo Aszendenz gelebt wird, kommt ihr Deszendenz entgegen und wandelt die Erde um, Schritt für Schritt, in ein neues Gestirn (siehe auch Komposition des Evangeliums). Ohnmacht (Kreuz) und Auferstehung (Ostern) haben also in der Menschensohnesschaft ihr letztes Ziel, nämlich die eigentliche Menschwerdung des Menschen zu ermöglichen.

Wie hängt das zusammen mit den Worten aus V.12 : „wie werdet ihr glauben, wenn ich euch von himmlischen Dingen sage?"
„Niemand fährt gen Himmel aus V.13 heißt dann: Niemand wird etwas von den spirituellen Zusammenhängen des Welthintergrundes begreifen, wenn er sich nicht aufmacht, ein Schüler in der Erlangung der Menschen-Sohnesschaft zu werden.

Diese Arbeit und das Wirken des Hl. Geistes durchdringen sich gegenseitig und sind aufeinander angewiesen.

[14] *Und wie Mose in der Wüste die Schlange erhöht hat, so muß des Menschen Sohn erhöht werden,* [15] *auf daß alle, die an ihn glauben, das ewige Leben haben.* [16] *Denn also hat Gott die Welt geliebt, daß er seinen eingebornen Sohn gab, auf daß alle, die an ihn glauben, nicht verloren werden, sondern das ewige Leben haben.* [17] *Denn Gott hat seinen Sohn nicht gesandt in die Welt, daß er die Welt richte, sondern daß die Welt durch ihn gerettet werde.* [18] *Wer an ihn glaubt, der wird nicht gerichtet; wer aber nicht glaubt, der ist schon gerichtet, denn er glaubt nicht an den Namen des eingebornen Sohnes Gottes.* [19] *Das ist aber das Gericht, daß das Licht in die Welt gekommen ist, und die Menschen liebten die Finsternis mehr als das Licht, denn ihre Werke waren böse.* [20] *Wer Arges tut, der hasset das Licht und kommt nicht zu dem Licht, auf daß seine Werke nicht an den Tag kommen.* [21] *Wer aber die Wahrheit tut, der kommt zu dem Licht, daß seine Werke offenbar werden, denn sie sind in Gott getan.*

Von der Mission Jesu-Christi

Die Erhöhung der Schlange und die Erhöhung des Menschen-Sohnes bilden hier die Eintrittsschwierigkeiten zum Verständnis.

*4.Mose 21, 4-8*   *Da brachen sie auf von dem Berge Hor in Richtung auf das Schilf-meer , um das Land der Edomiter zu umgehen. Und das Volk wurde verdrossen auf dem Wege*⁵ *und redete wider Gott und wider Mose: Warum hast du uns aus Ägypten geführt, daß wir sterben in der Wüste? Denn es ist kein Brot noch Wasser hier, und uns ekelt vor dieser mageren Speise. ⁶ Da sandte der HERR ‚feurige Schlangen' unter das Volk; die bissen das Volk und viele aus Israel starben. ⁷ Da kamen sie zu Mose und sprachen: Wir haben gesündigt, daß wir wider den Herrn und wider dich geredet haben. Bitte den Herrn, daß er die Schlangen von uns nehme. Und Mose bat für das Volk. ⁸ Da sprach der Herr zu Mose: mache dir eine eherne Schlange und richte sie hoch auf. Und wenn jemand eine Schlange biß, so sah er die eherne Schlange an und  blieb leben.*

4. Mose Kap.21, 4-8 schildert uns die Lage der mit Mose durch die Wüste ziehenden Israeliten. Diese sehnen sich zurück nach den Fleischtöpfen Ägyptens. Hatten sie dort auch keine Freiheit, so wurden sie doch wenigstens satt und konnten ihren Durst stillen, wußten also wozu sie sich schindeten. Aber Moses und sein ferner, oft so unverständlicher Gott, was hatten denn die außer idealistischen Forderungen schon anzubieten?...

Zur Strafe sendet Jahwe feurige Schlangen, die viele aus dem Volk tot beißen.

Da bekennen die Israeliten ihren Fehler und Gott sagt zu Moses: „Mach eine eherne (aus Eisen) Schlange und richte sie an einer Stange hoch auf. Wer gebissen wird und die eherne Schlange ansieht, der wird gesunden."

Spätestens der Hinweis auf „feurige" Schlangen und das gesundende Blicken auf eine eiserne Schlange weisen den Weg zu einem Mythos. Aber was steckt dahinter? Die Schlange ist Symbol einer doppelten Funktion, das macht ihr Auftritt in der Paradies-Geschichte deutlich. Einerseits ist sie die Verführung für den Menschen, andererseits ist sie Repräsentant der Klugheit und Weisheit. Sie kennt das Geheimnis des Paradiesbaumes und damit das Schicksal Adams und Evas. Sie tritt immer dann auf, wenn im Menschen ein Gewissens- und Entscheidungskampf ansteht zwischen seiner niederen Natur und seiner höheren, die aber nur durch Anstrengung und Selbstüberwindung zu erreichen ist. So bedeutet die Vertreibung aus dem Paradies einerseits Freiheit und

Selbstbestimmung, andererseits um welchen Preis ! Nämlich Tod und Leid, die seitdem unser Leben prägen.

Die Israeliten in der Wüste drohten, ihrem Hang nach Bequemlichkeit und Sattheit zu unterliegen und damit von ihrem Glauben an Gott abzuweichen, der den Opfersinn der Selbstüberwindung einfordert. Mit der Erhöhung einer eisernen Schlange zielt Gott durch seinen Diener auf ein Doppeltes:

Wenn der Mensch vor etwas Angst hat, es aber aus sich heraussetzt in einem Zeichen oder Symbol, dann glaubt er damit einen Teil der negativen Kräfte gebannt zu haben. Dies ist das Banner der Schlange, das die Israeliten zum Schutz vor sich hertragen. Wozu aber soll es aus Eisen sein? Das 3-wertige Eisen (Ferrum) kommt im Hämoglobin des Blutes vor und dient vor allem der Sauerstoffaufnahme. Es stärkt die Immun- und Abwehrkräfte. Überwiegen dagegen die weißen Blutkörperchen ist es um ersteres schlecht bestellt. Es war daher zu allen Zeiten Wissen, daß Blut „ein ganz besonderer Saft" (Goethes Faust) ist und Sitz der Persönlichkeitskräfte des Menschen. Siehe auch 3.Mose 17.11 wo das Blut als Sitz der Seele bezeichnet wird.

*3.Mose 17.11* *Denn des Leibes Leben ist im Blut, und ich habe es euch für den Altar gegeben, daß ihr damit entsühnt werdet . Denn das Blut ist die Entsühnung, weil das Leben in ihm ist.*

Indem Moses die verletzten Israeliten also auf die eherne Schlange blicken läßt, heißt das soviel wie: er appelliert an ihr Selbstbewußtsein, ihre Ich-Kraft und damit ihren Opfersinn, damit sie den Schwächeanfall der Versuchung überwinden lernen und zu Jahwe zurückfinden.

So wie ehemals die Erhöhung der Schlange den Menschen vorm Versagen bewahrt hatte, so sollen wir den Menschensohn in uns aufrichten, d.h. einziehen lassen. Sein Geist soll uns stärken, das ist der Sinn von V.14. Daß später eine Erhöhung ans Kreuz erfolgte, wie Viele V.14 deuten, steht zu unseren Gedanken nicht im Widerspruch. Es fehlt aber der Bezug zum Vergleich mit der Schlange.

Der Glaube an den Namen des Christus

*[17] Denn Gott hat seinen Sohn nicht gesandt, daß er die Welt richte, sondern daß die Welt durch ihn gerettet werde. [18] Wer an ihn glaubt, der wird nicht gerichtet; wer aber nicht glaubt, der ist schon gerichtet, denn er glaubt nicht*

*an den Namen des eingeborenen Sohnes Gottes. [19] Das ist aber das Gericht, daß das Licht in die Welt gekommen ist, und die Menschen liebten die Finsternis mehr als das Licht, denn ihre Werke waren böse.*

Jesu Christi Erscheinen in der Welt bedeutet die Chance der Rettung der Menschen zum ewigen Leben hin. Das Retten steht im Gegensatz zum Richten, mit dem die Menschen schon früh, die Kirche bis in die Neuzeit hinein die Aufgabe Christi verwechselt haben. Die Forderung des Kirchenvolkes unserer Tage an die Amtskirche, doch endlich die Drohbotschaft durch die Frohbotschaft zu ersetzen, kommt nicht von ungefähr. Dabei hatte sich Jesus eindeutig und unmißverständlich zum Sinn seiner Erdenmission geäußert.

Vers 17 ersetzt das Richten durch das Retten. Basis der Rettung ist der Glaube. Aber nicht irgendein Glaube aus eigener Vollmacht, sondern an den Namen des eingeborenen Sohnes Gottes. An den Namen? Ausgerechnet die Wortart die wir Alten als erste vergessen. Sagt man nicht auch „Name ist Schall und Rauch?" Geht's nicht etwas substanzieller?

Aber welches ist denn der Name des eingeborenen Sohnes? Christos der Gesalbte, nennt ihn das Griechische als Übersetzung des hebräischen Messias. Meinte ursprünglich einen weltlichen Anführer, einen Fürsten etwa. Da bekommt man schon eher einen ersten Geschmack des Besonderen auf die Zunge. Mit dem höheren Adel und seinem Brauchtum haben wir gemeinen Leute nicht mehr viel am Hut. Dafür zählen selbst gemachte Erfahrungen schon mehr. Solange der Lehrer die Namen seiner neuen Klasse noch nicht intus hatte, nutzte so mancher von uns den Schutz der Gemeinschaft um ihm das Leben ein bißchen zu erschweren. Nicht böse gemeint, wir wollten nur sehen, wie es um die Souveränität des Neuen bestellt war.

Aha -, Name holt also aus der Anonymität der Gruppe heraus. Als Gott Adam den Paradiesesgarten zeigt, benennt er ihm Pflanze und Tier. Später sagt er zu ihm: „Ich habe dich bei deinem Namen gerufen, du bist mein." Benennung, Name hebt also nicht nur aus der Anonymität, sondern schafft Identität. Man wird durch ihn zum unverwechselbaren Individium, einem nicht mehr Teilbaren. Deswegen rebelliert es in uns sofort, wenn unser Name falsch oder verhunzt ausgesprochen wird. Da wird unerlaubt unser Innerstes angetastet. Aber wo bitte ist der Bezug von uns zu Gott bei dem Thema? Als die alte Menschheit noch ein Teil der Natur war, erlebte sie in Meer, Quelle oder Baum ein Göttlich-Geistiges und gab ihnen den Namen von Göttern. Als der Einzug des Verstandes jedoch dies Band zu lockern begann, zog eine Vermenschlichung der Götterwelt ein in die Kultur (Griechenland ca. 500 v.Chr.).

Als dann das Band riß, erschien der Monotheismus und der einzelne Mensch erkannte sich als Person jenseits der Gruppe. Die Individuation ergriff also nicht nur den Menschen, sondern spiegelte sie, als Moses Jahwe bat ihm zu sagen, mit wem er spreche, um bei seinem Volk Vertrauen zu bekommen. Da antwortet dieser: „Ich bin der Ich-bin".

Den eigentlichen Höhepunkt menschlicher Individuation aber darf man wohl in dem Geschehnis von Golgotha sehen. Christi Namen von dorther denken und verehren, das ist für mich, wie in V.18 ausgesprochen, „an den Namen des eingeborenen Sohnes Gottes glauben."

Christus Richter oder Retter?

Es klang schon an, daß die Kirche jahrhunderte lang Mühe hatte zwischen Jesus als Richter oder Retter zu unterscheiden. Dabei hat sich der Herr dazu mehrfach geäußert, um genau zu sein: fünfmal im Johannes-Evangelium verteilt. Wie in einer Art Quint-Essenz bezieht er Stellung, so wichtig war ihm das Thema und so sehr spielen die dabei relevanten Gesichtspunkte ins Leben rein. Da das Thema mit Kap. 3 beginnt, wage ich hier eine Synopse (Gesamt-Überblick), weil nur so der geistige Zusammenklang erkennbar wird.

Menschliches Richten geht von einem Verhaltenscodex aus, dessen Übertretung eine Sanktion, eine Bestrafung auslöst, ungeachtet erstmal der verursachenden Person. Jesus hingegen stellt den Menschen und seinen Entwicklungsstand, d.h. seinen Reifegrad und damit seine Verantwortlichkeit in den Mittelpunkt seiner Äußerungen.

Kap.12.47 *„Wer meine Worte hört und bewahrt sie nicht, wird nicht gerichtet."* trifft auf den Menschen zu, der noch zu undifferenziert ist, um zu merken, daß Christi Worte Bedeutung haben und zur Stellungnahme herausfordern wollen. Dies gilt freilich nur so lange bis ihn das Leben vor diese Situation stellt:
Kap. 9.39 *Jesus; „Ich bin zum Gericht in diese Welt gekommen, aufdaß die da nicht sehen, sehen werden, und die da sehen, blind werden."*

Es kommt für jeden Menschen die Stunde, wo er die Stimme Christi vernimmt, sei es in Form einer Gewissensregung oder einer Erkenntnis. Das ist seine Chance „sehend" zu werden. In der Folge wird er später vor die Situation gestellt werden, die wir in Kap. 12,47 zweiter Teil, kennen lernen werden.

Wieso müssen, - Die da schon sehen wieder blind werden? - Damit sind die pharisäischen Geister unter uns gemeint, die „Gottesbesitzer" wie Eugen Drewermann sie nennt. Das sind Jene, deren oberster Gott das Gesetz oder Dogma ist und die sich in seiner gnadenlosen Erfüllung selbst verherrlichen, freilich ohne es zu merken, denn sie halten sich für die einzig Gerechten. Daß diese „blind werden sollen", will ihnen nicht das Augenlicht rauben, sondern ihre geist- und seelenlose Sichtweise.

Kap.12.47 *zweiter Teil: „Wer mich verachtet und nimmt meine Worte nicht auf..."*

Die aktive Entscheidung des Menschen gegen Christus, also Ursache von Gleichgültigkeit, Besserwisserei oder Verachtung findet einzig bei Christus keine Entschuldigung, sondern zieht Konsequenzen (nicht Strafe!) am Jüngsten Tag nach sich.

Kap.8.15 *„Ihr richtet nach dem Fleisch, ich richte niemand."*

Damit setzt Christus sein Richten gegen menschliches Richten ab. Dieses dient der Abschreckung und leider noch allzu oft dem menschlichen Rachebedürfnis. Beides Dinge, die Christus fremd sind. Menschliches Richten ist ferner nicht frei von Unkenntnis der menschlichen Natur (z.B. wann ist Milde angesagt, wann nicht) oder von einer falschen Gewichtung bei der Einschätzung verletzter Werte.

So z.B. dem Skandal, daß bei uns Körperverletzung immer noch milder geahndet wird, als Verstöße gegen Eigentum und Kapital. Hatte Christus nicht vom Körper des Menschen als seinem potenziellen Tempel gesprochen?!

Kap.5.30 Wonach aber richtet sich Christus bei seinem Richten? Er bezieht sich dabei stets auf den Willen seines Vaters, des, der ihn sandte. Er sagt ferner: „Wie ich höre so richte ich." Das bezieht sich nicht allein darauf, was ihm der Wille des Vaters eingibt, sondern es beinhaltet auch die Konsequenz aus dem menschlichen Handeln und Denken. Wie beide sich zu Christus verhalten haben werden, wird Gegenstand der Konsequenzen am Ende unserer Tage sein. Das ist eine klare Absage an die naive Auffassung von der folgenlosen Vergebung aller Sünden. Jesu Worte sind bisweilen schockierend, so z.B. in 3,18 „wer aber nicht glaubt, ist schon gerichtet". Da dürfen wir den Protest, der sich in uns regt, ruhig ernst nehmen. Er will uns zum Suchen und Nachdenken ermuntern, nie aber zum Resignieren oder Hinschmeißen. Wir sind in unserer Urteilsfähigkeit herausgefordert, denn es heißt auch: „ich bin nicht gekommen zu richten, sondern zu retten." Und welcher der beiden Sätze hat wohl Vorrang? Richtig, - das Retten wird eindeutig vor dem Richten genannt. Folglich wartet Christus nicht, wie die Spinne im Netz auf Beute, auf unser Versagen, sondern er weiß, daß der Weg zum Glauben oft steinig und mühsam ist und auf 1000 Bemühungen oft nur 1 Erfolg kommt.

Das Offenbar-werden der Werke

In V.21 sagt Jesus uns, in welchem Geist wir Gutes tun und Wahres reden sollen. „Daß des Menschen Werke offenbar werden" heißt eben nicht: „tue Gutes und rede darüber", weil dahinter nur Eitelkeit und vor der Welt „Gelten-wollen" steht. Stattdessen sei dieses unser Grundsatz: Handle im Geiste Christi (= komme zum Licht), dann hat dein Tun soviel eigene Strahlkraft, daß es aus sich heraus leuchtet und damit den Menschen auffällt. Fällt es nicht auf, war es entweder noch nicht genug selbstlos getan oder du warst zu ungeduldig, weil noch vom Erfolg, d.h. dem ‚Beachtet-werden' her denkend.

**Des Täufers letztes Zeugnis von Jesus**

*²²Danach kam Jesus mit seinen Jüngern in das Land Judäa und blieb daselbst eine Weile mit ihnen und taufte. ²³ Johannes aber taufte auch noch zu Änon, nahe bei Salim, denn es war viel Wasser daselbst; und sie kamen dahin und ließen sich taufen. ²⁴ Denn Johannes war noch nicht ins Gefängnis gelegt. ²⁵Da erhob sich ein Streit zwischen den Jüngern des Johannes und einem Juden über die Reinigung.²⁶ Und sie kamen zu Johannes und sprachen zu ihm: Meister, der bei dir war jenseits des Jordans, von dem du zeugtest, siehe, der tauft, und jedermann kommt zu ihm. ²⁷Johannes antwortete und sprach: Ein Mensch kann nichts nehmen, es werde ihm denn gegeben vom Himmel. ²⁸Ihr selbst seid meine Zeugen, daß ich gesagt habe, ich sei nicht der Christus, sondern vor ihm her gesandt. ²⁹Wer die Braut hat, der ist der Bräutigam; der Freund aber des Bräutigams steht und hört ihm zu und freut sich hoch über des Bräutigams Stimme. Diese meine Freude ist nun erfüllt. ³⁰Er muß wachsen, ich aber muß abnehmen. ³¹ Der von oben her kommt, ist über alle. Wer von der Erde ist, der ist von der Erde und redet von der Erde. Der vom Himmel kommt, der ist über alle ³²und bezeugt, was er gesehen und gehört hat; und sein Zeugnis nimmt niemand an. ³³ Wer es aber annimmt, der besiegelt's, daß Gott wahrhaftig ist. ³⁴Denn welchen Gott gesandt hat, der redet Gottes Worte; denn Gott gibt den Geist nicht nach dem Maß. ³⁵Der Vater hat den Sohn lieb und hat ihm alles in seine Hand gegeben. ³⁶Wer an den Sohn glaubt, der hat das ewige*

*Leben. Wer dem Sohn nicht glaubt, der wird das Leben nicht sehen, sondern der Zorn Gottes bleibt über ihm.*

Jesus und Johannes, beide taufen, sodaß es nicht ausbleiben kann, daß die Jünger des Johannes von ihrem Meister wissen wollen, was denn nun bei der Taufe, der Reinigung, den einen vom anderen unterscheide.

In V. 27 gibt Johannes den wichtigsten Hinweis: „Ein Mensch kann nichts nehmen, es werde ihm denn gegeben vom Himmel." Damit verweist er auf seine eingeschränkte Rolle gegenüber der von Jesus Christus, die das Gütesiegel von Gott-Vater trägt und daher Vorrang hat. Dies gilt hernach auch für jeden um Erkenntnis und Angenommensein ringenden Menschen. Ohne Gnaden-Erweis bekommen wir keine letzte Sicherheit und Gewißheit.

Johannes ist ohne jeglichen Neid oder Eifersucht, sondern gibt sich als wahrer Freund des Bräutigams zu erkennen (V.29). Bräutigam und Braut sind das Bild für Jesus, zu dem die Braut, des Menschen Seele gehört. Als vor Jesus Vorhergesandter kündigte Johannes dessen Kommen an und erlebt es noch, was die Erfüllung seiner Lebensaufgabe und seines Lebenstraumes bedeutet. Sodaß er sagen kann am Ende (V.30) „Er muß wachsen, ich aber abnehmen."

Johannes verkörpert noch die alte, zu Ende gehende Welt, aus der heraus der Mensch nicht selbstbestimmt, sondern nach Jahwes Gesetzen lebte: „Ich muß abnehmen": der Verkünder der Wahrheiten des AT erlebt, daß seine Geist- und Kulturepoche dem Ende zustrebt, da die Weiterentwicklung des Menschen sich jetzt nach innen verlagert und von Eigenverantwortung, d.h. Freiheit, bestimmt sein wird. Gott will nun im Innern auferstehen und gesucht werden. Das ist das „Er muß wachsen" des Christus. Dahinter steht die Autorität des Vaters, von dessen Wille, Planen und Größe der Sohn Zeugnis ablegt. (V.32)

Wer den Geist von dessen Zeugnis annehmen kann, wird selber zum Zeugen der höchsten Wahrheit. Das ist das „Besiegeln". Ein Siegel legt in früheren Zeiten Zeugnis ab von der Autorität, der Qualität seines Besitzers.

V.34 - Was bedeutet aber, daß „ Gott den Geist nicht nach dem Maß gibt?" Die Weisheiten der abgelebten Seelen- und Geistesepoche werden in Reim und Versmaß (Metrum) vermittelt. Damit ist jetzt Schluß, denn der Mensch muß die Stimme Christi als das rechte Maß in sich vernehmen lernen.

# Kapitel 4

### Jesus und die Samariterin
*(oder: Verlebendigung des Glaubens gegen Orthodoxie)*

*¹ Da nun der Herr inneward, daß vor die Pharisäer gekommen war, wie Jesus mehr zu Jüngern machte und taufte als Johannes, ²wiewohl Jesus selber nicht taufte, sondern seine Jünger, ³ verließ er Judäa und zog weiter nach Galiläa. ⁴Er mußte aber durch Samarien reisen. ⁵Da kam er in eine Stadt Samariens, die heißt Sychar, nahe bei dem Feld, das Jakob seinem Sohn Joseph gab. ⁶Es war aber daselbst Jakobs Brunnen. Da nun Jesus müde war von der Reise, setzte er sich auf den Brunnen; und es war um die sechste Stunde.*

*⁷Da kommt eine Frau aus Samarien, Wasser zu schöpfen. Jesus spricht zu ihr: Gib mir zu trinken! ⁸ Denn seine Jünger waren in die Stadt gegangen, daß sie Speise kauften. ⁹Spricht nun die samaritische Frau zu ihm: Wie bittest du von mir zu trinken, der du ein Jude bist, und ich ein samaritisches Weib? - Denn die Juden haben keine Gemeinsachaft mit den Samaritern. ¹⁰ Jesus antwortete und sprach zu ihr: Wenn du erkenntest die Gabe Gottes und wer der ist, der zu dir sagt: Gib mir zu trinken! du bätest ihn, und er gäbe dir lebendiges Wasser. ¹¹Spricht zu ihm die Frau: Herr, hast du doch nichts, womit du schöpfest und der Brunnen ist tief; woher hast du denn lebendiges Wasser? ¹² Bist du mehr als unser Vater Jakob, der uns diesen Brunnen gegeben hat? Und er hat daraus getrunken und seine Kinder und sein Vieh. ¹³ Jesus antwortete und sprach zu ihr: Wer von diesem Wasser trinkt, den wird wieder dürsten; ¹⁴ wer aber von dem Wasser trinken wird, das ich ihm gebe, den wird ewiglich nicht dürsten; sondern das Wasser, das ich ihm geben werde, das wird in ihm ein Brunnen des Wassers werden, das in das ewige Leben quillt.*

*¹⁵Spricht die Frau zu ihm: Herr gib mir solches Wasser, auf daß mich nicht dürste und ich nicht mehr herkommen müsse, zu schöpfen. ¹⁶Jesus spricht zu ihr: Gehe hin, rufe deinen Mann und komm her! ¹⁷Die Frau antwortete und sprach: Ich habe keinen Mann. Jesus spricht zu ihr: Du hast recht gesagt: Ich habe keinen Mann. ¹⁸Fünf Männer hast du gehabt, und den du nun hast, der ist nicht dein Mann; da hast du recht gesagt. ¹⁹Die Frau sprach zu ihm: Herr ich sehe, daß du ein Prophet bist. ²⁰ Unsere Väter haben auf diesem Berge angebetet, und ihr sagt, zu Jerusalem sei die Stätte, da man anbeten solle. ²¹ Jesus spricht zu ihr: Weib, glaube mir, es kommt die Zeit, daß ihr weder auf diesem Berge noch zu Jerusalem werdet den Vater anbeten. ²² Ihr wisset nicht, was ihr anbetet; wir wissen aber, was wir anbeten; denn das Heil kommt von den Juden* [23] *Aber es kommt die Zeit und ist schon jetzt, daß die wahrhaftigen Anbeter werden den Vater anbeten in Geist und in der Wahrheit; denn der Vater will haben, die ihn also anbeten.* [24] *Gott ist Geist und die ihn anbeten, die müssen ihn im Geist und in der Wahrheit anbeten.* [25] *Spricht die Frau zu ihm: Ich weiß, daß der Messias kommt, der da Christus heißt. Wenn derselbe kommen wird, so wird er's uns alles verkündigen.* [26] *Jesus spricht zu ihr: Ich bin's, der mit dir redet.*

Zum Verständnis dieses Kapitels ist ein Rückgriff in die Geschichte unerläßlich.

Unter Rehabeam, dem Enkel Davids, zerfällt das jüdische Einheitsreich in zwei Teile: nördlich: Israel - südlich: Juda. Beide Staaten verlieren ihre Selbstständigkeit durch Eroberer aus dem Zweistromland. 722 v.Chr. geht das Nordreich mit Samarien an die Assyrer, die führenden Gesellschaftsschichten in die Verbannung. Das zurückbleibende Volk wird mit Fremdbevölkerung vermischt, die ihre eigenen Götter mitbringt. Seit dieser Zeit gelten den orthodoxen Juden die Samaritaner als völkisch gemischt und damit blutsmäßig, aber auch glaubensmäßig als unrein, obwohl ihre Bibel der Pentateuch bleibt, also die fünf Bücher Mose. Den Talmud, die raffinierte Auslegung und Anwendung der Gesetze kennen sie jedoch nicht.

587 gerät das Südreich Juda in babylonische Gefangenschaft, aus der es 537 durch den Perserkönig Cyros befreit wird. Im babylonischen Exil entstand die Bußbewegung, die in der Verbannung eine Strafe Jahwes sah. Die Gruppierung der Pharisäer und Sadduzäer ging daraus hervor, die die Reinhaltung des Glaubens von jeglichem heidnischen Element fordert und Gesetz und Gehorsam über den Glauben stellt. Nur so könne Jahwe versöhnt werden und die Zeit bis zum Erscheinen des Messias verkürzt. In diese Epoche fällt auch die Rückstufung des Einflusses der Frau auf die Gesellschaft. Es entwickelt sich ein zünftiges Patriarchat.

Man kann sich leicht vorstellen wie solche geistig-seelischen Verengungen und Erstarrungen auf Jesus gewirkt haben. Es war mit Sicherheit kein Zufall, daß er den Tabubruch wählte mit einer Frau, dazu noch einer ,Unreinen' zu sprechen am Brunnen. Gleichzeitig zielt er auf seine Jünger, die merken sollen, daß mit ihm jegliche Voreingenommenheit und jegliches Versteckspiel hinter Formalismen im lebendigen Glauben keine Zukunft haben sollen.

Wer aber ist die Samariterin? Viele sehen in ihr die „femme de petite vertu" wie die Franzosen sagen, also eine Frau, die sich nicht groß um Moral schert. Sie habe ja, wie ihr Jesus auf den Kopf zusagt, 5 Männer gehabt und der aktuelle sei auch nicht ihr Mann. ,Einspruch' - möchte man da rufen und auf den Text und damit sorgfältigeres Lesen verweisen.

V.29 gibt zu verstehen, daß diese Frau in hohem Ansehen stand bei ihren Glaubensbrüdern, was bei einem angenommenen schlechten Lebenswandel nicht möglich gewesen wäre. Sie ist von großer Sensibilität und an der Sinn-frage des Daseins interessiert, sonst würde sie nicht in wenigen Augenblicken vom Erblicken eines Propheten in Jesus bis zum Dafürhalten den Christus vor sich zu haben, voranschreiten. Sie vergißt völlig ihr Tagesgeschäft, das Wasserholen und stürmt in den Ort zurück, die Glaubensbrüder zu alarmieren. So ist sie vom Augenblick und der Person Jesu ergriffen.

Doch zurück zu der Frage mit den 5 Männern! Nach der Landessitte war es üblich, dass eine Frau deren Mann gestorben war, vom Bruder des Verstorbe-nen übernommen wurde. Eine Art erstes Sozialsystem. Nun wäre es doch einigermaßen erstaunlich, daß alle fünf Brüder sterben und nur unsere Samari-terin überlebte jeweils! Bleibt eigentlich nur, daß unter den 5 Männern der Pentateuch, die Religion der Väter/Männer zu verstehen ist, da das männliche Familienoberhaupt dem Hause vorstand und damit auch den Glauben be-stimmte. Die Samariterin aber hat sich längst von einem gehorsamen Befolgen der Tora gelöst und kämpft für sich um eine Neubewertung wichtiger Glau-bensfragen. Deswegen interessierte sie sich auch gleich, als sie glaubt in Jesus einen Propheten zu erblicken, für die Frage, wo und wie denn wohlgefällig zu Jahwe zu beten sei (V.20). Im Gegensatz zu den in der Orthodoxie erstarrten Männern, ist sie seelisch beweglicher und offen für das Ungewöhnliche.

Doch der Reihe nach! Jesus sitzt am Brunnen Jakobs, um sich von den Strapa-zen seiner Reise von Judäa nach Galiläa zu erholen, während seine Jünger in der Stadt Proviant besorgen. Der Jakobs-Brunnen ist Symbol des Alten Bundes und Glaubens, vor dem sich die neue Botschaft Christi abheben will. Das wird durch den Hinweis auf die 6. Stunde unterstrichen, d.h. die Frische des Mor-gens mit ihren Aufbruchkräften. Eine an den Brunnen tretende Frau spricht Jesus an mit den Worten: „Gib mir zu trinken!" Das wirkt erst mal rein rheto-risch. Am Ende des Evangeliums werden wir sehen, daß diese Aufforderung Jesu noch eine tiefe Bedeutung vom Kreuz her hat. Sie aber steht in der Öffentlichkeit im Banne der religiösen Konvention zwischen Juden und Samaritern, was eigentlich einen Kontakt unmöglich macht. Jesu Angebot des lebendigen Wassers, weist sie mit dem Stolz und Bewußtsein der eigenen Religion zurück:

„Bist Du mehr als unser Vater Jakob?"

Diese Scheinsicherheit muß Jesus umstoßen und seine bloße Andeutung aus V.10 konkretisieren. V.14 daher: „wer aber von dem Wasser trinken wird , das ich ihm gebe, den wird nie mehr dürsten. Dies Wasser wird in ihm ein Brunnen des Wassers werden, das in das ewige Leben quillt." Ähnlich wie Nikodemus versteht die Frau dies noch wortwörtlich und möchte Jesu Wasser nur um sich künftig die Mühe zu ersparen, jeden Tag Wasser holen zu müssen. Erst als ihr Jesus mit dem 5 Männer-Hinweis zu verstehen gibt, daß er um die Fragen ihres Innersten weiß, setzt bei ihr ein neues Fühlen und Denken ein.

Und sie lernt schnell, so schnell, daß sie zum Wegbereiter ihrer Schwestern und Brüder wird, bei deren entscheidender Begegnung mit Jesus.

Was sie antreibt, ist ihr noch gar nicht wirklich bewußt, zu jung ist alles, was ihr widerfährt. Aber es rührt sich schon etwas von der Wunderkraft des Angebotes Jesu: „ich habe dir lebendiges Wasser, welches in das Leben quillt." Wasser welches quillt, damit ist etwas anzufangen, denn das nennen wir üblicherweise ‚Quellwasser', - bekannt als erfrischend und belebend und damit gesund für unseren Körper. Aber ins Leben quellendes Wasser!? Leben ist doch schon lebendig, wieso verstärken, gar verdoppeln? Ist da vielleicht noch eine andere Art von Leben, außer dem, das an die Physis gebunden ist? Nun, man merkt es ja an dem Berührt-werden der Samariterin. Sie ist dabei geistig-seelisch ein neuer Mensch zu werden, die alte Eva in ihr umzuwandeln. Und der dies auslöst ist der Christus in Jesus. Sein Licht verwandelt sich im Menschen in ein neues Denken und Fühlen. Wird damit zu einer neuen Kraft, die beseelt, die Leben im tieferen Sinne schafft. So verwandelt sich der Jakobs-Brunnen des Alten Bundes in einen Quell des Neuen Bundes in uns, der anders als der irdische Brunnen, nie mehr versiegen wird. „Diese Quellkraft wird uns „zum ewigen Leben führen" dermaleinst, wie Jesus Christus verheißt.

Die Verinnerlichung des Menschen ist also zuerst eine Verwandlung zum Geistigen hin. Das kommt in V.21-24 zum Ausdruck.

Da gibt uns Jesus einen Blick in die Zukunft, beginnend mit ihm als Zeiten-Wendepunkt. Die wahre Anbetung und Verehrung Gottes wird aus den

Kultstätten ausziehen, um in das Leben des einzelnen Suchenden als eine verwandelnde Kraft einzuziehen. Das heißt für mich „im Geist und in der Wahrheit anbeten".

Möglich danach, daß es um das Christentum heute gar nicht so schlecht bestellt ist, wohl aber um die verfaßte Religion.

Nicht ohne Grund ist die Verwandlung der Samariterin jetzt soweit gediehen (V.25), daß sie sagen kann: „Ich weiß, daß der Messias kommt...", sodaß sich Jesus äußerlich zu erkennen geben kann. In diesem Lichte ist auch sein Satz zu sehen (V.22) „Das Heil kommt von den Juden", womit er auf seine Mission verweisen will.

*[27] Und über dem kamen seine Jünger, und es nahm sie wunder, daß er mit einem Weibe redete. Doch sprach niemand: Was fragest du oder was redest du mit ihr? [28] Da ließ die Frau ihren Krug stehen und ging hin in die Stadt und spricht zu den Leuten: [29]Kommet, sehet einen Menschen, der mir gesagt hat alles, was ich getan habe, ob er nicht der Christus sei! [30] Da gingen sie aus der Stadt und kamen zu ihm. [31] Indes aber ermahnten ihn die Jünger und sprachen: Rabbi iß! [32] Er aber sprach zu ihnen: Ich habe eine Speise zu essen, von der ihr nicht wisset. [33] Da sprachen die Jünger untereinander: Hat ihm jemand zu essen gebracht? [34] Jesus spricht zu ihnen: meine Speise ist die, daß ich tue den Willen des, der mich gesandt hat, und vollende sein Werk. [35] Saget ihr nicht: Es sind noch vier Monate, dann kommt die Ernte? Siehe ich sage euch: Hebet eure Augen auf und sehet in das Feld, denn es ist weiß zur Ernte. [36] Schon empfängt Lohn, der da schneidet, und sammelt Frucht zum ewigen Leben, auf daß sich miteinander freuen, der da sät und der da schneidet. [37]Denn hier ist der Spruch wahr: Dieser sät, der andere schneidet. 38Ich habe euch gesandt zu schneiden, was ihr nicht gearbeitet habt; andere haben gearbeitet und ihr seid in ihre Arbeit gekommen. [39] Es glaubten aber an ihn viele der Samariter aus der Stadt um der Rede der Frau willen, welche bezeugte: Er hat mir gesagt alles, was ich getan habe. [40] Als nun die Samariter zu ihm kamen, baten sie ihn, daß er bei ihnen bleibe; und er blieb zwei Tage da. [41] Und viel mehr glaubten um seines Wortes willen [42] und sprachen zu der Frau: Wir glauben hinfort nicht um deiner Rede willen; wir haben selber gehört und erkannt, daß dieser ist wahrlich der Welt Heiland.*

Die Jünger Jesu haben vom bisherigen Geschehen nichts mitbekommen, da sie auf Einkaufstour waren. Es ist jedoch Jesu Wille, sie in die das Leben verwandelnde Kraft des durchgeisteten Glaubens einzuführen.

Der Brunnen des lebendigen Wassers wird in diesem Falle ersetzt durch das Sinnbild eines Feldes, das zur Ernte „weiß" ist, d.h. reif. Die Schnitter, das sind die an Christus Glaubenden. Er ist der treu sorgende Sämann, der das Samenkorn in die Erde gelegt hat mit seinen himmlischen Helfern bei der Schöpfung (V.38).

Die Schnitter bekommen das reife Kornfeld geschenkt. Es verkörpert auch die geschaffene Welt, soweit sie nötig ist zur äußerlichen wie innerlichen Entwicklung des Menschen. Nur daß die letztere eingefahren wird zur Gewinnung des „ewigen Lebens".

Die einzige Gegengabe für dieses Geschenk ist die Freude, die der Sämann, der Christus, empfindet, wenn der Mensch dieses Geschenk annimmt, d.h. erntet im übertragenen Sinn.

Über den Weg des Gleichnisses, also werden die Jünger eingeführt in die Polarität, abnehmende Kraft irdischer Nahrung - zunehmende durch Verlebendigung des Glaubens.

Wie aber hängt damit zusammen die Antwort Jesu an die Jünger V.34? Jesus lebt davon (seine Speise), daß er sich nach dem höchst möglichen Willen richtet, dem des Vaters. Der Geist der Fußwaschung lebt hier auf. Der Inhalt dieser Verpflichtung ist der Auftrag an den Sohn, des Vaters Schöpfung zu vollenden. Das Gleichnis vom erntereifen Feld gibt uns dazu das Verständnis: dem Menschen, als letztem und wichtigsten der Schöpfung sind alle Voraussetzungen bereit zu stellen, damit er mit seiner Weiterentwicklung dem von Gott in ihn hineingelegten Geist-Keim (Gott schuf den Menschen ihm zum Bilde) gerecht werden kann. Begreift und ergreift darin der Mensch seine Berufung zur Mitarbeit, dann tritt er nicht nur die Nachfolge Christi an, sondern er wird zum Erhalter und Mitgestalter an der Vollendung der Schöpfung und damit zum wahren Bruder Christi:

Beispiele verlebendigten Glaubens:

1. Heilung des Sohnes eines königlichen Beamten

*[43"] Aber nach zwei Tagen zog er aus von dannen nach Galiläa. [44"] Denn er selber, Jesus, bezeugte, daß ein Prophet daheim nichts gilt. [45"] Da er nun nach Galiläa kam, nahmen ihn die Galiläer auf, die gesehen hatten alles, was er zu Jerusalem auf dem Fest getan hatte; denn sie waren auch zum Fest gekom-*

*men. ⁴⁶″ Und Jesus kam abermals nach Kana in Galiläa, wo er das Wasser zu Wein gemacht. ⁴⁷″Und es war ein Mann in des Königs Dienst, des Sohn lag krank zu Kapernaum. Dieser hörte, daß Jesus kam aus Judäa nach Galiläa, und ging hin zu ihm und bat ihn, daß er hinaufkäme und hülfe seinem Sohn; denn er war todkrank. " ⁴⁸ Und Jesus sprach zu ihm: wenn ihr nicht Zeichen und Wunder seht, so glaubt ihr nicht. ⁴⁹ Der Mann sprach zu ihm: Herr, komm hinab, ehe denn mein Kind stirbt. ⁵⁰ Jesus spricht zu ihm: Gehe hin, dein Sohn lebt! Der Mensch glaubte dem Wort, das Jesus zu ihm sagte und ging hin. ⁵¹ Und indem er hinabging , begegneten ihm seine Knechte und sprachen: Dein Kind lebt.*

*⁵² Da erforschte er von ihnen die Stunde, in welcher es besser mit ihm geworden war. Und sie sprachen zu ihm: Gestern um die siebente Stunde verließ ihn das Fieber.*

Jesus verläßt Samarien, um nach Galiläa zu ziehen, seinem zweiten Wunderzeichen entgegen. Es scheint kein Zufall, daß diese Dinge sich im Nordteil des Landes ereignen, da dort die Natur stärker belebt ist, also ein Pflanzenkleid vorhanden, mithin Aufbaukräfte wirken, während der judäische Süden von der Wüste geprägt ist.

Dazu paßt die Begründung, die Jesus für seinen Auszug gibt: „Ein Prophet gilt nichts daheim (in seinem Vaterland)":

In alten Zeiten, jedoch auch heute noch aktuell, sah die Sippe, die Familie, im einzelnen Mitglied nicht das Individuum, sondern lediglich ein Glied der Gemeinschaft, deren Geist in ihren Augen über dem des Individuums stand. Wenn der alte Jude sagte: „der Vater Abraham und ich sind eins", dann fühlte er seine Identität vom stärksten Glied der Sippe her. Ein solches Denken ließ ja auch die Samariterin zu Jesus sagen: „Willst du mehr sein als unser Vater Jakob?"

Diese Blutsbande bzw. Gemeinschaftsbande, das weiß Jesus, werden noch lange ein Hindernis für den Menschen sein, den Geist der Wahrheit bei sich auf zu nehmen und sich weiter zu entwickeln. Jesus hält nicht ohne Grund den gesetzestreuen Juden entgegen: „Wer nicht Vater und Mutter zu verlassen bereit ist, kann mir nicht nachfolgen." Das heißt doch nicht, Vater und Mutter nicht zu ehren, sondern Christi Geist und Anliegen über die blutsmäßige Verhaftetheit zu stellen, um für Neues aufnahmebereit zu werden. Die Gruppe dagegen verlangt Unterordnung unter ein Gruppen-Ich, also die Negation des zur Entwicklung der Individualität bereiten Menschen.

Der National-Sozialismus hat uns diese Mechanismen par excellence vorge-führt, ebenso wie jeder andere Totalitarismus. Das Aufgehen des Menschen in solchen Bewegungen zerstört ihn als potenzielle Heimstatt eines von Christus her bestimmten Ich. Um im Bilde eines medizinischen Vergleiches zu spre-chen: unser Immunsystem, das uns widerstandsfähig halten soll, wird von einem Virus überwältigt. An Fieberviren litt auch der Sohn des königlichen Beamten! Was hat nun sein Vater diesen Kräften entgegengesetzt und damit Jesus zu seinem heilenden Eingreifen bewogen?

V.48 Er ging nicht auf die Provokation Jesu ein, nur wegen des Wunders einer möglichen Heilung des Sohnes, den Weg zu ihm zu suchen. V.49 Er äußert sich stattdessen in selbstloser Sorge um das Leben seines Kindes. Mitgefühl und Selbstlosigkeit sind Anzeichen von Individuation. V.50 Er glaubt vertrau-ensvoll, nicht blind. - Er gerät nicht in Panik ob der Bedrohung seines Kindes, d.h. bewahrt seine positive Mitte.

Der Spannungsbogen der inneren Entwicklung des Beamten läßt sich auch an der Verwendung der Begriffe ‚Mann‘ und ‚Mensch‘ festmachen: V.47 „Er war ein Mann in des königlichen Dienst“. - Da ist er noch ein unbeschriebenes Blatt, Teil einer sozialen Gruppierung. In V.50: „Der Mensch glaubte dem Wort, das Jesus zu ihnen sagte.“ Hier wird das Individium angesprochen, das sich aus dem Glauben heraus entwickelt und damit abhebt von der Gruppe.

# Kapitel 5

*Heilung eines Kranken am Teich Bethesda*
*(der verlebendigte Glaube benötigt den Willen zur Tat)*

[1]*Danach war ein Fest der Juden, und Jesus zog hinauf nach Jerusalem.* [2]*Es ist aber zu Jerusalem bei dem Schaftor ein Teich, der heißt auf hebräisch Bethesda und hat fünf Hallen,* [3]*in welchen lagen viele Kranke, Blinde, lahme, Ausgezehrte, die warteten, wann sich das Wasser bewegte.* [4]*Denn ein Engel des Herrn fuhr herab von Zeit zu Zeit in den Teich und bewegte das Wasser. Wer nun zuerst, nachdem das Wasser bewegt war, hinabstieg, der ward gesund, mit welcherlei Leiden er behaftet war.* [5]*Es war aber daselbst ein Mensch, der lag schon achtunddreißig Jahre krank.* [6]*Da Jesus den sah liegen und vernahm, daß er schon lange gelegen hatte, spricht er zu ihm: Willst du gesund werden?*

[7]*Der Kranke antwortete ihm: Herr ich habe keinen Menschen, wenn das Wasser sich bewegt, der mich in den Teich bringe; wenn ich aber komme, so steigt ein anderer vor mir hinein.* [8]*Jesus spricht zu ihm: Stehe auf, nimm dein Bett und gehe hin!* [9]*Und alsbald war der Mensch gesund und nahm sein Bett und ging hin. Es war aber an dem Tage Sabbat.*

[10]*Da sprachen die Juden zu dem, der gesund geworden war: Es ist heute Sabbat; du darfst nicht das Bett tragen.* [11]*Er antwortete ihnen: Der mich gesund machte, der sprach zu mir:*

*Nimm dein Bett und gehe hin!* [12]*Da fragten sie ihn: Wer ist der Mensch, der zu dir gesagt hat: Nimm dein Bett und gehe hin?* [13]*Der aber gesund geworden war, wußte nicht, wer es war; denn Jesus war entwichen, da so viel Volks an dem Ort war.*

[14]*Danach fand ihn Jesus im Tempel und sprach zu ihm: Siehe du bist gesund geworden; sündige hinfort nicht mehr, daß dir nicht etwas Ärgeres widerfahre.* [15]*Der Mensch ging hin und verkündete den Juden, es sei Jesus, der ihn gesund gemacht habe.*

Dieses dritte sogenannte Wunder kommt in Gestalt der Allegorie daher, die sich zwischen die beiden Pole, Leben nach dem Gesetzt des AT - Leben aus dem Geiste Christi, spannt. Dazwischen steht der Mensch, dem Alten noch verhaftet, das Neue zwar ahnend, aber oft noch ohne die Kraft es aus eigenem Vermögen schon leben zu können.

Das Auftreten und Eingreifen Christi ist auch hier nicht als Demonstration seiner Macht zu verstehen, sondern als Hinweis an den Menschen „wenn du deine Probleme und deinen Glauben im Sinne meiner Worte überdenkst, dann werden sich in dir auch die Willenskräfte zur Veränderung regen". Der Weg der Entwicklung geht also von der Verlebendigung des Glaubens über die Entfaltung des Willens zur verändernden Tat.

Die Sinnbilder ergeben sich in weiten Teilen aus der dem Wunderbericht angeschlossenen Christologie. V. 45 - 47 ist ein Beispiel dafür. Jesus weist die Juden darauf hin, daß sie immer noch Mose, also den Pentateuch als ihre Heilserwartung nähmen, obwohl dieser ‚ihn' - Jesus - als das kommende Heil vorhersagt.

Wo finden wir den Bezug dazu im Wunder?

Es sind die 5 Hallen, in denen Kranke auf Heilung warten. Exponent dieser Kranken ist der Lahme, die Hauptperson in diesem Wunder, der schon 38 Jahre liegt und auf Heilung hofft. Auch diese Zeitangabe verweist aufs Alte Testament. In Mose 2,14 geht eine 38 Jahre während Leidenszeit zu Ende, die der Herr zur Strafe über die Israeliten verhängt hatte. Ebenso lange hat der Lahme den Willen zur Veränderung seines Lebens nicht aufbringen können und stattdessen leiden müssen, bis Jesu Gnade ihm die Entschlußkraft gab, sich zu erheben, d.h. das Sinnbild seines Leidens, sein Bett, in die eigenen Hände zu nehmen. Im Geiste der Nachfolge Christi erst und in dem Impuls, den dieser auszulösen vermag, werden wir zu Selbstgestaltern unseres „Schicksals".

Dieses Ichhaft-werden des Menschen, das angestoßen wird durch einen Moment der Gnade aus Christus, verweist den Menschen wieder zurück auf sein schicksalhaftes Verbundensein mit dem Sohn Gottes in die Zukunft hinein (Stichwort: „ewiges Leben").

Wo aber begegnen wir in diesem Wunder dem Moment der Gnade? Es ist der Flügelschlag des Engels, der dem Wasser des Teichs für einen kurzen Augenblick die Qualität eines Heilwassers gibt, dem Wasser des Lebens vergleichbar. Wir brauchen mit dem Gelähmten kein Mitleid zu haben, daß er wegen seiner Krankheit ja gar nicht sein Los wenden konnte. Es geht hier nicht um die Härte unseres Alltags, also die viel zitierte Ellbogenmentalität, wo der Stärkere dem Schwächeren das Nachsehen gibt. Erster zu sein am Teich Betesda bedeutet vielmehr dieses: den Moment der Gnade erkennen, der dir geschenkt wird und danach handeln! Dabei kann dieser Moment viele Gesichter haben. Der Hinweis eines wahren Freundes, ein Buch, ein Erlebnis aus Erkenntnis. Deswegen fragt Jesus den Lahmen „Willst du gesund werden?" Das setzt nicht nur Erkenntnis aus Verlebendigung voraus, sondern die Botschaft zur Selbstüberwindung, denn das ist das neue Opfer, das Christus von uns erwartet. Nicht darum geht es, wie früher Tiere zu opfern und Gesetze zu halten und meinen, das würde den Menschen gesunden lassen. Da kann es dann passieren, daß man 38 Jahre, d.h. ein Leben, warten und damit leiden muß. Heil wird man seit Golgotha durch den Heiland, d.h. durch Verinnerlichung seines Wortes und die daraus gespeiste Tat.

Dann war der Gelähmte also gar nicht körperlich behindert? Seine Lähmung eine Metapher nur? Aber eine, hinter der bittere Wirklichkeiten stehen. Tausendfältig lähmt sich der Mensch selbst: alle Formen der Süchte etwa, alle Formen der Zwanghaftigkeit, von der Ersatzhandlung bis zu den Wahnvorstellungen, lähmen uns. Sie fressen langsam aber sicher unsere Selbstbestimmung auf, während sie gleichzeitig einen Scheinsinn vorgaukeln. Einerseits wollen wir los, frei werden von solcher Versklavung, andererseits haben wir Angst vor der befürchteten Leere danach und Angst vor der Notwendigkeit, die Kräfte für eine neue Sinnstiftung und Identitätsbildung aufbringen zu müssen. Die Kranken im Wunder liegen nicht ohne Grund da in ihren 5 Hallen. Sie kommen nicht ohne Weiteres los von ihrem alten Glauben, weil er ihnen zu einer lieben Gewohnheit geworden ist, zu einer Lebensstütze und sei sie noch so überholt seit dem Erscheinen Christi. Nur, - da müßten wir ja „den Hintern hochkriegen" und dagegen stehen unsere Bequemlichkeit, unsere Gewohnheiten, kurz unsere Mängel.

Und mehr als einmal kommen zu dem bestehenden Übel noch weitere hinzu. Nicht ohne Grund werden im Wunder neben den Lahmen noch die Blinden und die Ausgezehrten genannt! Nun ahnen wir wohl schon eher, wofür diese stehen könnten.

„Blind" im übertragenen Sinn ist man aus Erkenntnisunfähigkeit. Jesus weist auf diese weit verbreitete Krankheit hin mit den Worten: „Sie haben Augen zu sehen, aber sie sehen nicht..." Was aber hindert uns daran, wirklich zu sehen? Jeder, der schon mal verzweifelt etwas gesucht hat, hat die Erfahrung machen müssen, daß er die ganze Zeit über vor dem gesuchten Objekt stand, ohne es jedoch zu bemerken. Warum? Weil er sich zuvor davon ein bestimmtes Bild gemacht hatte und folglich dieses Bild suchte. Der gesuchte Gegenstand entsprach nur leider nicht diesem Bild. So blockieren wir uns selbst in unserer

Wahrnehmung und Erkenntnis, weil wir mit vorgefaßten Bildern und Meinungen herumlaufen. Auf so etwas aufmerksam werden zu dürfen, wäre z.B. ein Moment der Gnade.

In welchen Erscheinungsformen tritt nun diese Blindheit auf? - alle Formen der Egoität zählen dazu. z.B. :
                die Besserwisserei
                die Eingebildetheit
                die Hybris, versteckt oder offen
                Ideologien      etc.

Und die Ausgezehrtheit? - Dafür haben wir heute das trendige „Burn-out"! Das Setzen falscher Wertmaßstäbe ist hierbei entscheidend. Wenn, wie bei einem Workaholic, die Arbeit zur Droge wird, dann bezieht man aus einer Einseitigkeit seinen Lebenssinn.

Auch die verzweifelte Suche vieler VIP's nach Anerkennung durch die Öffentlichkeit gründet hier. Bis eines Tages Körper, Seele und Geist streiken.

Jesus bezieht dazu unmißverständlich Stellung: In V. 41-44 ist von der Ehre die Rede und ihrem Bezug zum Zeugnis-Ablegen. Zu letzterem später.

Jesus nimmt, wie er sagt „nicht Ehre von Menschen." Verachtet er den Menschen so sehr?, ist man geneigt zu fragen. Er spricht dabei jedoch von einem Wertbegriff, der sich aus der Gruppe speist und auf diese zurückbezieht. Er setzt dagegen (V.44): „Aber die Ehre von Gott sucht ihr nicht."

Was beinhaltet die Ehre unter Menschen, die Jesus verschmäht? Im Laufe der Sozialisation des Menschen entstand ein Ehrenkodex, über den sich der Einzelne von der Gemeinschaft wahrgenommen und aufgenommen fühlte. Die Gemeinschaft ihrerseits lebt aus der Unterwerfung des Einzelnen unter ihren Kodex. Ihm wohnt eine Tendenz zur Erhöhung bis hin zum Selbstzweck, zur Selbst-Vergottung gar, inne. Krasses Beispiel dafür aus unseren Tagen: die Ehrenmorde unter Muslimen.
Dagegen steht die Ehre von/vor Gott. Alttestamentarisch ist das die Befolgung des Gesetzes-Kodex.

Neutestamentarisch/christlich: an die Stelle der sinnstiftenden Gemeinschaft mit ihren Werten tritt der Wille des Vaters und des Sohnes. Dabei entfällt der Zwang, den der Gruppen-Kodex auslöst. Christus wendet sich an unsere frei bestimmte Einsicht und unsere persönliche Entscheidung. Somit ist auch die Entartung ausgeschlossen, weil an ihrer Stelle die Achtung vor dem Individium und die Liebe untereinander steht.

Eine letzte Frage aus dem Wunder von Bethesda bleibt. Wieso trifft Jesus den Geheilten im Tempel wieder und fordert ihn auf, mit dem Sündigen ein für alle Mal Schluß zu machen?

Für mich steht hier der Tempel für die Macht der Gewohnheit, die uns immer wieder in die alte Schwäche zurückreißen will. Was aber ist das Ärgere das daraus erwachsen kann? Soviel ist sicher: viele Schwächen haben, wenn unerkannt und unbekämpft bleibend, die Tendenz sich zu verselbstständigen und damit zu verschärfen. Sie dürfen also nicht verdrängt werden, sondern müssen als eine Art Gegenüber angenommen werden, um Schritt für Schritt verwandelt zu werden. Der Hl. Antonius mit seinen Erfahrungen läßt grüßen.

*[16]Danach verfolgten die Juden Jesus, weil er solches getan hatte am Sabbat. [17]Jesus aber antwortete ihnen; Mein Vater wirket bis auf diesen Tag, und ich wirke auch. [18]Darum trachteten ihm die Juden noch viel mehr nach, daß sie ihn töteten, weil er nicht allein den Sabbat brach, sondern auch sagte, Gott sei sein Vater, und machte dadurch sich selbst Gott gleich. [19]Da antwortete Jesus und sprach zu ihnen: Wahrlich, wahrlich ich sage euch: Der Sohn kann nichts von sich selber tun, sondern nur was er sieht den Vater tun; und was dieser tut, das tut gleicherweise auch der Sohn. [20]Denn der Vater hat den Sohn lieb und zeigt ihm alles, was er tut, und wird ihm noch größere Werke zeigen, daß ihr euch verwundern werdet. [21]Denn wie der Vater die Toten auferweckt und macht sie lebendig, so macht auch der Sohn lebendig, welche er will. [22]Denn der Vater richtet niemand; sondern alles Gericht hat er dem Sohn gegeben. [23]damit sie alle den Sohn ehren, wie sie den Vater ehren. Wer den Sohn nicht ehrt, der ehrt den Vater nicht, der ihn gesandt hat. [24]Wahrlich, wahrlich ich sage euch: Wer mein Wort hört und glaubet dem, der mich gesandt hat, der hat das ewige Leben und kommet nicht in das Gericht, sondern er ist vom Tode zum Leben hindurchgedrungen. [25]Es kommt die Stunde und ist schon jetzt, daß die Toten werden die Stimme des Sohnes Gottes hören , und die sie hören werden, die werden leben. [26]Denn wie der Vater das Leben hat in sich selber, so hat er auch dem Sohn gegeben, das Leben zu haben in sich selber, [27]und hat ihm Macht gegeben, das Gericht zu halten, weil er des Menschen Sohn ist. [28]Verwundert euch des nicht. Denn es kommt die Stunde, in welcher alle, die in den Gräbern sind, werden seine Stimme hören, [29]und werden hervorgehen, die da Gutes getan haben, zur Auferstehung des*

*Lebens, die aber Übles getan haben, zur Auferstehung des Gerichts. 30Ich kann nichts von mir selber tun. Wie ich höre, so richte ich, und mein Gericht ist recht; denn ich suche nicht meinen Willen, sondern den Willen des, der mich gesandt hat.*

Zur Christologie des Kapitel 5 :

Die Pharisäer begreifen nicht, daß nicht mehr der Pentateuch die höchste Wirksamkeit ist, sondern Christus als verlängerter Arm des lebendigen Gottes. Jesus versucht ihnen das verständlich zu machen. In V.17 „Mein Wort wirkt bis heute und ich auch." Für Jesus ist die Welt kein Ort, der einmal geschaffen wurde und danach hätte sich Gott daraus zurückgezogen.

In V. 19-22 sagt er, daß sein Wirken, sein Tun, eine Nachahmung des Willens seines Vaters sei und damit über allen Gesetzen stünde, die die Menschen aufstellten, z.B. die Sabbatgesetze. Diese Nachahmung geschieht nicht aus Unterwerfung, sondern aus dem Geist der Liebe heraus. Ein Rangdenken zwischen Vater und Sohn ist damit ausgeschlossen. Bei den Menschen dagegen genügt es, daß sich Jesus als Gottes Sohn bezeichnet (V.18) um ihm zu unterstellen, er mache sich damit Gott gleich. Das Rang- und Ehre-Denken ist so in die Menschen eingebrannt, daß sie die Gesetze der Liebe nicht verstehen (V.42).

Ist das heute viel anders?

V.24/25 erklärt sodann, warum Jesus den Gelähmten heilen konnte. Tot-sein bedeutet bei Jesus das geistig-seelische Erstarrtsein, also Orthodoxie pur. Die Annahme der Botschaft Jesu dagegen macht wieder lebendig. In V.21 sagt er daher, daß auch der Sohn die Fähigkeit vom Vater habe, nämlich lebendig zu machen. Die Verlebendigung des Menschen ist das Werk von zwei Seiten her: einmal durch das Wirken des Geistes Christi, das andere Mal durch die aktive Annahme durch den Menschen, beide bedingen einander. Das Annehmen oder Verwerfen des Geistes Christi werden den Maßstab dafür abgeben, ob der Mensch am Ende der Erdenentwicklung, also am Jüngsten Gericht, zum ewigen Leben findet (V. 28/29).

V.31-38 Zeugnis-Ablegen gegen Ehre suchen:

*31Wenn ich von mir selbst zeuge, so ist mein Zeugnis nicht wahr.32Ein anderer ist's, der von mir zeugt; und ich weiß, daß das Zeugnis wahr ist, das er von mir zeugt. ³³Ihr schicktet zu Johannes, und er zeugte von der Wahrheit. ³⁴Ich aber nehme nicht Zeugnis von einem Menschen; sondern solches sage ich, damit ihr selig werdet. ³⁵Er war ein brennend und scheinend Licht; ihr aber wolltet eine kleine Weile fröhlich sein in seinem Lichte. ³⁶Ich aber habe ein größeres Zeugnis als des Johannes Zeugnis; denn die Werke, die mir der Vater gegeben hat, daß ich sie vollende, eben diese Werke, die ich tue, zeugen von mir, daß mich der Vater gesandt hat. ³⁷Und der Vater, der mich gesandt hat, der hat von mir gezeugt. Ihr habt niemals weder seine Stimme gehört, noch seine Gestalt gesehen, ³⁸und sein Wort habt ihr nicht in euch wohnen; denn ihr glaubet dem nicht, den er gesandt hat.*

*³⁹Ihr suchet in der Schrift; denn ihr meinet, ihr habt das ewige Leben darin; und sie ist es, die von mir zeuget; ⁴⁰aber doch wollt ihr nicht zu mir kommen, daß ihr das Leben hättet.*

*⁴¹Ich nehme nicht Ehre von Menschen; ⁴²aber ich kenne euch, daß ihr nicht Gottes Liebe in euch habt. ⁴³Ich bin gekommen in meines Vaters Namen, und ihr nehmet mich nicht an.*

*⁴⁴Wie könnet ihr glauben, die ihr Ehre voneinander nehmet? Aber die Ehre, die von dem alleinigen Gott ist, suchet ihr nicht. ⁴⁵ Ihr sollt nicht meinen, daß ich euch vor dem Vater verklagen werde; es ist einer, der euch verklagt: Mose, auf welchen ihr hoffet. ⁴⁶Wenn ihr Mose glaubtet, so glaubtet ihr auch mir; denn er hat von mir geschrieben. ⁴⁷Wenn ihr aber seinen Schriften nicht glaubet, wie werdet ihr meinen Worten glauben?*

Aus V.31 geht hervor, daß man Zeugnis ablegen nicht von sich selbst kann, sondern nur von jemand anderem oder etwas Höherem, Überpersönlichen. Das ist eine Frage der Neutralität und damit der Glaubwürdigkeit. Wie aber wird man glaubwürdig?
Es sind dazu in den Augen der zu Überzeugenden bestimmte Voraussetzungen zu erfüllen. Eine Persönlichkeit, eine Autorität muß dabei diesen Eigenschaften genügen:
-        ein kompetentes Urteilsvermögen besitzen, d.h. ein Denken, das eine scharfe Beobachtung, Sachlichkeit und Objektivität umfaßt.
-        Die Fähigkeit sich mit Hingabe und Liebe dem Wesen des anderen zu öffnen.

Haben die Menschen diesen Anforderungen damals entsprochen?

Jesus beruft sich dazu auf das Zeugnis Johannes des Täufers, welcher ihn angekündigt hat. Dabei wird Johannes als „brennend Licht" bezeichnet; d.h. durchdrungen vom Heiligen Geist, also für die Wahrheit brennend.

Was haben die Menschen daraus gemacht?

Des Johannes Stärke, sein Licht, hat sie ihre Ängste, Sorgen und Nöte für einen Augenblick vergessen lassen, um nicht Selbstverantwortung übernehmen zu müssen. So wird verständlich (V.34), warum Jesus nicht Zeugnis von einem Menschen nimmt. Dazu mußte ein Wesen freiwillig und aus tiefster Einsicht sich seiner Wahrheit verpflichtet fühlen, in letzter Instanz.

Vers 34 enthält aber ein Urteil Jesu, welches dem Menschen nicht schmeichelt, vielmehr auf seine Schwäche und Unreife verweist. Diesen Hinweis hält Jesus für notwendig, wenn der Mensch „selig" werden will. Wie sollte das denn angehen, denkt man spontan, denn dazu müßte ja die Schwäche sich wie von Zauberhand in eine Stärke verwandeln!

Wir Heutigen stehen dem Begriff „selig" einigermaßen fremd gegenüber. Wir gebrauchen ihn kaum mehr alleine, und wenn, dann in Zusammensetzungen wie z.B. ,selig einschlummern', ,selig lächeln' mit etw. selig werden. Allen haftet etwas Irrationales an, etwas das wir nicht ganz ernst nehmen. Aber auch etwas von der Kraft der Vertrauensfähigkeit des Kindes, das noch von guten Mächten sich getragen fühlt. Das letztere berührt die Bedeutung, die Jesus ihm beimißt. Er versteht darunter, daß Geist und Seele des Menschen in Harmonie kommen. Wann aber tun sie das? Immer dann, wenn der Mensch davon absieht, mit seinen Aktivitäten seinesgleichen zu beeindrucken, um dadurch an Ansehen zu gewinnen. Stattdessen dem Wesen und Geist nachhorcht, die der Welten-Vater in die Dinge hineingelegt hat. Das erfordert neben Geist seelische Anteilnahme, wobei das eine in das andere verzahnt ist. Etwas von der Schaffensfreude des Künstlers entsteht so in uns und reift zur Harmonie in der sich der Mensch nicht mehr fremd fühlt in dieser Welt, sondern beheimatet.

Das wäre der Augenblick von dem ich glaube, daß Jesus auch vom Menschen Zeugnis annehmen würde. Mit seiner Kritik in V.34 will Jesus also nicht abgrenzen und ausschließen, vielmehr den Menschen ermutigen und auffordern, sich der Kräfte zu bedienen, die er ihm zugänglich gemacht hat und die seitdem ihrer Entfaltung harren. Bis deren Wärme in die Welt einzieht, sind es jedoch allein die Werke, die von Christi Mission zeugen können.

Nicht ohne Grund spielt hier Jesus auf die Stimme und das Wort des Vaters an. Beide liegen verzaubert und gebunden in den Schöpfungswerken dieser Welt. Indem wir dem Logos, dem Geist des Sohnes uns öffnen, wachsen uns die Kräfte zu, die wir benötigen, um die Äußerungen des Vaters aus ihrer Verzauberung zu lösen und zu unserer Rettung dienstbar zu machen. Das hieße dann auch „die Ehre des Vaters suchen" und „seine Liebe in sich entdecken". Als Zeuge dieser Zusammenhänge beruft sich Jesus auf Mose, die Ausgangsbasis für ihn und die Juden.

# Kapitel 6

### Speisung der 5000
### (Vom Acker des Lebens)

*¹ Danach fuhr Jesus weg über das Galiläische Meer, daran die Stadt Tiberias liegt*

*² Und es zog ihm viel Volk nach, darum, daß sie die Zeichen sahen, die er an den Kranken tat. 3 Jesus aber ging hinauf auf den Berg und setzte sich daselbst mit seinen Jüngern. 4 Es war aber nahe Ostern der Juden Fest. 5 Da hob Jesus seine Augen auf und sieht, daß viel Volk zu ihm kommt, und spricht zu Philippus: „Wo kaufen wir Brot, daß diese essen?"*

*⁶ Das sagte er aber, ihn zu prüfen; denn er wußte wohl, was er tun wollte. ⁷ Phillipus antwortete ihm: Für zweihundert Silbergroschen Brot ist nicht genug unter sie, daß ein jeglicher ein wenig nehme. ⁸ Spricht zu ihm einer seiner Jünger, Andreas, der Bruder des Simon Petrus: ⁹ Es ist ein Knabe hier, der hat fünf Gerstenbrote und zwei Fische; aber was ist das unter so viele? ¹⁰ Jesus aber sprach: Schaffet, daß sich das Volk lagere. Es war aber viel Gras an dem Ort. Da lagerten sich bei fünftausend Mann. ¹¹ Jesus aber nahm die Brote (5 an der Zahl), dankte und gab sie denen, die sich gelagert hatten; desgleichen auch von den Fischen, wieviel sie wollten. ¹²Da sie aber satt waren, sprach er zu seinen Jüngern: Sammelt die übrigen Brocken, daß nichts umkomme. ¹³ Da sammelten sie und füllten von den fünf Gerstenbroten zwölf Körbe mit Bro-*

*cken, die übrig blieben denen, die gespeist worden. [14] Da nun die Menschen das Zeichen sahen, das Jesus tat, sprachen sie: Das ist wahrlich der Prophet, der in die Welt kommen soll. [15] Da Jesus nun merkte, daß sie kommen würden und ihn greifen, damit sie ihn zum König machten, entwich er abermals auf den Berg, er selbst allein.*

Jesu Fahrt über das Galiläische Meer und sein Gang auf den Berg bringen Bewegung und Aufbruchstimmung in die Menge. Die Wunder verfehlen ihre Wirkung nicht. Nicht, daß Jesus auf ihre Wirkung setzte, aber diesmal braucht er die Menge. Denn es geht bei dem neuen ‚Wunder‘ weniger um die Verwandlung des einzelnen, als vielmehr um die Rettung möglichst vieler. Vers 39 ist der Beleg dafür: Damit sind alle Menschen gemeint, um deren Rettung es geht, da in einem jeden des Vaters Keim angelegt ist.

V.4 stellt einen erst merkwürdig erscheinenden, weil völlig isolierten Einschub dar mit seinem Hinweis auf das nahe Passahfest, das höchste der Juden. Erst nach und nach wird einem seine Funktion klar. Jesus möchte die Speisung der 5000 dagegen als das eigentliche Fest seines Volkes verstanden wissen, gewissermaßen als Keimzelle einer Gemeinschaft der Zukunft!

Daß hier das Volk als Ganzes gemeint ist, geht aus der Zahlensymbolik des Kapitels hervor. 5000 Mann, die gespeist werden = 5 x 1000. Dabei steht die 5, wie schon bisher, für den Pentateuch, die hebräische Bibel. 1000 bedeutet die Menge. Nun ahnt der eine oder andere vielleicht schon, worauf der Titel des Kapitels hinweisen will. Die Speisung der 5000 ist die wahre Nahrung, die durch das Brot des Lebens, Christus, dem Volke Israel einmal verheißen war.

Und die 5000 stehen nicht isoliert in diesem Wunder. 5 Brote + 2 Fische ergibt die Zahl 7, die heilige Zahl der Juden. In 7 Tagen erschuf Gott die Welt; die 7-armige Menora, der Leuchter der Juden.

Es bleiben am Ende der Speisung 12 Körbe Brotbrocken übrig als Zeichen der Überfülle, die aus der Nahrung von Christi Botschaft stammt. Dem entspricht die Rettung der 12 hungernden Stämme Israels bei ihrer Wanderung durch die Wüste als Jahwe Manna vom Himmel regnen ließ. Die 12 weist gleichzeitig hin auf die Nahrung, die der Vater schafft, indem er sie im Laufe eines Jahres durch die 12 Tierkreiszeichen gehen und dabei gedeihen läßt. Das ist ein Teil der Schöpfung, welche der Sohn nun vollenden soll, denn in Zusammenarbeit mit dem Menschen entsteht eine neue Schöpfung.

Zu Beginn des Wunders spricht Jesus den Philippus an, einen Jünger griechischer Abstammung. Das Griechentum steht für den erwachenden Verstand, weswegen die Summe von 200 Silberlingen zur Versorgung der 5000 relativ vernünftiger erscheint, als die tatsächlich ausgeteilten 5 Brote und 2 Fische. Aber die Ratio kann das übersinnliche Geschehen nicht begreifen. Das Mißverhältnis der Zahlen zeigt dem Verstand jedoch, daß die Sättigung der 5000 ein geistig-spirituelles Wunder ist, welches auf Folgendes verweist: In den V. 53-56 stiftet Jesus das Abendmahl worauf er in V. 11 des Wunders Bezug nimmt.

Die irdische Nahrung des Brotes symbolisiert das Fleisch, bzw. Leib Jesu und wird in seiner Hand von der Quantität und Stofflichkeit verwandelt (transsubstanziiert) in Qualität: wahre Sättigung ist nur geistig-seelischer Natur und nur durchchristet. Die wenigen Brote verwandeln sich in die Fülle der 12 vollen Körbe übrig bleibender Brotbrocken.

Im Zentrum der Speisung stehen 2 Gesten,

erste Geste:     Jesus erinnert mit dem Brot an dessen Ursprung. Es ist
                 Substanz aus der Schöpfung des Vaters. Deswegen dankt
                 Jesus, nachdem er es genommen hat.
zweite Geste:    Jesus bricht das Brot. Das ist die Geste des Teilens.
                 Was steckt dahinter?
                 Der Verstand sagt: jeder sorge für sich selbst, um satt zu
                 werden. Das Bewußtsein sagt: wenn wir nur an uns selbst
                 denken, kommt eines Tages die Not in anderer Gestalt auch
                 zu uns. Die Liebe sagt: ich muß nichts begründen, denn der
                 Nächst ist mein Bruder.

Nachdem sich Jesus als das Brot des Lebens erwiesen und vorgestellt hat, reagiert das Volk wie im Wunder von der Heilung des Sohnes des königlichen Beamten, als die Bewohner Samariens Jesus lehrten, daß „ein Prophet daheim nichts gilt".

In V.41/42 des Kap.6 versucht so die Menge Jesu göttlichen Sohnes-Anspruch auf Normalmaß, d.h. auf ihr eigenes Niveau zu stutzen. So, wie wenn wir heute flapsig sagten: „Jetzt komm aber mal runter, schließlich kennen wir dich, wissen aus welchem Stall du stammst! Von wegen, du und vom Himmel!" Darauf hält ihnen Jesus indirekt ihr Unwissen vor, indem er sie daran erinnert, daß in ihrer eigenen Bibel, Jes.54,13 steht, daß die Nachkommen der Israeliten Jünger des Herrn seien, d.h. von ihm gelehrt. Warum sie dann nicht zu ihm, dem Sohne, kämen, verstünde er nicht.

Jesus wandelt auf dem Meer

*[16"]Am Abend aber gingen die Jünger hinab an das Meer [17"]und traten in ein Schiff und kamen über das Meer nach Kapernaum. Und es war schon finster geworden, und Jesus war nicht zu ihnen gekommen. [18"]Und das Meer erhob sich von einem großen Winde.*

*[19"]Da sie nun gerudert hatten bei einer Stunde, sahen sie Jesus auf dem Meere dahergehen und nahe zum Schiff kommen; und sie fürchteten sich. [20"]Er aber sprach zu ihnen: Ich bin's, fürchtet euch nicht! [21"]Da wollten sie ihn in das Schiff nehmen; und alsbald war das Schiff am Lande, wohin sie fuhren. [22"]Des anderen Tages sah das Volk, das drüben am Meer stand, daß kein anderes Schiff daselbst war als das eine, und daß Jesus nicht mit seinen Jüngern in das Schiff getreten war, sondern seine Jünger waren allein weggefahren.*

*[23"]Es kamen aber andere Schiffe von Tiberias nahe zu der Stätte, wo sie das Brot gegessen hatten unter des Herrn Danksagung. [24"]Da nun das Volk sah, daß Jesus nicht da war noch seine Jünger, traten sie auch in die Schiffe und kamen nach Kapernaum und suchten Jesus.*

*[25"]Und da sie ihn fanden jenseits des Meeres, sprachen sie zu ihm: Rabbi, wann bist du hergekommen?*

*[26"]Jesus antwortete ihnen und sprach: Wahrlich, wahrlich, ich sage euch: Ihr suchet mich nicht darum, daß ihr Zeichen gesehen habt, sondern weil ihr von dem Brot gegessen habt und seid satt geworden. [27"]Schaffet euch Speise, nicht, die vergänglich ist, sondern die da bleibt in das ewige Leben, welche euch des Menschen Sohn geben wird;*
*denn auf dem ist das Siegel Gottes des Vaters. [28"]Da sprachen sie zu ihm: Was sollen wir tun, daß wir Gottes Werke wirken? [29"]Jesus antwortete und sprach zu ihnen: Das ist Gottes Werk, daß ihr an den glaubet, den er gesandt hat. [30"]Da sprachen sie zu ihm: Was tust du denn für ei Zeichen, auf das wir sehen und glauben dir? Was wirkest du?*

*[31"]Unsere Väter haben das Manna gegessen in der Wüste, wie geschrieben steht.*
*„Er gab ihnen Brot vom Himmel zu essen." [32"]Da sprach Jesus zu ihnen:*

*Wahrlich, wahrlich, ich sage euch: nicht Mose hat euch das Brot vom Himmel gegeben, sondern mein Vater gibt euch das rechte Brot vom Himmel. ³³"Denn Gottes Brot ist das, das vom Himmel kommt und gibt der Welt das Leben. ³⁴"Da sprachen sie zu ihm: Herr, gib uns allewege solch Brot. ³⁵"Jesus aber sprach zu ihnen: Ich bin das Brot des Lebens. Wer zu mir kommt, den wird nicht hungern; und wer an mich glaubt, den wird nimmermehr dürsten. ³⁶"Aber ich habe es euch gesagt, daß ihr mich gesehen habt und glaubet doch nicht. ³⁷"Alles was mir mein Vater gibt, das kommt zu mir; und wer zu mir kommt, den werde ich nicht hinausstoßen. ³⁸"Denn ich bin vom Himmel gekommen, nicht damit ich meinen Willen tue, sondern den Willen des, der mich gesandt hat. ³⁹"Das ist aber der Wille des, der mich gesandt hat, daß ich nichts verliere von allem, was er mir gegeben hat, sondern daß ich's auferwecke am Jüngsten Tage." ⁴⁰"Denn das ist der Wille meines Vaters, daß wer den Sohn sieht und glaubt an ihn, habe das ewige Leben; und ich werde ihn auferwecken am Jüngsten Tage. ⁴¹ Da murrten die Juden über ihn, weil er sagte: Ich bin das Brot, das vom Himmel gekommen ist ⁴² und sprachen: Ist dieser nicht Jesus, Josefs Sohn, des Vater und Mutter wir kennen? Wie spricht er denn: Ich bin vom Himmel gekommen? ⁴³"Jesus antwortete und sprach zu ihnen: Murret nicht untereinander.*

⁴⁴*"Es kann niemand zu mir kommen, es sei denn, daß ihn ziehe der Vater, der mich gesandt hat; und ich werde ihn auferwecken am Jüngsten Tage. ⁴⁵"Es steht geschrieben in den Propheten: „Sie werden alle von Gott gelehrt sein." Wer es nun hört vom Vater und lernt es, der kommt zu mir. ⁴⁶"Nicht daß jemand den Vater gesehen hat außer dem, der von Geist ist, der hat den Vater gesehen.*

⁴⁷*"Wahrlich, wahrlich, ich sage euch: Wer an mich glaubt, der hat das ewige Leben. ⁴⁸"Ich bin das Brot des Lebens. ⁴⁹"Eure Väter haben das Manna gegessen in der Wüste und sind gestorben. ⁵⁰"Dies ist das Brot das vom Himmel kommt, auf daß wer davon isset, nicht sterbe. ⁵¹"Ich bin das lebendige Brot, vom Himmel gekommen. Wer von diesem Brot essen wird, der wird leben in Ewigkeit. Und das Brot, das ich geben werde, ist mein Fleisch, welches ich geben werde für das leben der Welt. ⁵²"Da stritten die Juden untereinander und sprachen: Wie kann dieser uns sein Fleisch zu essen geben?*

⁵³ *Jesus sprach zu ihnen: Wahrlich, wahrlich, ich sage euch: Werdet ihr nicht essen das Fleisch des Menschensohnes und trinken sein Blut, so habt ihr kein Leben in euch.*
⁵⁴ *Wer mein Fleisch isset und trinket mein Blut, der hat das ewige Leben, und ich werde ihn am Jüngsten Tage auferwecken. ⁵⁵ Denn mein Fleisch ist die*

*rechte Speise, und mein Blut der rechte Trank. [56] Wer mein Fleisch isset und trinket mein Blut, der bleibt in mir und ich in ihm. [57] Wie mich gesandt hat der lebendige Vater und ich lebe um des Vaters Willen, so wird auch, wer mich isset, leben um meinetwillen. [58] Dies ist das Brot, das vom Himmel gekommen ist. Nicht, wie die Väter haben gegessen und sind gestorben: wer dies Brot isset, der wird leben in Ewigkeit. [59] Solches sagte er in der Synagoge, als er lehrte zu Kapernaum. [60] Viele nun seiner Jünger, die das hörten, sprachen: Das ist eine harte Rede; wer kann sie hören? [61] Da Jesus aber bei sich selbst merkte, daß seine Jünger darüber murrten, sprach er zu ihnen: Ist euch das ein Ärgernis? [62] Wie, wenn ihr nun sehen werdet des Menschen Sohn auffahren dahin, wo er zuvor war? [63] Der Geist ist's, der da lebendig macht; das Fleisch ist nichts nütze. Die Worte, die ich zu euch geredet habe, die sind Geist und sind Leben. [64] Aber es sind etliche unter euch, die glauben nicht. Denn Jesus wußte von Anfang an wohl, wer die waren, die nicht glaubten, und wer ihn verraten würde.*

*[65] Und er sprach: Darum habe ich euch gesagt: Niemand kann zu mir kommen, es sei ihm denn von meinem Vater gegeben. [66] Von da an wandten seiner Jünger viele sich ab und wandelten hinfort nicht mehr mit ihm. [67] Da sprach Jesus zu den Zwölfen: Wollt ihr auch weggehen? [68] Da antwortete ihm Simon Petrus: Herr, wohin sollen wir gehen? Du hast Worte des ewigen Lebens; und wir haben geglaubt und erkannt, daß du bist der Heilige Gottes.*

## Vom Acker des Lebens

In Kapitel 4 ist vom Wasser des Lebens die Rede, das Christus der Samariterin in Aussicht stellt und versteht darunter seine Vollendung des Werkes des Vaters. Später gibt er sich auch als das Brot des Lebens zu erkennen (Speisung der 5000).

So wird verständlich, dass wir wissen möchten wie das eine mit dem anderen zusammen hängt und wie und wo wir selbst darinnen stehen.
Der Mensch mit seinen Anlagen und seinem Streben, beziehungsweise seinem Nichtstreben, bereitet Christus das zur Aussaat bereite Feld vor. In dieses legt der Sämann Christus das seit Golgatha mit neuer Keim- und Reproduktionskraft ausgestattete Korn, nämlich sein Wort. Damit dieses aufgehen und um ein Vielfaches Frucht bringen kann, wird es genetzt vom Wasser des Lebens, dem heiligen Geist. Was der Mensch im lebendigen Denken von diesem ergreifen kann, wandelt sich um in ein Leben der Nachfolge Christi. Wo diese Nachfolge ganz gelingt, erstrahlt ein menschliches Leben in seiner Verherrli-

chung bei Gott. So verkündet dem zur Auferweckung bereiten Lazarus und eingelöst im Leben und Wirken des Lieblingsjüngers des Herrn, dem verwandelten Lazarus (siehe das Verhältnis Lazarus-Jesus). Nur mit diesem Vertrauen in sein Wort nehmen wir im Abendmahl von der Kraft des Auferstandenen und machen sie wirksam durch die Kraft unseres Glaubens. In Kapitel 6,33 sagt Christus daher „Gottes Brot ist das, das vom Himmel kommt und gibt der Welt das Leben," und spricht dabei von sich selbst (Vers 35 Ich bin das Brot des Lebens).

Als in Folge der wundersamen Vermehrung der Brote die Menschen Jesus zu dem irdischen König machen wollen, der ihnen als Messias verheißen war, flüchtet Jesus vor ihnen auf den Berg. Solch ein Gang steht für seinen Rückzug in die höhere Welt, wo er neue Kräfte sammeln wird, um den Menschen neu begegnen zu können, nachdem sie ihn einmal mehr enttäuscht hatten. Seine Jünger sind also allein, als sie beschließen abends übers Meer zu setzen, nach Kapernaum. Es dunkelt und ein Sturm erhebt sich. Dies Meer ist Symbol des Unbewußten im Menschen. Der Sturm wird Ausdruck der inneren Bewegung, ja Erregung der Jünger, nachdem sie die Verwandlung der Brote erlebt hatten. Sie befinden sich in einem seelischen Ausnahmezustand, der sie befähigt, Christus als ätherische, d.h. nicht fleischliche Gestalt über das Wasser auf sie zukommen zu sehen.

Als der Herr ihre Furcht wahrnimmt, entbindet er aufs Neue seine Liebeskraft und ruft ihnen zu: „Ich bin's, fürchtet euch nicht!" Wie eine Mutter, ein Vater ihr verängstigtes Kind an sich ziehen, um es zu beruhigen, so stärkt Jesus mit seiner ich-haften Nähe das Ich der Jünger. Schlagartig kehrt ihre Selbstsicherheit zurück. Symbol dafür: das sichere Anlegen des Bootes an Land.

Scheidung unter den Jüngern
(Glauben aus verlebendigtem Denken)

Die Zahl der Jünger, die mit Jesus zogen, muß weit über dem Kern von 12 Ursprungsjüngern gelegen haben. Das erfahren wir aus V.66/67, wo es heißt, daß nach seiner Rede über das Opfer seines Fleisches und Blutes viele von ihnen absprangen („die harte Rede"). V.67 Da sprach Jesus zu den Zwölfen belegt also, daß sie den eigentlichen Kern der Jünger bildeten. Die Abgesprungenen haben nicht verstanden, wie die Rede sinnbildlich zu nehmen ist und stoßen sich demzufolge so sehr an ihr, daß sie glaubten mit Jesus brechen zu müssen. Dieser erkennt darin die Notwendigkeit, noch einmal klar zu machen die Rolle eines Verstehens aus einem Geist, der die Ratio transzendiert.

V.62 macht darauf aufmerksam:

Das Auffahren des Menschensohnes bedeutet, daß er Zugang zu einer Geistigkeit hat, deren Essenz oder Wesen auf Erden einem verlebendigtem Denken entspricht. Nicht ohne Grund nennt Jesus seine Worte „Geist und Leben", was er gar mit Glauben gleich setzt (V.64). An dieser Stelle stehe ich nicht an, an der Praxis heutigen Glaubens Kritik zu üben. Die Kirchen tragen diesen Kriterien Christi noch kaum Rechnung, weil sie diese intime Nähe von Geist und Leben, nicht verinnerlicht und individualisiert haben und daher ihre Bedeutung für die Lebendigkeit heutigen Christseins unterschätzen. Karl Rahner hatte, neben anderen Ausgegrenzten, davon ein Gespür, als er sagte:

„Die Kirche der Zukunft wird eine spirituelle sein, oder sie wird nicht sein." Dem ist nichts hinzuzufügen.

Und dann spricht Jesus die ominösen Worte, die auf viele wie eine Begründung dafür wirken, daß man zum Glauben vorherbestimmt sein müsse. V.65 „Niemand kann zu mir kommen, es sei denn von meinem Vater gegeben." Was wie Determination, besser Prädestination, also Vorher-Bestimmung klingt, bedarf aber nicht eines gefühlsmäßigen, schnellen Urteils, sondern einer Versenkung in Geist und Wort Christi und eines längeren damit Schwanger-Gehens.

Und dieses zeigte sich mir dabei:

Die Interpretation des Satzgliedes „es sei ihm denn von meinem Vater gegeben", läßt zwei Auslegungen zu:
1.) Wenn ich es als Endpunkt eines Denk- und Entscheidungsprozesses von Gott ansehe, dann liegt damit ein Ereignis vor, d.h. eine getroffene Entscheidung, nach der der Mensch sich dann zu richten hätte, ohne Option einer Wahl.
2.) Sehe ich es dagegen als einen Vorgang an, der vom Vater angestoßen und von ihm genährt wird, dann kann sich der Mensch über das verlebendigte Denken in ihn einklinken. Den geistigen Strom, die geistige Kraft, von der ein irdischer Abglanz dabei frei und damit für uns zugänglich wird, nenne ich Heiliger Geist.

Was heißt das? Nun kommt die pure Ratio zum Einsatz und zwar deswegen, weil sie hier einem höheren Denken und Ziel dient. Überall wo das zutrifft, hat sie ihre nicht zu bestreitende Daseinsberechtigung, ja Notwendigkeit, weil sie vorm Spekulieren und Spinitisieren bewahrt.

Schlußfolgerung also im Sinne der Fragestellung: Träfe Fall 1.) zu, dann wären Erscheinen und Auftrag Christi überflüssig gewesen. Da der Sohn aber nun mal vom Vater gesandt wurde, ist die gesuchte Antwort Fall 2.)!

Nicht vergessen sei das Moment der Gnade. Aber diese wird nicht nach Art der Prädestination verteilt, sondern ist die Antwort Gottes auf das Bemühen des Menschen um einen lebendigen Glauben. Ein irgendwie geartetes Rangdenken zwischen Glaube und Gnade, bzw. Gnade und Glaube entspräche dabei zwar der üblichen menschlichen Sucht, einteilen zu müssen, nicht aber einer höheren Geistigkeit.

Für diese wird der Jünger Petrus einen kurzen Augenblick offen, als Jesus die Zwölfe fragt, ob sie ihn auch verlassen wollten, weil er erkennt, daß der Jesus-Christus eine Art der Wahrheit verkündet, die über den Tag hinaus, bis in alle Zukunft hinein, Bestand haben wird.

# Kapitel 7

*Reise zum Laubhüttenfest*
*(oder Der Kampf der 2 Naturen im Menschen)*

*¹ Danach zog Jesus umher in Galiläa; denn er wollte nicht in Judäa umherziehen, weil ihm die Juden nach dem Leben trachteten. ² Es war aber nahe der Juden Laubhüttenfest.*

*³ Da sprachen seine Brüder zu ihm: Mache dich auf von dannen und gehe nach Judäa, auf daß auch deine Jünger sehen die Werke, die du tust. ⁴ Niemand tut etwas im Verborgenen und will doch gelten öffentlich. Willst du solches, so offenbare dich der Welt. ⁵ Denn auch seine Brüder glaubten nicht an ihn. ⁶ Da spricht Jesus zu ihnen: Meine Zeit ist noch nicht da; eure Zeit aber ist allewege. ⁷ Die Welt kann euch nicht hassen. Mich aber hasset sie, denn ich bezeuge ihr, daß ihre Werke böse sind. ⁸ Gehet ihr hinauf auf das Fest! Ich will noch nicht hinauf gehen auf dieses Fest, denn meine Zeit ist noch nicht erfüllt. ⁹ Da er aber das zu ihnen gesagt, blieb er in Galiläa. ¹⁰ Als aber seine Brüder hinaufgegangen waren zu dem Fest, da ging er auch hinauf, nicht öffentlich, sondern heimlich. ¹¹ Da suchten ihn die Juden am Fest und sprachen: Wo ist der? ¹² Und es war ein großes Gemurmel über ihn unter dem Volk. Etliche sprachen: Er ist gut; die anderen aber sprachen: Nein, sondern er verführt das Volk. ¹³ Niemand aber redete frei heraus von ihm aus Furcht vor den Juden.*

*¹⁴ Aber mitten im Fest ging Jesus hinauf in den Tempel und lehrte. ¹⁵ Und die Juden verwunderten sich und sprachen: Wie kennt dieser die Schrift, obwohl er sie doch nicht gelernt hat?*

*¹⁶ Jesus antwortete ihnen und sprach: Meine Lehre ist nicht mein, sondern des der mich gesandt hat. ¹⁷ Wenn jemand will des Willen tun, der wird innewerden, ob diese Lehre von Gott sei, oder ob ich von mir selbst rede. ¹⁸ Wer von sich selbst redet, der sucht seine eigene Ehre; wer aber sucht die Ehre des, der ihn gesandt hat, der ist wahrhaftig, und ist keine Ungerechtigkeit an ihm.*

Zwei Naturen ringen im Menschen um die Oberhoheit. Welche Ernte einer am Ende einfahren wird, hängt davon ab, welches Saatbeet er dem Sämann Jesus bereitet. -

Wer dieses Kapitel angeht, stößt bald auf eine Ungereimtheit. Jesus gibt seinen Brüdern, die ihn auffordern, auf dem Laubhüttenfest, dem israelitischen Erntedankfest, öffentlich seine Sache zu vertreten, einen abschlägigen Bescheid. In V. 7 sagt er: „Ich will noch nicht hinauf gehen auf dieses Fest... Weiter heißt es in V. 10: „Als aber seine Brüder zum Fest gegangen waren, da ging er auch hinauf, aber heimlich.

Wie nun ?! - Ist auf sein Wort kein Verlaß gewesen, handelte er anders als er sprach? Oder hat er sich gar per Magie aufs Fest versetzt, wie manche mutmaßen?

Weder - noch ! Wir müssen nicht Jesus untypisches Verhalten unterstellen, nur weil wir selbst vielleicht nicht in der Lage sind, auf Anhieb zu verstehen, warum er, ‚heimlich' ging und wie das zu verstehen ist. Die Antwort wird, wie fast immer, aus einem Verständnis des Sinnganzen des Textes gegeben. In unserem Falle also aus den beiden Unterkapiteln, , Reise zum Laubhüttenfest , und , Jesus auf dem Fest ,. Worum geht es da? Es ist der Kampf zweier Naturen, die in uns angelegt sind. Die erste Natur, welche die Brüder Jesu verkörpern, ist schon kräftig entwickelt, da sie Erbe ist aus der dem Tier verwandten Evolutionsstufe, der Emotionalität des Trieblebens. Die zweite Natur ist nur schwach entwickelt, da sie vom Menschen erst in die Zukunft hinein zur Entfaltung gebracht werden kann.

Zur ersten Natur:

V. 2-5 zeigt, wo Jesu Brüder geistig stehen.

Ihr Credo:     - tue deine Wunder in der Öffentlichkeit, um potenzielle Anhänger zu beeindrucken.
              - wenn du und deine Sache etwas gelten wollen, mußt du, modern gesprochen, die entsprechende PR machen.

Welcher Geist spricht aus diesen Ratschlägen?
              - Ruhm- und Ehrestreben vor der Welt
              - Anerkennungs-Bemühungen vor der Welt
              - Schein statt Sein
              - Illusion statt Wahrheit.

„Werte", uns längst bekannt aus Kap.5, 41-44. Um welche Werte es Jesus geht, die er also seinen Brüdern entgegen setzt:

V.16: „Meine Lehre ist nicht mein", heißt: Ich verfolge kein egoistisches Interesse

V.17: „wenn jemand will den Willen des Vaters tun, der wird innewer den....": Der Heilige Geist wird ihn zur Erkenntnis führen.

V.18: „Wer von sich selbst redet, sucht seine eigene Ehre..." Diesem Menschen geht es um sein Ego, und nicht um Gott.

Die nachstehenden Werte verkörpern die Verborgenheit des Tempels, d.h. die Anlagen, die sich im Menschen-Inneren entwickeln wollen:
- Selbstlosigkeit
- Zulassen des Geistes in sich
- Wahrheit gegen Illusion
- Geist wahren Opfers

Das sind die Dinge, die man , heimlich , , d.h. im Inneren vorantreiben soll, um den kommenden Menschen zu entwickeln und nicht, um vor den Leuten zu glänzen. Darauf verweist auch der V.14 des Textes: Jesu Gang galt nicht dem Fest, sondern dem Tempel; also dem Gang in die Innerlichkeit, in die Stille, in die  , Heimlichkeit ,, wie Johannes es in seiner Symbolsprache nennt. Jesu Brüder stehen dagegen für den ,Wirbel  vor der Welt', wie wir das in heutiger Sprache bezeichnen würden.

Jesu Antwort an seine Brüder ist aber eine zweifache. In V.6 heißt es: „Meine Zeit ist noch nicht da"  und in V.8  noch deutlicher: „Ich will noch nicht hinaufgehen auf dieses Fest, denn meine Zeit ist noch nicht erfüllt.

Im Kapitel von der Tempelreinigung wird der Tempel Leib Christi genannt. Was hier für Jesus Fest bedeutet, geht aus dem begründenden Nebensatz hervor: er denkt an das Opferfest seines Leibes, seinen Tod, gegeben für uns Menschen. Das ist das Fest, auf welches er dann, wenn „die Zeit erfüllt ist", d.h. die Stunde des Kreuzes gekommen, öffentlich gehen wird, nicht heimlich.

Jesus hatte zweierlei Zeit und Gesetz zu beachten. Zum einen die Stunde, die der Vater ihm bestimmt, zum andern die irdische Zeit. Die Juden planten schließlich schon seinen Tod. Indem sie ihm nach dem Leben trachteten, bestand für Jesus die Gefahr, daß ihn das in Schwierigkeiten bringen konnte zu der Stunde, bzw. dem Zeitplan des Vaters.

Den Zeitbegriff, dem seine Brüder folgen verdeutlicht uns Jesus in V.6: „Eure Zeit aber ist allewege", d.h. immer und überall. Heißt soviel wie: Wer der Welt (den Menschen) nach dem Munde redet wie ihr, wird akzeptiert, wird geliebt, weil er den Menschen nicht den Spiegel vorhält. Wer das tut, was ich tue, der beunruhigt, im schlimmsten Falle macht er sich auf den Tod verhaßt.

<u>Doppelmoral und Unlogik der Juden</u>   (V,19-24) :

*[19] Hat euch nicht Mose das Gesetz gegeben? Und niemand unter euch tut das Gesetz. Warum suchet ihr mich zu töten? [20] Das Volk antwortete: Du hast einen bösen Geist; wer sucht dich zu töten? [21]Jesus antwortete und sprach: Ein einziges Werk habe ich getan, und es wundert euch alle. [22] Mose hat euch doch gegeben die Beschneidung - nicht daß sie von Mose kommt, sondern von den Vätern -, und ihr beschneidet den Menschen auch am Sabbat. [23] Wenn nun ein Mensch die Beschneidung empfängt am Sabbat, damit nicht das Gesetz des Mose gebrochen werde, zürnet ihr dann über mich, daß ich den ganzen Menschen habe am Sabbat gesund gemacht? [24] Richtet nicht nach dem, was vor Augen ist, sondern richtet ein rechtes Gericht. [25] Da sprachen etliche aus Jerusalem: ist das nicht der, den sie suchen zu töten? [26]Und siehe, er redete frei, und sie sagten ihm nichts. Sollten unsere Obersten nun wahrhaftig erkannt haben, daß er der Christus sei? [27] Doch wir wissen, woher dieser ist; wenn aber der Christus kommen wird, so wird niemand wissen, woher er ist. [28] Da rief Jesus im Tempel, lehrte und sprach: Ihr kennet mich und wisset, woher ich bin. Aber von mir selbst bin ich nicht gekommen, sondern es ist ein Wahrhaftiger, der mich gesandt hat, welchen ihr nicht kennet. [29] Ich kenne ihn; denn ich bin von ihm, und er hat mich gesandt. [30] Da suchten sie ihn zu greifen; aber niemand legte die Hand an ihn, denn seine Stunde war noch nicht gekommen. [31] Aber viele vom Volk glaubten an ihn und sprachen: Wenn der Christus kommen wird, wird er etwa mehr Zeichen tun, als dieser tat? [32] Und es kam vor die Pharisäer, daß im Volk solches Gemurmel über ihn war. Da sandten die Hohepriester und Pharisäer Knechte aus, daß sie ihn greifen. [33] Da sprach Jesus zu ihnen: Ich bin noch eine kleine Zeit bei euch, und dann gehe ich hin zu dem, der mich gesandt hat. [34] Ihr werdet mich suchen und nicht finden; und wo ich bin, könnt ihr nicht hinkommen. [35] Da sprachen die Juden untereinander: Wo will dieser hingehen, daß wir ihn nicht finden werden? Will er zu denen gehen, die in der Zerstreuung unter den Griechen wohnen, und die Griechen lehren? [36] Was ist das für eine Rede, daß er sagte: Ihr werdet mich suchen und nicht finden; und wo ich bin, da könnt ihr nicht hinkommen? [37] Aber am letzten Tage des Festes, welcher der höchste war, trat Jesus auf, rief und sprach: Wen da dürstet, der komme zu mir und trinke! [38] Wer an mich glaubt, wie die Schrift sagt, von des Leibe werden Ströme lebendigen Wassers fließen. [39] Das sagte er aber von dem Geist, welchen empfangen sollten, die an*

*ihn glaubten; denn der Geist war noch nicht da, denn Jesus war noch nicht verherrlicht.*

Anhand des Hinweises auf seine Heilung des Gelähmten am Teich Bethesda und ihrem eigenen Brauch, die Beschneidung zu vollziehen trotz Sabbat, versucht Jesus die Wortgläubigen unter den Juden auf ihre Inkonsequenz aufmerksam zu machen. Wenn sie selbst am Sabbat beschneiden, könnten sie doch nicht ihm ernsthaft einen Verstoß gegen den Sabbat vorwerfen, wo er jemand geheilt habe. Die unausgesprochene Frage dabei lautet: was zählt mehr vor Gott: Leben retten - oder Beschneiden?!

V.33-39 Jesus kündet zum ersten Mal seinen Tod an und was das nach sich zieht:

Längst schlägt Jesus eine Welle der Begeisterung entgegen, die dabei ist in Glauben zu münden, d.h. in Jesus doch den angekündigten Messias zu sehen. Das beunruhigt die Schriftgelehrten zutiefst, sodaß sie Häscher nach ihm aussenden. Jesus hält ihnen entgegen in V.34: „Wo ich bin, könnt ihr nicht hinkommen." Hat er ein unauffindbares Versteck, etwa in der griechischen Diaspora? Aber er will damit sagen: selbst wenn ihr mich greift und tötet, meinen Geist könnt ihr nicht umbringen, denn er entzieht sich eurer Macht.

Und wie um zu unterstreichen den Sieg des Lebens über den Tod, verkündet er ihnen, was sein Tod bedeuten werde. Nicht nur sein Weiterleben, sondern die Vergeistigung und damit Verlebendigung aller an ihn Glaubenden durch die Freisetzung des Heiligen Geistes bei seinem physischen Tod.

Bis auf den heutigen Tag fürchten etwas weiterblickende Despoten den Geist des Märtyrers oft mehr, als die Wirksamkeit eines lebenden Gegenspielers.

V. 25-30 und 40-52: Was eigentlich hindert uns daran, den andern, den Nächsten zu verstehen? In Kap.5 -Heilung des Gelähmten-, hatten wir uns schon einmal dieser Frage genähert, als wir feststellen mußten, daß eine bestimmte Form der Blindheit damit zu tun hat, die auf Besetztheit, Voreingenommenheit zurückgeht. Das läßt sich jedoch noch weiter zurückverfolgen. Warum verteidigt jemand uneinsichtig und unnachgiebig seine Position? Es geschieht meist aus Verlierensangst, aus Mangel an Kräften, denn er hat nichts abzugeben.

Wärme dagegen, Liebe gar, können sich verströmen, weil sie Überschuß zu verschenken haben. Ebenso wahre Ich-Stärke. Der Egoismus dagegen, hatte die historische Aufgabe, das bißchen zu schützen, zu verteidigen, das uns zum Individium machte.

Ohne ihn wären wir gesichts- und geschichtslose Wesen geblieben. Mit seiner Hilfe haben wir gelernt, uns voneinander zu unterscheiden.

Nur -, was einmal gut und notwendig war in der Evolution des Menschen, muß es nicht bleiben für alle Zeiten. Schließlich heißt Evolution Entwicklung und nicht Stillstand. Längst ist die formende Kraft des Egoismus in eine zerstörerische übergegangen, die uns vom Nächsten trennt, uns einsam macht, erkalten läßt. Von da bis zum fatalen „homo homini lupus est" ist es ein kurzer Weg. Der heutige Kapitalismus, unsere Ellbogenmentalität aber auch Genuß-sucht als Lebenssinn und Narzissmus lassen grüßen. Nicht ohne Grund nennt sich Christus Geist und Leben. Wir müssen von beidem uns beschenken lassen und unser Fühlen und Denken erwärmen und beleben.

„Ströme lebendigen Wassers" (V.38), das ist der Geist, den er jenen verheißt, die wenigstens die Neugier und Bereitschaft zeigen, nach der Wärme-, Liebes- und Lebenskraft zu suchen, die die Welt durchströmt seit Golgotha und auf ihre Entdeckung wartet.

*⁴⁰ Einige nun vom Volk, die diese Reden hörten, sprachen: Dieser ist wahrlich der Prophet. ⁴¹ Andere sprachen: Er ist der Christus. Etliche aber sprachen: Soll der Christus aus Galiläa kommen? ⁴² Spricht nicht die Schrift: von dem Geschlecht Davids und aus dem Orte Bethlehem, wo David war, solle der Christus kommen? ⁴³ Also ward eine Zwietracht unter dem Volk über ihn. ⁴⁴ Es wollten aber etliche ihn greifen; aber niemand legte die Hand an ihn. ⁴⁵ Die Knechte kamen zu den Hohenpriestern und Pharisäern; und die sprachen zu ihnen: Warum habt ihr ihn nicht gebracht? ⁴⁶ Die Knechte antworteten: Es hat nie ein Mensch so geredet wie dieser Mensch. ⁴⁷ Da antworteten ihnen die Pharisäer: Seid ihr auch verführt? ⁴⁸ Glaubt auch irgendein Oberster oder Pharisäer an ihn? ⁴⁹ Nur das Volk tut's, das nichts vom Gesetz weiß: verflucht ist es! ⁵⁰ Spricht zu ihnen Nikodemus, der vormals zu ihm gekommen war, welcher einer von ihnen war: ⁵¹ Richtet unser Gesetz auch einen Menschen, ehe man ihn verhört hat und erkannt, was er tut? ⁵² Sie aber antworteten und sprachen zu ihm: Bist du auch Ein Galiläer? Forsche und siehe, aus Galiläa steht kein Prophet auf.*

So nimmt es nicht Wunder, daß Christi Reden die damaligen Menschen auf ganz unterschiedlichen Positionen antrafen:

- V.42, 47-49, 52  Haltung derer, die ihr Wissen als Schutzschild vor sich hertragen in Form von Gesetz und Überlieferung, um sich dahinter zu verschanzen. Ratio allein wird so zum Mittel gegen Christus.

- andere sehen in Jesus einen Propheten, weil sie sich nicht vom AT lösen können.

- wieder andere lassen sich von den Wundern beeindrucken und sehen in ihm den erwarteten Messias.

- die einfachen, unverbildeten Menschen, wie die Knechte, die Jesus greifen sollten. Sie zeigen sich nicht durch Wissen (Programm + Ratio) vor-festgelegt, sondern lassen sich gemütsmäßig erreichen und in einem überrationalen Sinn ansprechen, weswegen sie sagen können: „Noch nie hat ein Mensch so geredet."

# Kapitel 8

### Jesus und die Ehebrecherin
*(oder Christus und die unerlöste Seite in uns)*

*[1] Jesus aber ging an den Ölberg. [2] Und früh morgens kam er wieder in den Tempel, und alles Volk kam zu ihm; und er setzte sich und lehrte sie. [3] Aber die Schriftgelehrten und Pharisäer brachten eine Frau zu ihm, die im Ehebruch ergriffen, und stellten sie in die Mitte [4] und sprachen zu ihm: Meister, diese Frau ist ergriffen auf frischer Tat im Ehebruch. [5] Mose aber hat uns im Gesetz geboten, solche zu steinigen. Was sagst du? [6] Das sprachen sie aber, ihn zu versuchen, auf daß sie eine Sache wider ihn hätten. Aber Jesus bückte sich nieder und schrieb mit dem Finger auf die Erde. [7] Als sie nun anhielten, ihn zu fragen, richtete er sich auf und sprach zu ihnen: Wer unter euch ohne Sünde ist, der werfe den ersten Stein auf sie. [8] und bückte sich wieder nieder und schrieb auf die Erde. [9] Da sie aber das hörten, gingen sie hinaus, einer nach dem anderen, von den Ältesten an; und Jesus ward allein gelassen und die Frau in der Mitte stehend. [10] Jesus aber richtete sich auf und sprach zu ihr: Weib, wo sind sie, deine Verkläger? Hat dich niemand verdammt? [11] Sie aber sprach: Herr, niemand. Jesus aber sprach: So verdamme ich dich auch nicht; gehe hin und sündige nicht mehr.*

Dies Kapitel fällt vom Aufbau her aus dem Rahmen des Bisherigen. Statt durch Vorgabe eines gleichnishaften Bildes oder Geschehens den Leser mit der Suche nach seinem Verständnis zu beteiligen, wird hier scheinbar nur ein Sachverhalt vorgegeben, das Zurrechenschaft-Ziehen eines Ehebruchs. Die Umstände seiner Präsentation und die damit verbundene Absicht der pharisäischen Ankläger werden auch noch genannt, sodaß das Urteil Jesu vom Leser relativ leicht nachzuvollziehen ist, zumal er schon vorbereitet ist durch die besprochene Thematik, Jesu-Richter oder Retter!

Auch scheint der Anhang des Kapitels, die Unterkapitel, Widersacher der Wahrheit und das Geheimnis der Person Jesu in keinem Zusammenhang mit der Geschichte von der Ehebrecherin zu stehen. Genügend Anzeichen also, an der Echtheit der Autorenschaft durch Johannes zu zweifeln.

Was mich schließlich zu einem Umdenken geführt hat, das waren die zwei so stark auseinanderfallenden Christus-Bilder und das widersprüchliche Verhalten der Pharisäer im Gesamtkapitel.

Doch der Reihe nach: Die Pharisäer zerren eine Frau vor Jesus, in flagranti des Ehebruchs ergriffen. Sie wollen Jesus eine Falle stellen, ihn instrumentalisieren.

Ihr Kalkül:     - entschuldigt er die Ehebrecherin, verstößt er gegen das mosaische Gesetz.
                - ist er für Steinigung, widerspricht er seinen eigenen Werten, nämlich dem Gedanken der Vergebung und der Liebe.

Jesus aber geht seinen eigenen, einen dritten Weg und läßt sich nicht vor den Karren der Pharisäer spannen. Mit seiner Antwort, wer ohne Schuld ist, der werfe den ersten Stein, weist er nicht nur die Verantwortung zurück an die Adresse der Ankläger, sondern er baut ihnen damit sogar eine Brücke. Das mosaische Gesetz der Steinigung wird von ihm nicht in Frage gestellt, gleichzeitig aber entmachtet durch die Aufforderung, sich selbst vorher zu prüfen „wer ohne Schuld ist...“

Dazu kommt, daß Jesus mit der Prüfung der eigenen Schuldhaftigkeit ans AT anknüpft, siehe Hiob. Jesus holt die Pharisäer also dort ab, wo sie stehen, und so reagieren sie entsprechend positiv, nämlich persönlich betroffen und können die Steinigung der Frau nicht vollziehen.

Zum ersten Mal ist einem dieser Menschenschlag sympathisch. „Sie gingen weg, einer nach dem anderen, von dem Ältesten an.“ Die Ältesten galten früher als die Angesehensten, weil lebenserfahren und damit Klügsten. Folglich verstehen sie Jesus als erste. „Einer nach dem anderen ging hinaus“, heißt: Jeder einzelne muß, wenn einmal die Reihe an ihn kommt, sich mit den Fragen und Problemen dieser Welt auseinandersetzen und kann sich nicht mehr hinter einem Moralkodex oder einer Ideologie verstecken. Das heißt Übernahme von Verantwortung. Das gilt nicht zuletzt auch für die Ehebrecherin. Sie steht nicht ohne Grund „in der Mitte“ (V.3). Es geht um den Menschen, in seiner Würde, aber auch Selbstverantwortung.

<u>Jesu Selbstzeugnis</u>

[12]*Da redete Jesus abermals zu ihnen und sprach; Ich bin das Licht der Welt. Wer mir nachfolgt, der wird nicht wandeln in Finsternis, sondern wird das Licht des Lebens haben.* [13] *Da sprachen die Pharisäer zu ihm: Du zeugst von dir selbst; dein Zeugnis ist nicht wahr.*

*14 Jesus antwortete und sprach zu ihnen: Auch wenn ich von mir selbst zeuge, so ist mein Zeugnis wahr; denn ich weiß, woher ich gekommen bin und wohin ich gehe; ihr aber wisset nicht, woher ich komme und wohin ich gehe. 15 Ihr richtet nach dem Fleisch, ich richte niemand. 16 Wenn ich aber richte, so ist mein Gericht recht; denn ich bin nicht allein, sondern ich und der mich gesandt hat. 17 Auch steht in eurem Gesetz geschrieben, daß zweier Menschen Zeugnis wahr sei. 18 Ich bin's der ich von mir selbst zeuge; und der Vater der mich gesandt hat, zeugt auch von mir. 19 Da sprachen sie zu ihm: Wo ist dein Vater? Jesus antwortete: Ihr kennet weder mich, noch meinen Vater; wenn ihr mich kenntet, so kenntet ihr auch meinen Vater. 20 Diese Worte redete Jesus an dem Gotteskasten, da er lehrte im Tempel; und niemand griff ihn, denn seine Stunde war noch nicht gekommen.*

Jesu weist hin auf seinen Tod

*21 Da sprach Jesus abermals zu ihnen; Ich gehe hinweg, und ihr werdet mich suchen und in eurer Sünde sterben. Wo ich hingehe, da könnt ihr nicht hinkommen. 22 Da sprachen die Juden: Will er sich denn selbst töten, daß er spricht: Wohin ich gehe, da könnt ihr nicht hinkommen? 23 Und er sprach zu ihnen: ihr seid von unten her, ich bin von oben her; ihr seid von dieser Welt, ich bin nicht von dieser Welt. 24 Darum habe ich euch gesagt, daß ihr sterben werdet in euren Sünden; denn wenn ihr nicht glaubet, daß ich es bin, so werdet ihr sterben in euren Sünden. 25 Da sprachen sie zu ihm: Wer bist du denn? Und Jesus sprach zu ihnen: Was rede ich noch mit euch! 26 Ich habe viel über euch zu reden und zu richten. Aber der mich gesandt hat, ist wahrhaftig, und was ich von ihm gehört habe das rede ich zu der Welt. 27 Sie verstanden aber nicht, daß er ihnen von dem Vater sagte.*

*28 Da sprach Jesus zu ihnen: Wenn ihr des Menschen Sohn erhöhen werdet, dann werdet ihr erkennen, daß ich es bin und nichts von mir selber tue, sondern wie mich der Vater gelehrt hat, so rede ich. 29 Und der mich gesandt hat, ist mit mir. Der Vater läßt mich nicht allein; denn ich tue allezeit, was ihm gefällt. 30 Da er solches redete, glaubten viele an ihn.*

Die Wahrheit macht frei

*31 Da sprach nun Jesus zu den Juden, die an ihn glaubten: Wenn ihr bleiben werdet an meiner Rede, so seid ihr in Wahrheit meine Jünger 32 und werdet die Wahrheit erkennen, und die Wahrheit wird euch frei machen. 33 Da antworteten sie ihm: Wir sind Abrahams Kinder und sind niemals jemandes Knechte gewesen. Wie sprichst du denn: Ihr sollt frei werden? [34]Jesus antwortete ihnen: Wahrlich, wahrlich, ich sage euch: Wer Sünde tut, der ist der Sünde Knecht. [35]Der Knecht aber bleibt nicht ewiglich im Hause; der Sohn bleibt ewiglich. [36]Wenn euch nun der Sohn frei macht, so seid ihr recht frei.*

Widersacher der Wahrheit

*[37]Ich weiß wohl, daß ihr Abrahams Kinder seid; aber ihr sucht mich zu töten, denn mein Wort findet bei euch keinen Raum. [38]Ich red, was ich von meinem Vater gesehen habe; und ihr tut, was ihr von eurem Vater gesehen habt. [39]Sie antworteten und sprachen zu ihm:*

*Abraham ist unser Vater. Spricht Jesus zu ihnen: Wenn ihr Abrahams Kinder wäret, so tätet ihr Abrahams Werke. [40]Nun aber sucht ihr mich zu töten, einen solchen Menschen, der ich euch die Wahrheit gesagt habe. Das hat Abraham nicht getan. [41]Ihr tut eures Vaters Werke. Da sprachen sie zu ihm Wir sind nicht unehelich geboren; wir haben einen Vater, Gott. [42]Jesus sprach zu ihnen: Wäre Gott euer Vater, so liebtet ihr mich; denn ich bin ausgegangen und komme von Gott; denn ich bin nicht von mir selber gekommen, sondern er hat mich gesandt. [43]Warum versteht ihr denn meine Sprache nicht? Weil ihr mein Wort nicht könnt hören. [44]Ihr habt den Teufel zum Vater, und nach eures Vaters Gelüste wollt ihr tun. Der ist ein Mörder von Anfang und steht nicht in der Wahrheit; denn die Wahrheit ist nicht in ihm. Wenn er die Lüge redet, so redet er von seinem Eignen; denn er ist ein Lügner und der Vater der Lüge. [45]Ich aber, weil ich die Wahrheit sage, so glaubet ihr mir nicht.*

Das Geheimnis der Person Jesu

*[46]Welcher unter euch kann mich einer Sünde zeihen? Wenn ich aber die Wahrheit sage, warum glaubet ihr mir nicht? [47]Wer von Gott ist, der hört Gottes Worte; darum höret ihr nicht, denn ihr seid nicht von Gott. [48]Da antworteten die Juden und sprachen zu ihm: Sagen wir nicht recht; daß du ein Samariter bist und hast einen bösen Geist? [49]Jesus antwortete ihnen: Ich habe keinen bösen Geist, sondern ich ehre meinen Vater, und ihr verunehrt mich. [50]Ich suche nicht meine Ehre; es ist aber einer, der sie sucht und richtet. [51]Wahrlich, wahrlich, ich sage euch: So jemand mein Wort wird halten, der wird den Tod nicht sehen ewiglich. [52]Da sprachen die Juden zu ihm: Nun erkennen wir, daß du einen bösen Geist hast. Abraham ist gestorben und die Propheten, und du sprichst: So jemand mein Wort hält, der wird den Tod nicht schmecken ewiglich. [53]Bist du mehr als unser Vater Abraham, welcher gestor-*

*ben ist? Und die Propheten sind gestorben. Was machst du aus dir selbst? [54]Jesus antwortete: Wenn ich mich selber ehre, so ist meine Ehre nichts. Es ist aber mein Vater, der mich ehrt, von welchem ihr sprecht: Er ist unser Gott, [55]und kennet ihn nicht; ich aber kenne ihn. Und wenn ich wollte sagen: Ich kenne ihn nicht, - so würde ich ein Lügner, gleichwie ihr seid. Aber ich kenne ihn und halte sein Wort. [56]Abraham, euer Vater, ward froh, daß er meinen Tag sehen sollte, und er sah ihn und freute sich. [57]Da sprachen die Juden zu ihm: Du bist noch nicht fünfzig Jahre alt und hast Abraham gesehen? [58]Jesus sprach zu ihnen: Wahrlich, wahrlich, ich sage euch: Ehe denn Abraham ward, bin ich. [59]Da hoben sie Steine auf, daß sie auf ihn würfen. Aber Jesus verbarg sich und ging zum Tempel hinaus.*

Wie sehr kontrastiert damit das Bild von Jesus und den Pharisäern, das sie abgeben im 2. Teil von Kap. 8, in den Unterkapiteln, Widersacher der Wahrheit und, das Geheimnis der Person Jesu!! Das hierbei angesprochene Verhältnis Jesu zu den Pharisäern beginnt mit V.30, wo alles noch in relativer Harmonie ist, denn dort heißt es: „Da er solches redete, glaubten viele an ihn." In V.32 sagt Jesus sodann: „„„die Wahrheit wird euch frei machen", was die Menschen als Verkennung begreifen, da sie sich von Abraham her bereits als Freie und nicht als Knechte ansehen.

In V.39/40 spricht Jesus ihnen die Abrahams-Kindschaft ab, weil sie nicht dem Geist ihres Erzvaters folgten. In V.42 - 44 entzieht Jesus ihnen gar die Gottes-Kindschaft und ordnet sie stattdessen dem Teufel zu, dem Vater der Lüge und des Mordes. Die Pharisäer ihrerseits kontern und nennen Jesus einen Samariter und vom bösen Geist/Dämon besetzt. (Samariter: siehe Kap.4. - Der gilt den Orthodoxen als unrein) Diesen Fluch wiederholen sie in V.52, weil Jesus ihnen in V.51 entgegen hält, „wer mein Wort hält, der wird den Tod nicht sehen ewiglich." Damit setzt er sich in ihren Augen über Abraham und die Propheten (V.53) hinweg. Das Faß zum Überlaufen aber bringt dann Jesu Satz: „Wahrlich, wahrlich, ich sage euch: Ehe denn Abraham ward, bin ich." Damit entlädt sich der Zorn der Pharisäer und sie sind bereit, Jesus zu steinigen.

Zwar hat Jesus in dieser Auseinandersetzung nie eine Unwahrheit gesagt und doch verwundert einen sein Verhalten, kommt es einem doch wie „menschlich verfremdet" vor.

Es kann doch nicht sein, daß er nichts von der Eskalation der Stimmung mitbekommt und seinerseits immer wieder in die offene Flanke, das Nicht-Verstehen-können oder -wollen der Menschen, stößt, statt zu deeskalieren. Der, der noch im Falle der Ehebrecherin so klug und einfühlend reagiert hatte, scheint ein völlig anderer geworden zu sein. In der Hand dieses Jesus wird die Wahrheit zur Keule und die Menschen, die sie trifft zu Monstern, bereit zu töten! Wo ist der Menschenführer und -versteher, der gute Hirte geblieben? Dieser Jesus trägt eindeutig menschliche, allzu menschliche Züge. Doch, - wie erklärt sich so ein Wandel? kann es sein, daß Christus ein Wesen mit Janus-Kopf ist, also doppeldeutig?

Auf der Suche nach einer Antwort müssen wir zurückkehren zu den Unterkapiteln ‚Jesu Selbstzeugnis‘ und ‚die Wahrheit macht frei‘.

In V.12 sagt Jesus; „Ich bin das Licht der Welt. Wer mir nachfolgt, der wird nicht wandeln in der Finsternis...“

In V. 31/32 „wenn ihr bleiben werdet an meiner Rede - werdet ihr die Wahrheit erkennen, und die Wahrheit wird euch freimachen.“ In beiden Versen drückt Jesus aus, daß das Bewußtsein, das sich aus seinem Geist speist, den Menschen in die Erkenntnisklarheit führen wird, also auch in wahre Selbsterkenntnis.

Nichts anderes ist die Botschaft des Kapitels über die Ehebrecherin: Prüft euch, erkennt euch selbst, bevor ihr jemanden verurteilt. Nur so werdet ihr freie, d.h. selbstbestimmte Menschen. Solche, die sich nicht von einer angeblichen Moral oder Ideologie, aber genau so wenig von ihren eigenen ungezügelten, ungereinigten, unerlösten Emotionen fremdbestimmen lassen!

Ein solchermaßen durchchristetes Bewußtsein wird damit zum Spiegel für uns selbst Wenn Christus sagt „Euch wird alles verziehen, nur nicht die Sünde wider den Heiligen Geist“, so wartet Christus zumindest auf unser Bemühen um Selbstprüfung und ihre Fortentwicklung. Im Fall der Ehebrecherin hat er den Pharisäern noch den Weg vorbereitet. Nun, im Kapitel, , Widersacher der Wahrheit , erwartet er, daß die Pharisäer den ersten Schritt zum Mündig-werden selbst tun, vor allem nachdem sie noch in V. 33 sich gerühmt hatten wegen ihrer Abstammung von Abraham bereits frei zu sein.

Zur Warnung vor Illusionen gibt Jesus ihnen auch noch sein Verständnis von wahrer Freiheit mit auf den Weg in den Versen 34 - 36. Der erste Satz daraus erschließt sich noch leicht: sündhaftes Tun in allen seinen Facetten schwächt unser besseres Ich und macht abhängig und damit fremdbestimmt.

Einige Beispiele: alle Formen der Sucht aber auch nicht hinterfragte Emotionalität, wie z.B. Egomanie. Schwieriger dann schon der Satz: „Der Knecht aber bleibt nicht ewiglich im Hause." Ein solchermaßen Unfreier wird auch nicht dadurch freier, daß er den Ort, das Milieu, die Freunde wechselt, denn seine Neigung zur Sünde wandert mit ihm, Der im Hause bleibende Sohn ist ein Bild für Christus, der in Treue zum Menschen auf diesen wartet, daß er komme, um sich durch seine Wahrheit von seiner Schwäche befreien zu lassen.

Nachdem Jesus die Pharisäer solchermaßen geistig gestärkt glaubte, wagt er mit V.37 die Probe aufs Exempel, indem er sie auf die Tatsache hinweist, daß sie bereit gewesen waren, ihn zu töten. Und was zu befürchten war, tritt ein: die Pharisäer haben ihn nicht verstanden oder nicht verstehen wollen, denn statt in sich zu gehen und zu besinnen, treten sie mit Jesus in die bereits beschriebene Rechtfertigungs- und Eskalationsspirale ein.

Welche Erkenntnis ist daraus zu gewinnen? Natürlich ist Jesus nicht der Janus-Kopf, der zwei Gesichter zeigt. Wenn aber der Mensch das Geschenk des Denk- und Erkenntnisvermögens, also die Fähigkeit, sich selbst den Spiegel vorzuhalten, nicht annimmt, bleibt Christus erst einmal nichts anderes übrig, als ihm diesen Spiegel selbst vorzuhalten! Was der Mensch da zu sehen bekommt ist wenig schmeichelhaft, denn es umfaßt alle seine Sündenbereitschaft, d.h. die unerlösten, ungereinigten Anteile seiner Seele. Er ist empört, denn in seiner Selbstwahrnehmung hat er ein anderes Bild von sich. Das kann doch nicht er sein! So ein Finsterling ist er nicht, da ist er sich ganz sicher. Und willfährige Schwätzer nach dem Munde, sogenannte Freunde, bestätigen ihm das gerne. Da will ihn einer schlechter machen als er ist, vermutlich um selbst besser dazustehen. Wie niederträchtig und zudem noch unchristlich!

Sie, lieber Leser, ahnen den Rest. Wir Menschen sind Meister im Verdrängen und in der Projektion, d.h. der Schuldzuweisung an andere. Das ist unsere Ursünde. Freilich gibt es heute nur noch wenige Orte, wo der Überbringer schlechter Nachrichten liquidiert wird, wie das früher öfter vorgekommen sein soll. Aber das Prinzip „Schuld ist erstmal der Andere", funktioniert auch heute noch bestens privat wie im öffentlichen Leben. In diesem Geiste lassen wir Sanktionen folgen. Rein formaler Umgang ersetzt dann menschliche Wärme, statt körperlicher Züchtigung steht Liebesentzug, man weiß sich ja schließlich zu benehmen in unserer so fortschrittlichen Zeit. Übersteigt aber der Schmerz, den mir mein Gegenüber, diese Verkörperung des Bösen, zufügt das Maß des Erträglichen, glauben wir uns zunehmend gar zum Äußersten berechtigt. Die

Vorlagen dazu werden uns jeden Abend öffentlich-rechtlich ins traute TV-Heim serviert.

Das ist der Hintergrund, vor dem die Pharisäer am Ende bereit sind, Jesus, ihren Nächsten zu steinigen. Daß sie damit sich selbst in Jesus steinigen wollen, können sie nicht erkennen.

Die Situation hat indess noch eine weitere Konsequenz. Wenn wir nämlich dauerhaft nicht bereit sind, uns zu hinterfragen, dann wird das Leiden in unser Leben Einzug halten. Daß es in vielen Fällen ein Leiden an uns selbst sein wird, bleibt uns verborgen, jedenfalls solange wir in der Selbstgerechtigkeit verharren. Ein gut Teil des Leides auf der Welt, lange nicht alles, ist mithin ein Ersatz für nicht stattgefundene Selbsterkenntnis-Bemühungen. Solches Leid ist nie gegeben um seiner selbst willen, sondern darum, daß wir eines Tages daran erwachen.

Wer jetzt unter uns feststellen muß, daß er Jesu Verhalten gegenüber doch noch weiter Vorbehalte hat, möge dies bedenken: Nicht Jesus persönlich hält uns den Spiegel vor, sondern das geschieht durch unseren Nächsten und für den sind wiederum wir der Spiegel. Was für eine Chance!

Daß Christus nie nur Spiegel ist, hat uns Johannes schließlich schon ausführlich im Wunder von der Heilung des Gelähmten dargelegt. Wenn der Engel das Wasser des Teiches berührt, entsteht für jeden Menschen eine neue Chance des Erweckt-Werdens, also des Zugehens Christi auf ihn hin. Dabei wird zum Einstieg so wenig geläutet wie an der Börse, denn diese Augenblicke sind nie spektakulär, sondern intim und daher leicht zu übersehen, zu überhören oder falsch zu deuten. Christi Stimme ist leise und indirekt und oft nur im Verbund mit unseren Herzkräften zu vernehmen. Der Mensch muß die dafür notwendige Beobachtungsfähigkeit, das Gespür und den notwendigen Willen dazu schon im Vorfeld üben und später darin nie mehr erlahmen.

Nun läßt sich abschließend, denke ich, ein Urteil fällen, warum dieses 8. Kapitel so aus dem Rahmen des Bisherigen fällt. Johannes hat sein Vorgehen variiert und das ganze Kapitel zu einer einzigen Allegorie gemacht. Die zweite Hälfte erklärt sich nur aus der ersten und umgekehrt. Beide bedingen einander, keine kann für sich allein stehen.

Ich halte es für denkbar, daß das schon kurz nach der Entstehungszeit des Kapitels verkannt wurde und die Teile auseinander gerissen. Später wieder aufgenommen, vermutlich aber eher aus kirchenpolitischen Gründen.

Bleibt eine letzte Frage. Was schrieb Jesus und warum mit seinem Finger auf die Erde?So ein Bild muß man länger in sich wirken lassen, ehe es nach und nach zu sprechen beginnt. Für mich ist es nur zu verstehen vor dem Hintergrund der Gesetzes-Tafeln, die Moses vom Gespräch mit Jahwe mitbringt, also den Moral- und Verhaltenskodex der alten Israeliten Jesus ist erschienen, auch um diese Gesetze aus ihrer Erstarrung herauszuholen und weiter zu entwickeln im Gespräch mit den Menschen. Von dorther ist sein Schreiben auf die Erde zu verstehen, wobei jedes Wort von Gewicht ist. Jesus schreibt auf die Erde das Symbol der ersten Schöpfung durch den Vater-Gott. An ihn wendet er sich, wobei die Versuchung durch die Pharisäer ihm den Weg weist: „Vater, sieh ihnen ihre Selbstgerechtigkeit nach, Sie können und wollen nicht begreifen, daß ich zu retten gekommen bin und nicht zu richten."

Selbst das Detail, daß Jesus mit dem Finger schreibt und nicht mit einem Ritzwerkzeug, ist aussagekräftig. Wir melden uns mit dem ausgestreckten Zeigefinger, um auf uns als einzelnen, als Individium in einer amorphen Gruppe aufmerksam zu machen. Unser Ich-Finger gewissermaßen. Werden wir aufgerufen, beziehen wir Stellung, Genau darum geht es in diesem 8. Kapitel. Jeder hat sich zu prüfen, um zur Selbsterkenntnis zu kommen, die Voraussetzung für einen menschlichen Umgang mit unserem Nächsten, statt zu richten aus der Deckung eines anonymen Moralkodex heraus.

Warum schrieb Jesus nochmals, nachdem er den Pharisäern geantwortet hatte?Vielleicht in diesem Sinne:

> Das neue Gesetz sei die Verwandlung des alten: vom Gehorsam über die Entdeckung der dunklen, weil unerlösten Seite in uns zur Aufnahme des Christus und damit zum Verstehen des Nächsten, des Bruders in uns.

# Kapitel 9

### Heilung eines Blindgeborenen
*(oder Gott richtet nicht, er heilt)*

*¹ und Jesus ging vorüber und sah einen , der blind geboren war. ² und seine Jünger fragten ihn und sprachen: Meister, wer hat gesündigt, dieser oder seine Eltern, daß er ist blind geboren? ³Jesus antwortete ihnen: Es hat weder dieser gesündigt, noch seine Eltern, sondern es sollen die Werke Gottes offenbar werden an ihm. ⁴Ich muß wirken die Werke des, der mich gesandt hat, solange es Tag ist; es kommt die Nacht, da niemand wirken kann. ⁵ Dieweil ich bin in der Welt, bin ich das Licht der Welt. ⁶Da er solches gesagt, spie er auf die Erde und machte einen Brei aus dem Speichel und legte den Brei auf des Blinden Augen ⁷ und sprach zu ihm: Gehe hin zu dem Teich Siloah, das ist verdolmetscht: gesandt, und wasche dich! Da ging er hin und wusch sich und kam sehend. ⁸Die Nachbarn und die ihn zuvor gesehen hatten, daß er ein Bettler war, sprachen: Ist dieser nicht, der dasaß und bettelte? ⁹Etliche sprachen: Er ist's, etliche aber: Nein, aber er ist ihm ähnlich. Er selbst aber sprach: Ich bin's. ¹⁰ Da sprachen sie zu ihm: Wie sind deine Augen aufgetan?*

*¹¹ Er antwortete: Der Mensch, der Jesus heißt, machte einen Brei und legte ihn auf meine Augen und sprach: Gehe hin zu dem Teich Siloah und wasche dich! Ich ging hin und wusch mich und ward sehend. ¹² Da sprachen sie zu ihm: Wo ist er? Er sprach: Ich weiß nicht. ¹³Da führten sie ihn, der zuvor blind war, zu den Pharisäern. ¹⁴ Es war aber Sabbat an dem Tage, da Jesus den Brei machte und seine Augen öffnete. ¹⁵ Da fragten sie ihn abermals, auch die Pharisäer, wie er wäre sehend geworden. Er aber sprach zu ihnen: Einen Brei legte er mir auf die Augen, und ich wusch mich und bin nun sehend. ¹⁶ Da sprachen etliche der Pharisäer: Dieser Mensch ist nicht von Gott, weil er den Sabbat nicht hält. Die andern aber sprachen: Wie kann ein sündiger Mensch solche Zeichen tun? Und es ward eine Zwietracht unter ihnen.*

Die Jünger fragten Jesus aus dem Geist der damals in Israel herrschenden Bibelauslegung heraus, wer Schuld trage am Schicksal eines Blindgeborenen. Diese Sichtweise lautet vereinfacht: Wer von einer Krankheit geschlagen ist oder wird, hat dies hinzunehmen als göttliche Verfolgung einer Gesetzesübertretung. Der Fall von Wohlverhalten vor Gott zöge umgekehrt individuelles Wohlergehen nach sich (siehe Hiob).

Eine solche Sicht kommt volkstümlichen Vorstellungen von Schuld und Sühne fernöstlicher Reinkarnations- und Karmasysteme sehr nahe. Das Christentum dagegen lehnt jede Form von Strafe als Folge von Verfehlungen ab. Und das aus gutem Grund, denn Christus sagte klar und deutlich, daß er gekommen sei zu retten und nicht zu richten. Damit wendet sich Jesus gegen den Begriff des Richtens, wie er unter uns Menschen verbreitet ist, wo das Fundament der Abschreckungsgedanke ist und teilweise noch der Rachegedanke. Beide Motive beinhalten keinerlei Veränderungspotential zum Positiven hin für einen Täter. Selbst das Opfer hat, außer einer menschlich verständlichen Befriedigung von Urinstinkten, keinen dauerhaften Gewinn daraus.

Was setzt Jesus als eigenes Wollen dagegen? In den V.3 und 4 äußerte er sich dazu: Es sollen die Werke Gottes offenbar werden am Blindgeborenen. Diese Werke zu wirken auf Erden ist Jesus angetreten. Später in V.39 gibt Jesus seine Auffassung von Gericht zu erkennen und wir werden sehen am Kapitelende, wie weit diese vom menschlichen Begriff des Richtens abweicht.

Mit einem Blindgeborenen verbindet uns ein natürliches, starkes Mitgefühl, zu grausam vom Schicksal getroffen, erscheint uns solch ein Leben. Allein dadurch, daß es auf so viel Schönheit verzichten muß, welche uns unser Auge zu schenken vermag, allen voran die Sonne mit ihrem Licht.
Daß wir fast alle Blindgeborene sind im geistigen Sinne wenn wir diese Erde betreten, ist uns hingegen nicht bewußt. Bleibt einer gar Blindgeborener ein Leben lang, sind wir oft sehr ungnädig und selbstgerecht in unserem Urteil. Dabei bedürfen wir alle der Hilfe gerade auch und vor allem die Viel-Wisser unter uns die bereits , Sehenden ,.

Eine erste Hilfe zum Erweckt-Werden aus der Geistes-Nacht ist uns in die Wiege gelegt: das Denk- und Erkenntnisvermögen. Daran knüpft Christus an, wenn er sagt in V.4 „solange es Tag ist, muß ich wirken". Das ist im doppelten Sinn zu verstehen. Wenn wir schlafen, ruhen die Erkenntniskräfte. Es gibt aber auch Menschen, die einen weiten Bogen um diese Kräfte machen, ein Leben lang, denn Denken fordert ihnen eine zu große Überwindung ab. Zumindest in seinen etwas anspruchsvolleren Formen. Sie verbleiben lieber im warmen Dunkel ihrer alltäglichen Zerstreuungen.

Wenn aber die Zeit reif ist, greift Christus zum stärksten Sehend-Macher, zum Einsatz der spirituellen „Heil-Erde". In dem Speichelbrei, den Jesus anrührt („er spie auf die Erde und machte einen Brei aus dem Speichel und legte ihn auf des Blinden Augen"), ist die Erde die Substanz des Vaters aus der ersten

Schöpfung. Der Speichel sodann die Essenz des Wortes, des Logos, d.h. die Kraft des Sohnes, die durch Golgotha auf die Erde übergegangen ist. Im Wasser des Teiches Siloah dürfen wir die Kraft des Heiligen Geistes erblicken, der vom Vater ausgeht, also „gesandt" ist und den Sohn vertritt bei uns Menschen. Das Sehend-Machen des Menschen ist also eine Wirkung der Trinität, ins Werk gesetzt durch Christus und angelegt auf die kommenden Jahrtausende, so gewaltig ist der Anspruch, so schwach noch unsere Kräfte und unser Wollen. Aber der Weg dorthin ist eingeschlagen und Christus erwartet uns an seinem Ende.

*[17] Sie sprachen wieder zu dem Blinden: Was sagst du von ihm, daß er hat deine Augen aufgetan? Er aber sprach: Er ist ein Prophet. [18] Die Juden glaubten nicht von ihm, daß er blind gewesen und sehend geworden wäre, bis daß sie riefen die Eltern des, der sehend geworden war, [19] fragten sie und sprachen: Ist das euer Sohn, von welchem ihr sagt, er sei blind geboren? Wie ist er denn nun sehend? [20]Seine Eltern antworteten ihnen und sprachen: Wir wissen, daß dieser unser Sohn ist und daß er blind geboren ist. [21]Wie er aber nun sehend ist, wissen wir nicht; oder wer ihm hat seine Augen aufgetan, wissen wir auch nicht. Er ist alt genug, fragt ihn, läßt ihn selbst für sich reden. [22]Solches sagten seine Eltern, denn sie fürchteten sich vor den Juden. Denn die Juden hatten sich schon geeinigt: wenn jemand ihn als den Christus bekennte, der solle in den Bann getan werden. [23]Darum sprachen seine Eltern: Er ist alt genug, fraget ihn. [24]Da riefen sie zum andern Mal den Menschen, der blind gewesen war, und sprachen zu ihm: Gib Gott die Ehre! Wir wissen, daß dieser Mensch ein Sünder ist.*

*[25]Er antwortete: Ist er ein Sünder? Das weiß ich nicht; eines aber weiß ich: daß ich blind war und bin nun sehend. [26]Da sprachen sie zu ihm: Was tat er dir? Wie tat er deine Augen auf? [27]Er antwortete ihnen: Ich habe es euch schon gesagt, und ihr habt's nicht gehört! Was wollt ihr's abermals hören? Wollt ihr auch sene Jünger werden? [28]Da schmähten sie und sprachen: Du bist sein Jünger; wir aber sind des Mose Jünger. [29]Wir wissen, daß Gott mit Mose geredet hat; woher aber dieser ist, wissen wir nicht. [30]Der Mensch antwortete und sprach zu ihnen: Das ist ein wunderlich Ding, daß ihr nicht wisset, woher er ist, und er hat meine Augen aufgetan. [31]Wir wissen, daß Gott die Sünder nicht hört; sondern wenn jemand gottesfürchtig ist und tut seinen Willen, den hört er. [32]Vom Anbeginn der Welt hat man nicht gehört, daß jemand einem Blindgeborenen die Augen aufgetan habe. [33]Wäre dieser nicht von Gott, er könnte nichts tun.*

V.16: Auf diesem Wege lauern viele Hindernisse. So für die Juden die Starre ihrer Schriftauslegung: weil Jesus das Wunder am Sabbat vollbrachte, sagen die einen, sei er nicht von Gott. Für die anderen beweist es genau das Gegenteil, da Gott mit demjenigen sein müsse, der solche Wunder wirkte.

Die Rechthaberei der Juden macht sie blind gegenüber den Geboten ihres eigenen Glaubens. Das wird sichtbar in Etappen, bei gleichzeitiger Steigerung. Sie wollen von dem Geheilten wissen, wie er sehend geworden sei, glauben ihm aber nicht auf sein Wort hin. Seine Eltern erscheinen ihnen die verläßlicheren Zeugen. Sie verprellen sich diese aber, indem sie einen Gesprächsausgang im Sinne ihrer Voreingenommenheit einfordern. Das gleiche machen sie mit dem ehemals Blinden, an den die Eltern sie zurücküberwiesen hatten. In V.24 sagen sie „Gib Gott die Ehre! Wir wissen, daß dieser Mensch ein Sünder ist." Heißt soviel wie: Was wahr ist oder nicht wahr, bestimmen wir, einschließlich der Ehre vor Gott! Sie scheuen nicht zurück davor, auch noch ihn für ihre Zwecke zu instrumentalisieren. Für einen aufrichtigen und vernunftbegabten Menschen machen sie sich dadurch angreifbar, was der ehemals Blinde nutzt, indem er ihnen den Widerspruch zwischen den Grundsätzen ihres Glaubens und ihrem Verhalten mit feiner Ironie vor Augen führt (V.30-33). Man hat fast den Eindruck, wie wenn er hier die Dialektik der bisherigen Argumentation Jesu gegenüber der Verstocktheit der Pharisäer übernähme und fortführte.

*34Sie antworteten und sprachen zu ihm: Du bist ganz in Sünden geboren und lehrst uns? Und stießen ihn hinaus. 35Es kam vor Jesus, daß sie ihn ausgestoßen hatten. Und da er ihn fand, sprach er zu ihm: Glaubst du an des Menschen Sohn? 36Er antwortete und sprach: Herr wer ist's? auf das ich an ihn glaube. 37Jesus sprach zu ihm: Du hast ihn gesehen, und der mit dir redet, der ist's. 38Er aber sprach: Herr, ich glaube, und fiel vor ihm nieder.*

*39Und Jesus sprach: Ich bin zum Gericht in diese Welt gekommen, auf daß, die da nicht sehen, sehend werden, und die da sehen, blind werden. 40Solches hörten etliche der Pharisäer, die bei ihm waren, und sprachen zu ihm: Sind wir denn auch blind? 41Jesus sprach zu ihnen: Wäret ihr blind, so hättet ihr keine Sünde; nun ihr aber sprecht: Wir sind sehend, bleibt eure Sünde.*

V.34: Wie in Kap. 8 besprochen, bekommen so die Pharisäer den Spiegel ihres Verhaltens vorgehalten. Statt sich zu besinnen, werden sie nun persönlich. So reagiert der Mensch, der sich in den eigenen Argumenten verfängt, weil sie auf Sand gebaut sind. Sie sagen also zu dem sehend Gewordenen: „Du bist ganz in Sünden geboren und lehrst uns?!" Gegen Jesus hätten sie an dieser Stelle Steine erhoben, ihn stoßen sie nur hinaus. V.35-38 Dort wird er jedoch aufgefangen von Jesus selbst, der längst in ihm einen potentiellen Jünger heranreifen spürte.

Die V.39-41 sind die notwendige Ergänzung zum Eingang des Kapitels, weil sie den Zusammenhang herstellen, zwischen ‚sehen' und ‚sehend-werden' , , blind werden' und ‚Gericht'.

Und das nennt Jesus das Gericht: Die, die nicht sehen, sollen durch ihn sehend werden und die, die sehen, sollen blind werden. Das wirkt auf den ersten Blick verwirrend bis widersprüchlich, denn das Sehen, die geistige Klammer darin, wird jeweils wieder relativiert.

Langsam schält sich aber dieser rote Faden heraus: „ Sehen „ ist negativ besetzt und bezieht sich auf das Verhalten der Pharisäer, allgemein aber auf jeden Moralkodex, der seine Gebote über berechtigte Bedürfnisse des Menschen stellt. „ Sehend werden „ ist positiv besetzt und meint das Erweckt-Werden des einzelnen durch Christus und auf Christus hin, ist also das Ende seiner Blindheit.

Wer sich aber über Menschen und damit über Christus in diesem erhebt, verurteilt sich selbst zum „Blind-werden". Er verliert die Gnade, sich selbst erkennen zu können und wie er darinnen steht im Zusammenhang von Gott und Welt. Auf ihn wartet das Leiden an sich.

# Kapitel 10

### *Der gute Hirte*
*(Die neue Gemeinschaft, Ziel des befreiten Menschen)*

[1]*Wahrlich, wahrlich, ich sage euch; Wer nicht zur Tür hineingeht in den Schafstall, sondern steigt anderswo hinein, der ist ein Dieb und Räuber.* [2]*Der aber zur Tür hineingeht, der ist der Hirte der Schafe.* [3]*Dem tut der Türhüter auf, und die Schafe hören seine Stimme; und er ruft seine Schafe mit Namen und führst sie aus.* [4]*Und wenn er alle die Seinen hat hinausgelassen, geht er vor ihnen hin, und die Schafe folgen ihm nach; denn sie kennen seine Stimme.* [5]*Einem Fremden aber folgen sie nicht nach, sondern fliehen vor ihm; denn sie kennen der Fremden Stimme nicht.* [6]*Diesen Spruch sagte Jesus zu ihnen; sie verstanden aber nicht, was es war, das er zu ihnen sagte.* [7]*Da sprach Jesus wieder zu ihnen: Wahrlich, wahrlich, ich sage euch; Ich bin die Tür zu den Schafen.* [8]*Alle, die vor mir gekommen sind, die sind Diebe und Räuber; aber die Schafe haben ihnen nicht gehorcht.* [9]*Ich bin die Tür; wenn jemand durch mich eingeht, der wird gerettet werden und wird ein- und ausgehen und Weide finden.*

[10]*Ein Dieb kommt nur, daß er stehle, würge und umbringe. Ich bin gekommen, daß sie das Leben und volle Genüge haben sollen.* [11]*Ich bin der gute Hirte. Der gute Hirte läßt sein Leben für die Schafe.* [12]*Der Mietling aber, der nicht Hirte ist, des die Schafe nicht eigen sind, sieht den Wolf kommen und verläßt die Schafe und flieht; und der Wolf erhascht und zerstreut die Schafe.* [13]*Der Mietling flieht, denn er ist ein Mietling und achtet der Schafe nicht.* [14]*Ich bin der gute Hirte und kenne die Meinen und bin bekannt den Meinen,* [15]*wie mich mein Vater kennt und ich kenne den Vater. Und ich lasse mein Leben für die Schafe.* [16]*Und ich habe noch andere Schafe, die sind nicht aus diesem Stalle; und auch diese muß ich herführen, und sie werden meine Stimme hören, und wird eine Herde und ein Hirte werden.*

[17]*Darum liebt mich mein Vater, weil ich mein Leben lasse, auf das ich's wieder nehme.* [18]*Niemand nimmt es von mir, sondern ich lasse es von mir selber Ich habe Macht es zu lassen, und habe Macht es wiederzunehmen. Solch Gebot habe ich empfangen von meinem Vater.* [19]*Da ward abermals eine Zwietracht unter den Juden über diese Worte.* [20]*Viele unter ihnen sprachen: Er hat einen bösen Geist und ist unsinnig; was höret ihr ihm zu?* [21]*Die andern sprachen: Das sind nicht Worte eines Besessenen; kann ein Böser Geist auch der Blinden Augen auftun?*

Bisher hatte Jesus seine Jünger den Weg geführt, auf dem sie in seinem Geiste zur Entwicklung ihres individuellen Mensch-Seins gelangen sollten.

Nun hält er die Zeit für gekommen, sie den nächsten Schritt tun zu lassen, den zu einer neuen Gemeinschaft hin, in die jede Individuation münden muß, wenn wir nicht im Egoismus erkalten und uns verlieren sollen. Als Sinnbild dieses Schrittes steht die Schafherde mit ihrem Hirten, was uns zunächst mal erstaunen macht, gilt uns doch der Herdentrieb, der sich sogleich in unsere Vorstellung einschleicht, nicht eben als Synonym für individuelles Verhalten. Zumal die Vorstellungen und das Verhalten der Pharisäer ja auch auf solch ein Kollektiv, die blutsmäßige Abstammung mit dem Gleichschritt im Gesetzes-glauben, zurückgehen.

Das müßte also eine andere Herde mit einem anderen Geist sein!

Was erfahren wir über sie?

In V.3, 14 und 27 heißt es, daß die Schafe (der neue Mensch) auf die Stimme ihres Hirten hören. Sie sind nicht nur bereit, seiner Botschaft offen und aufnahmebereit zu begegnen, sondern sie sind auch fähig die leisen Töne dieser Stimme zu vernehmen, die Gnade eines Augenblicks zur Verwandlung zu „hören", d.h. zu ergreifen. So, wie wenn der gute Hirte seine Tiere an besonders duftende und schmackhafte Kräuter führt. Sie wissen, daß dieser Menschenführer immer und ausschließlich ihr Bestes will und vertrauen sich nur ihm an. Nicht blind, sondern in einer Wachheit, die ihre Entsprechung in der Zuneigung ihres Hirten zu ihnen hat.

So werden und sind sie eines Geistes, der wie ein Schutzschild nach außen wirkt. Kein Unberufener kann sie locken oder verführen. Sie würden an seiner Stimme den Ungeist erkennen und sich von ihm abwenden. Was für ein Bild!

Hätte das deutsche Volk etwas von diesem neuen Menschen in sich gehabt, wäre es der Versuchung 1933 als Herde nicht gefolgt. An der Stimme des „größten Feldherrn aller Zeiten" kann es jedenfalls nicht gelegen haben, denn wer sich stimmlich und mimisch so aufplustern muß bei Reden, wäre eigent-lich zu durchschauen gewesen.

Und heute? Sind es mehr Schafe geworden, die die Stimme der Versucher erkennen?Jetzt wo keiner mehr so offensichtlich rumschreit?

Ich wage es zu bezweifeln, weil der Dieb und Mörder, der in die Herde einbricht (V.10), sein Aussehen und Verhalten geändert hat. Wenn es einer wagt, wie jüngst Papst Franziskus, den weltweiten Kapitalismus z.B. in seiner Menschenverachtung auch nur zu benennen, wenden sich doch gleich die Alles- und Besserwisser ab und seien sie Mitglieder einer christlichen Partei. Wieviel Tote weltweit aber hat dieser moderne Kapitalismus mit all seinen Subphänomenen schon auf dem Gewissen!! Vom bedrohten Leben auf dem Planeten ganz zu schweigen.

Was macht den guten Hirten aus? V.3: Er ruft die einzelnen Schafe bei ihrem Namen und geht ihnen voran. „Ich habe dich bei deinem Namen gerufen, du bist mein", sagt der Herr. Er kennt jeden einzelnen Menschen und sucht mit ihm ins Gespräch zu kommen.

Wie hatte es im Nazistaat geheißen? „Du bist nichts, dein Volk ist alles!" Bei Christus ist es umgekehrt. Er hat den einzelnen im Blick und wartet in schier unendlicher Geduld auf ihn.

Der richtige Hirte geht zur Vordertür zu seiner Herde hinein, weil er keine unlauteren Absichten hat. Die Tür wird ihm geöffnet von innen, vom Türhüter. Diesen kann man sich als den Weisen und Erfahrenen aus der Herde vorstellen, der allein wegen der Autorität dieser Charakterzüge von der Herde erwählt wurde. Die Tür aber ist Christus selbst. Der Weg zur Erkenntnis und ewigem Leben führt nur über ihn,  „niemand kommt zum Vater denn durch mich". Und in V. 9/10 heißt es: „wenn jemand durch mich eingeht, der wird gerettet werden",... und Weide finden zur vollen Genüge."

So weit das Wollen und Suchen des Menschen reicht, wird er Antwort bei Christus finden, gegeben in Selbstlosigkeit. Der Dieb oder gemietete Hirt, der sich der Herde nähert, ist dagegen an seinem egoistischen Eigeninteresse zu erkennen.

V.11: Droht Gefahr, opfert sich der gute Hirte, der Mietling flieht. V.18 stellt klar, daß Jesu Opfertod willentlich geschieht. Er nennt es eine Entscheidung aus eigener Macht. Aus derselben „nimmt er das Leben wieder". Gemeint ist die Kraft, die ihn auferstehen läßt an Ostern. Jesus erlebt beides als Sinnerfüllung vom Vater her. Er weiß sich in der Übernahme dieses Auftrages geliebt von ihm.

V.16: „Ich habe noch andere Schafe, die ich herführen muß, damit sie eine Herde und ein Hirt werden." Damit sind alle Menschen gemeint, die Christus von sich aus suchen.

Für mich ist diese Gemeinschaft die eine christliche Kirche der Zukunft, jenseits aller Konfession.

Als Jesus versucht den Pharisäern diese Zusammenhänge klar zu machen, erntet er nur Unverständnis, ja Hass. Formen von Blindheit bei denen, die sich in ihm gespiegelt sehen. Die anderen im Volke, die von ihm überzeugt sind, halten ihren Glaubensbrüdern entgegen, V.21: „Kann ein böser Geist auch der Blinden Augen auftun?", ein Hinweis auf die Lehre aus Kap. 8.

Das „Mißverständnis" zwischen den Juden und Jesus:

*<sup></sup>22Es ward aber Tempelweihe zu Jerusalem und war Winter. 23Und Jesus wandelte im Tempel in der Halle Salomons. 24Da umringten ihn die Juden und sprachen zu ihm: Wie lange hältst du unsere Seele im Ungewissen? Bist du der Christus, so sage es frei heraus.*

*25Jesus antwortete ihnen: Ich habe es euch gesagt, und ihr glaubtet nicht. Die Werke, die ich tue in meines Vaters Namen, die zeugen von mir.*

*26Aber ihr glaubtet nicht, denn ihr seid nicht von meinen Schafen. 27Meine Schafe hören meine Stimme, und ich kenne sie, und sie folgen mir, 28und ich gebe ihnen das ewige Leben, und sie werden nimmermehr umkommen, und niemand wird sie aus meiner Hand reißen. 29Der Vater, der mir sie gegeben hat, ist größer als alles, und niemand kann sie aus meines Vaters Hand reißen. 30Ich und der Vater sind eins.*

*31Da hoben die Juden abermals Steine auf, daß sie ihn steinigen.*

*32Jesus antwortete ihnen: Viele gute Werke habe ich euch erzeigt von meinem Vater; um welches Werk unter ihnen steinigt ihr mich? 33Die Juden antworteten ihm: Um eines guten Werkes willen steinigen wir dich nicht, sondern um der Gotteslästerung willen und weil du als ein Mensch dich selber zu Gott machst. 34Jesus antwortete ihnen: Steht nicht geschrieben in eurem Gesetz (Ps. 82,6): „Ich habe gesagt: Ihr seid Götter?" 35Wenn er Götter die nennt, zu welchen das Wort Gottes geschah - und die Schrift kann doch nicht gebrochen werden - 36wie sprecht ihr denn zu dem, den der Vater geheiligt und in die Welt gesandt hat: Du lästerst Gott, - weil ich sagte: Ich bin Gottes Sohn? ³⁷Tue ich nicht die Werke meines Vaters, so glaubet mir nicht; ³⁸tue ich sie aber, so glaubet doch - wollt ihr mir nicht glauben - den Werken, damit ihr zur Erkenntnis kommt und in ihr bleibt, daß der Vater in mir ist und ich in ihm. ³⁹Da suchten sie abermals ihn zu greifen. Aber er entging ihnen aus ihren Händen ⁴⁰und zog hin wieder jenseits des Jordan an den Ort da Johannes zuvor getauft hatte und blieb allda. ⁴¹Und viele kamen zu ihm und sprachen: Johannes tat kein Zeichen; aber alles, was Johannes von diesem gesagt hat, das ist wahr. ⁴²Und glaubten allda viele an ihn.*

In V.30 sagt Jesus: „Ich und der Vater sind eins."

In V.38: ..."daß der Vater in mir ist und ich in ihm."

Beide Male ist die Reaktion der Pharisäer ein und dieselbe. Sie wollen Jesus dafür ans Leben. Jesus seinerseits kann das nicht nachvollziehen und erinnert sie an Psalm 82 ihrer Bibel, wo Götter die genannt werden, die vom Wort Gottes erreicht werden. Nach V.36 erscheint Jesus in keiner anderen Rolle, denn als Abgesandter und Geheiligter von Gott. In V. 37-38 rückt er geradezu flehentlich bittend seine Person in den Hintergrund und nennt sein Werk als sein Wesentliches, an welchem sie zu der Erkenntnis kommen könnten, daß er nur den Geist des Vaters ins Werk setze.

Die Antwort der Pharisäer aber ist eindeutig in V.33: „Um eines guten Werkes willen steinigen wir dich nicht, sondern..., weil du als ein Mensch dich selber zum Gott machst.

Die Menschen sind dermaßen in ihren irdischen Wertmaßstäben und damit Ehr- und Rangvorstellungen gefangen, daß sie sich nicht vorstellen können, daß ein Wesen etwas tun kann aus reiner Hingabe an die Sache und nicht, um damit Ansehen vor anderen zu erringen. Genau das aber herrscht als Realität im Himmel. Die Hierarchien handeln aus dem Geist der Hingabe an Gott-Vater. So auch der Sohn.

Der Mensch aber hat die Freiheit und damit die Versuchung, solange er noch nicht die Stufe des Menschen-Sohnes erreicht in der Nachfolge Christi. Von daher ist es folgerichtig, daß die Pharisäer die Person in Jesus sehen, ihr eigenes unerlöstes Spiegelbild, das sie nicht erkennen können, wohl aber bestrafen müssen.

Nicht daß Jesus um diese Gesetzmäßigkeit nicht gewußt hätte. Er weiß aber auch, daß es für den Menschen schlußendlich keinen anderen Weg gibt, als sich zur Erkenntnis seiner Lage durchzuringen und das Angebot Christi zu seiner Befreiung anzunehmen. Deswegen beschwört Jesus die Pharisäer, doch seinen Werken zu glauben, wenn sie schon nicht ihm als Person glauben könnten (V.38).

# Kapitel 11

### Auferweckung des Lazarus
*(oder: Das Stirb und Werde des Christen)*

*¹Es lag aber einer krank mit Namen Lazarus aus Bethanien, dem Dorfe Marias und ihrer Schwester Martha. ²Maria aber war es, die den Herrn gesalbt hat mit Salbe und seine Füße getrocknet mit ihrem Haar. Deren Bruder Lazarus war krank. ³Da sandten seine Schwestern zu ihm und ließen ihm sagen: Herr, siehe den du lieb hast, der liegt krank.*

*⁴Da Jesus das hörte, sprach er: Diese Krankheit ist nicht zum Tode, sondern zur Verherrlichung Gottes, daß der Sohn Gottes dadurch verherrlicht werde. ⁵Jesus aber hatte Martha lieb und ihre Schwester und Lazarus. ⁶Als er nun hörte, daß er krank war, blieb er noch zwei Tage an dem Ort, da er war; ⁷danach aber spricht er zu seinen Jüngern: Laßt uns wieder nach Judäa ziehen! ⁸Seine Jünger sprachen zu ihm: Meister, vor kurzem erst wollten die Juden dich steinigen, und du willst wieder dahin ziehen? ⁹Jesus antwortete: Sind nicht des Tages zwölf Stunden? Wer des Tages wandelt, der stößt sich nicht; denn er sieht das Licht dieser Welt. ¹⁰Wer aber des Nachts wandelt, der stößt sich; denn es ist kein Licht in ihm. ¹¹Solches sagte er, und danach spricht er zu ihnen: Lazarus unser Freund schläft, aber ich gehe hin, daß ich ihn aufwecke. ¹²Da sprachen seine Jünger: Herr, schläft er, so wird's besser mit ihm. ¹³Jesus aber sprach von seinem Tode; sie meinten aber, er rede vom leiblichen Schlaf. ¹⁴Da sagte Jesus es ihnen frei heraus: Lazarus ist gestorben; ¹⁵und ich bin froh um euretwillen, daß ich nicht da gewesen bin, auf daß ihr glaubet. Aber lasset uns zu ihm ziehen! ¹⁶Da sprach Thomas, der genannt ist Zwilling, zu den Jüngern:*

*Laßt uns mitziehen, daß wir mit ihm sterben!* [17]*Da kam Jesus und fand ihn schon vier Tage im Grabe liegen.* [18]*Bethanien aber war nahe bei Jerusalem, bei einer halben Stunde.*

[19]*Und viele Juden waren zu Martha und Maria gekommen, sie zu trösten über ihren Bruder.* [20]*Als Martha nun hörte, daß Jesus kommt, ging sie ihm entgegen; Maria aber blieb daheim sitzen.* [21]*Da sprach Martha zu Jesus: Herr, wärest du hier gewesen, mein Bruder wäre nicht gestorben.* [22]*Aber auch jetzt noch weiß ich, daß, was du bittest von Gott, das wird dir Gott geben.* [23]*Jesus spricht zu ihr: Dein Bruder wird auferstehen.*

[24]*Martha spricht zu ihm: Ich weiß wohl, daß er auferstehen wird in der Auferstehung am Jüngsten Tage.* [25]*Jesus spricht zu ihr: ,,Ich bin die Auferstehung und das Leben.*
*Wer an mich glaubt, der wird leben, ob er gleich stürbe;* [26]*und wer da lebet und glaubet an mich, der wird nimmerdar sterben. Glaubst du das?* [27]*Sie spricht zu ihm: Herr, ja ich glaube, daß du bist der Christus, der Sohn Gottes, der in die Welt gekommen ist.* [28]*Und da sie das gesagt hatte, ging sie hin und rief ihre Schwester Maria heimlich und sprach: Der Meister ist da und ruft dich.* [29]*Dieselbe, als sie das hörte, stand sie eilends auf und kam zu ihm.* [30]*Jesus aber war noch nicht in das Dorf gekommen, sondern war noch an dem Ort, da ihm Martha entgegen gekommen war.* [31]*Die Juden, die bei ihr im Hause waren und sie trösteten, da sie sahen, daß Martha eilends aufstand und hinausging, folgten sie ihr nach und dachten: Sie geht hin zum Grabe, daß sie daselbst weine.*

[32]*Als nun Maria dahin kam, wo Jesus war, und ihn sah, fiel sie zu seinen Füßen und sprach zu ihm: Herr, wärest du hier gewesen, mein Bruder wäre nicht gestorben.* [33]*Als Jesus sie sah weinen und die Juden auch weinen, die mit ihr kamen, ergrimmte er im Geist und ward betrübt in sich selbst* [34]*und sprach: Wo habt ihr ihn hingelegt? Sie sprachen zu ihm: Herr, komm und sieh es!* [35]*Und Jesus gingen die Augen über.* [36]*Da sprachen die Juden: Siehe, wie hat er ihn so lieb gehabt!* [37]*Etliche aber unter ihnen sprachen: Konnte, der dem Blinden die Augen aufgetan hat, nicht schaffen, daß auch dieser nicht stürbe?* [38]*Da ergrimmte Jesus abermals in sich selbst und kam zum Grabe. Es war aber eine Höhle, und ein Stein davor gelegt.* [39]*Jesus sprach: Hebt den Stein weg! Spricht zu ihm Martha, die Schwester des Verstorbenen: Herr, er stinkt schon; denn er hat vier Tage gelegen.* [40]*Jesus spricht zu ihr: Habe ich dir nicht gesagt: wenn du glaubtest, so würdest du die Herrlichkeit Gottes sehen?* [41]*Da hoben sie den Stein weg. Jesus aber hob seine Augen empor und sprach: Vater,*

*ich danke dir, daß du mich erhört hast. <sup>42</sup>Ich wußte wohl, daß du mich allezeit hörst; aber um des Volks willen, das umhersteht, habe ich geredet, damit sie glauben, daß du mich gesandt hast. <sup>43</sup>Da er das gesagt hatte, rief er mit lauter Stimme: Lazarus, komm heraus! <sup>44</sup>Und der Verstorbene kam heraus, gebunden mit Grabtüchern an Füßen und Händen und sein Angesicht verhüllt mit einem Schweißtuch. Jesus spricht zu ihnen: Löset die Binden und lasset ihn gehen! <sup>45</sup>Viele nun von den Juden, die zu Maria gekommen waren und sahen, was Jesus tat, glaubten an ihn.*

*<sup>46</sup>Etliche aber von ihnen gingen hin zu den Pharisäern und sagten ihnen, was Jesus getan hatte. <sup>47</sup>Da versammelten die Hohepriester und Pharisäer den Rat und sprachen: Was tun wir? Dieser Mensch tut viele Zeichen. <sup>48</sup>Lassen wir ihn so, dann werden sie alle an ihn glauben, und es werden die Römer kommen und nehmen uns Land und Leute. <sup>49</sup>Einer aber unter ihnen, Kaiphas, der desselben Jahres Hoherpriester war, sprach zu ihnen: Ihr wisset nichts; <sup>50</sup>ihr bedenket auch nicht: Es ist euch besser, ein Mensch stürbe für das Volk, als daß das ganze Volk verdürbe. <sup>51</sup>Solches aber redete er nicht von sich selbst, sondern, weil er desselben Jahres Hoherpriester war, weissagte er. Denn Jesus sollte sterben für das Volk, <sup>52</sup>und nicht für das Volk allein, sondern damit er auch die Kinder Gottes, die zerstreut waren, zusammen brächte. <sup>53</sup>Von dem Tage an war es für sie beschlossen, daß sie ihn töteten. <sup>54</sup>Jesus aber wandelte nicht mehr öffentlich unter den Juden, sondern ging von dannen in eine Gegend nahe bei der Wüste, in eine Stadt, genannt Ephraim, und blieb daselbst mit seinen Jüngern. <sup>55</sup>Es war aber nahe das Ostern der Juden; und es gingen aus der Gegend viele hinauf nach Jerusalem vor Ostern, daß sie sich reinigten. <sup>56</sup>Da standen sie und fragten nach Jesus und redeten miteinander im Tempel: Was dünkt euch? Wird er wohl kommen auf das Fest? <sup>57</sup>Es hatten aber die Hohenpriester und Pharisäer ein Gebot ausgehen lassen: wenn jemand wüßte, wo er wäre, solle er's anzeigen, damit sie ihn greifen könnten.*

Dieses Kapitel ist die Grundlage meiner Ausführungen zu Lazarus beim Thema - „Wer ist Johannes?" Beides ist im Verbund zu lesen und zu bedenken. In beidem ist vom Schlaf und Tod die Rede. Nur führt uns des Johannes Klarheit auf einem anderen Wege in das ein, was ich am Ende meiner Gedanken zu Lazarus, das Mysterium des kommenden, neuen Menschen nenne.

Die Auferweckung des Lazarus ist das einzige Wunder, das auf den ersten Blick wie ein ‚dynamis' erscheint, wie eine Tat aus der reinen Machtfülle des Jesus heraus. Einen Menschen aus dem Tode zurückzuholen, trägt diesen Zug. Semeion und Allegorie sind nicht zu erkennen, sie fehlen schlicht und einfach.

Statt ihrer finden wir einen Schlüssel zum Verständnis des Geschehens und die Antwort darauf im folgenden Kapitel 12.

Als die Schwestern des Lazarus Jesus ihre Besorgtheit mitteilen, daß der, den er lieb hatte, schwer erkrankt sei, sagt er in V.4 : „Diese Krankheit ist nicht zum Tode, sondern zur Verherrlichung Gottes, daß der Sohn dadurch verherrlicht werde. Wie kann eine Krankheit zum leiblichen Tod (V.14 „Lazarus ist gestorben", Jesus sprach von seinem Tode) eine Verherrlichung Gottes darstellen? Braucht denn Gott unser Leid, um sich in seiner Macht zu sonnen?

Jesus sagt im folgenden Kapitel 12, V.23, was er unter dieser Verherrlichung versteht: „Die Zeit ist gekommen, daß des Menschen Sohn verherrlicht werde." Die Verherrlichung ist danach kein Zustand, wo sich ein Wesen in einer Gloriole selbst bespiegelt oder von außen bespiegeln läßt, sondern ein Vorgang, der an die Erfüllung zeitlicher Bedingungen gebunden ist.

Was die Verherrlichung inhaltlich ist, gibt uns Johannes wieder in Form des Gleichnisses vom Weizenkorn. Johannes bleibt also auch in diesem Wunder seinem Stil-Aufbau treu, wenn auch schwer erkennbar.

Das Gleichnis vom Weizenkorn: wenn das Samenkorn in die Erde gelegt wird, beginnt für es eine Art Sterbe-Prozess, der bei näherem Hinsehen sich jedoch als Verwandlungsprozeß erweist. Indem die alte Form des Korns vergeht, erwächst aus ihr die neue Form des Keimlings. Dieser wiederum gebiert aus sich den Halm mit der Ähre, die Frucht um ein Vielfaches bringt.

Und so erklärt uns Jesus dieses Gleichnis: V.25 Nur wer bereit ist, sein Leben so hinzugeben, einzusetzen wie das Samenkorn, der wird es erhalten zum ewigen Leben. Wer es dagegen zu bewahren sucht, d.h. es nicht einsetzt, opfert, wird es dauerhaft verlieren.

In V.27 bezieht das Jesus auch auf sich „Darum bin ich in diese Stunde gekommen" und meint damit seinen Weg nach Golgotha. Verherrlichung vor Gott und dem Sohn, ist also nichts anderes, als die Bereitschaft durch den Tod zu gehen, um daraus aufzuerstehen zur Fruchtbringung. Der Tod verliert so sein Stigma des Endgültigen, wird vielmehr zum Freund, zum Wandler. „Tod wo ist dein Stachel, Hölle wo ist dein Sieg"?

An ihrem Ausgang steht das Verwandelt-Werden im Sinne der Nachfolge Christi, um auf der Basis dieses Geistes für unseren Nächsten und uns selbst fruchtbar sein zu können. Was das mit Lazarus zu tun hat? Mit seinem Sterben und Auferweckt-Werden kann auch die Geschichte des Lazarus nicht beendet sein. Er muß als Verwandelter wieder erscheinen wenn sich Jesu Wort von der Verherrlichung erfüllen soll. Die Verherrlichung des Sohnes besteht nicht in der Wundermacht, daß Jesus vom Tode auferwecken kann, sondern in dem Verwandlungspotential, in der Opferkraft zum Fruchtbringen hin, die er in einem Menschen bewirkt. Und er geht uns auf diesem Weg als Beispiel voran. Wie aber hängt die Verwandlung des Menschen mit der Verherrlichung des Sohnes zusammen?

Das Opfer, das der Mensch zu bringen bereit ist, adelt das Opfer, das Christus brachte mit seinem Gang nach Golgotha. Dieser ist schließlich die Verherrlichung des Sohnes vom Vater her. Deswegen sagt Jesus in Kap. 12, V.26: „Und wer mir dienen wird, den wird mein Vater ehren." Im gleichen Sinn: „Niemand kommt zum Vater, denn durch mich."


Wer also ist und wo muß wieder erscheinen der verwandelte Lazarus?

In Kap. 12, V.10 ist noch einmal von Lazarus die Rede. Die Hohenpriester wollen Jesus und ihn töten, weil mehr und mehr Menschen in Jesus den angekündigten Messias sehen wegen seiner Auferweckung des Lazarus. Da nimmt man den Zeugen Lazarus am besten gleich mit. Wovor hatten die Pharisäer solche Angst?

Ihr Verständnis vom kommenden Messias besagte, daß dieser auch ein weltlicher König sein würde und als solcher über die Welt herrschen. Als Kollaborateure der Römer wußten sie andererseits, daß diese ein solches, freies jüdisches Reich auf ihrem Territorium nicht dulden würden und mithin Macht und Einfluß der Pharisäer auf dem Spiel standen.

Schon ein Kapitel weiter, in Kap. 13, begegnen wir einer Gestalt, die obwohl erstmalig erwähnt, dennoch wie selbstverständlich, eingeführt wird, so, wie wenn sie schon immer da gewesen wäre. Es ist der Jünger, den Jesus lieb hatte. Sinnbild dazu ist sein: „An der Brust Jesu liegen". In V.21 hatte Jesus den Jüngern gesagt: „Einer unter euch wird mich verraten."

Die V.25-26 belegen, daß der neue Jünger über übernatürliche Fähigkeiten verfügt, weil er als einziger die Gedanken Jesu zu lesen versteht und so die sehr menschliche Neugier des Petrus zurückweisen kann. Welche Frucht aber

wird dieser Jünger noch bringen, um im Bilde des Gleichnisses vom Samenkorn zu bleiben? Das zeigt sich erst in der Zukunft, wenn er mit Maria unter
dem Kreuze steht und am Ende des Evangeliums in Kap. 21, wo Jesus von
ihm sagt: „...ich will, daß er bleibe, bis ich komme."

Über letzteres wird ausführlich nachgedacht im Kapitel ‚Autorenschaft des 4.
Evangeliums'. Aus der Perspektive des Aufbaus und des Stiles des Evangeliums sei es hier nochmals zusammengefaßt:

- Durch die Rätselsprache seiner Sinnbilder will der Evangelist die in jedem
Menschen veranlagte, aber meist schlafende Kraft der Verlebendigung des
Geistes wachrufen.

- Dieser Geist ist die verwandelnde Kraft Christi in uns.

- Diese Kraft führt uns zur Selbsterkenntnis und aus dieser heraus zu einem
anderen Umgang mit dem Leben auf der Erde und einem anderen Verständnis
unseres Nächsten.

Zusammenfassend läßt sich sagen: Das Fruchtbringen des Lieblingsjüngers
Christi ist nichts anderes, als das ‚Stirb und Werde' des einzelnen mit vorbe-
reiten zu helfen, der sein Evangelium studiert. So soll und will er seinen
Beitrag leisten die Wiederkunft Christi vorzubereiten.

Eine andere Hinführung ist diese: Der Blindgeborene aus Kap.9 wird von
Jesus aufgefangen und durch sein Bekenntnis zu dessen Jünger.

Die Frage sei erlaubt, um wieviel mehr wir diese Bereitschaft, Jünger Jesu zu
werden, beim auferweckten Lazarus vermuten müssen. Daß davon in Kap.11
selbst noch keine Rede ist, erklärt sich so: In V.44 sagt Jesus zu denen, die
Zeugen der Auferweckung sind: „Löset die Binden und lasset ihn gehen."
Jesus weiß, daß ob der Wucht des Erlebnisses, Lazarus jetzt erst mal allein
sein muß, um wieder Boden unter die Füße zu bekommen und das Unfaßbare
zu begreifen, Daß er diesem Menschenführer nicht angehören sollte, nun in
einer Innigkeit, die das bisherige Meister-Schüler-Verhältnis weit übersteigt,
kann man sich nicht wirklich vorstellen.

Dazu kommt, daß Johannes den Leser oder Hörer immer mit ins Geschehen
hineinzunehmen sucht. Dieser soll selbst die geheimen Fäden und Zusammenhänge aufdecken und seien sie noch so verstreut im Text, um sich so durch ein

Verwandeln seines Denkens und Fühlens auf Christus zuzubewegen. Nichts weniger ist der Auftrag und Anspruch dieses Evangeliums. Wer in erster Linie historische Authentizität sucht, sollte das nicht unbedingt bei Johannes tun.

# Kapitel 12

## *Salbung zu Bethanien / Annäherung an Judas*

*[1]Sechs Tage vor Ostern kam Jesus nach Bethanien, wo Lazarus war, welchen Jesus auferweckt hatte von den Toten. [2]Daselbst machten sie ihm ein Mahl, und Martha diente; Lazarus aber war deren einer, die mit ihm zu Tische lagen. [3]Da nahm Maria ein Pfund Salbe von unverfälschter,, köstlicher Narde und salbte die Füße Jesu und trocknete mit ihrem Haar seine Füße; das Haus aber ward voll vom Geruch der Salbe. [4]Da sprach seiner Jünger einer, Judas Ischariot, der ihn hernach verriet: [5]"Warum ist diese Salbe nicht verkauft um dreihundert Silbergroschen und den Armen gegeben? [6]Das sagte er aber nicht, weil er nach den Armen fragte, sondern er war ein Dieb und hatte den Beutel und nahm an sich, was gegeben ward. [7]Da sprach Jesus: Laß sie mit Frieden! Mag es gelten für den Tag meines Begräbnisses. [8]Denn Arme habt ihr allezeit bei euch; mich aber habt ihr nicht allezeit.*

*[9]Da erfuhr viel Volks der Juden, daß er daselbst war, und kamen nicht allein um Jesu willen, sondern damit sie auch Lazarus sähen, welchen er von den Toten erweckt hatte.*

*[10]Aber die Hohepriester beschlossen, daß sie auch Lazarus töteten; [11]denn um seinetwillen gingen viele Juden hin und glaubten an Jesus.*

Jesus ist im Hause des auferweckten Lazarus zu Gast mit seinen Jüngern. Die Schwestern des Lazarus, Martha und Maria, haben ein Dankesmahl für die Errettung ihres Bruders bereitet, was aber wegen des bevorstehenden Todes Jesu, zum Abschiedsmahl wird.

Maria muß die kommenden Ereignisse voraus geahnt haben und salbt die Füße Jesu mit Narde, einem kostbaren, teuren Öl. Sie will ihm den schweren Gang, der auf ihn wartet, erleichtern. Die Worte Jesu in V.7 „Mag es gelten für den Tag meines Begräbnisses", bestätigen unsere Einschätzung. Die Tat der Maria speist sich aus einem Überfluß an seelischen und geistigen Fähigkeiten. Sie ist imstande, sich an die Stelle eines anderen Wesens zu versetzen und mit ihm zu empfinden.

Das ist nur einem Menschen möglich, der statt vom Ego bestimmt zu sein, aus der Stärke und Wärme eines ‚Ich' heraus handelt, das in der Liebe seinen Weg und sein Ziel gefunden hat. Das Mehr, das solche Menschen geben können als der Durchschnitt, kommt denen zugute, die weniger begnadet durchs Leben gehen müssen oder an ihm leiden. Diese sich verschenkende Liebe ist nicht einfach eine Naturkraft, sondern geht hervor aus einer Vereinigung hoher Gemüts- und Gefühlskräfte mit einem entsprechenden Bewußtsein. Wir dürfen in Maria den Vertreter eines neuen Geistes des Menschen sehen auf seinem Wege zu Christus. Damit steht sie so recht in Opposition zum Verhalten und Räsonieren des Judas, der den Einsatz des teuren Öles als Verschwendung geißelt und als Entzug an den Armen.

Judas kommt sehr schlecht weg in der Darstellung bei Johannes. In V.6 heißt es: „...*er war ein Dieb und hatte den Beutel und nahm an sich, was gegeben ward.*"

Mit anderen Worten: Judas war der Kassenwart der Gruppe um Jesus und hat offensichtlich einiges von den Spenden, die sie bekamen auf ihrem Zug durchs Land, privat abgezweigt.

Es ist schwer vorstellbar, daß Jesus einen Jünger mit einer Aufgabe betraute, dessen dafür ungeeignete Anlage er mit Sicherheit kannte. Ein Vergleich mit dem Verrat am Herrn um die berühmten 30 Silberlinge verbietet sich deswegen, weil dieser Weltgeschichte machende Moment weit über die Rolle des Menschen Judas hinausging.

Um zu einem Verständnis zu kommen, wollen wir Verhalten und Argumente des Judas zu uns sprechen lassen. Wo er die Bedeutung des Augenblickes empfinden und ins Bewußtsein heben sollte, nämlich was auf seinen Herrn zukommt, da fehlt Judas jede Möglichkeit zur Empathie. Stattdessen schlüpft er in die Rolle eines soziale Verantwortung Tragenden, aber nur, um sich dadurch zu erhöhen vor den anderen und seinen Mangel an Mitempfinden und

Liebeskraft zu verstecken. Sein Verhalten und Denken ist Kalkül, halb bewußt, halb unbewußt. Damit ist Judas der Vertreter eines bindungslosen Verstandes. So wird er für die Mitmenschen nicht zum Segen, sondern er vorenthält der Gemeinschaft, was Maria an Mehr ihr zu geben hat. Darin liegt das unsoziale Verhalten des Judas und Johannes kleidet es, wie wir das von ihm kennen, in eine Allegorie, die vom Dieb, der das Geld seiner Kameraden veruntreut. Statt der Gemeinschaft zu geben, wo sie geistige Klarheit und seelische Wärme bräuchte, „entwendet" Judas in einem übertragenen Sinn, ja ärger noch, er lebt von der Substanz anderer.

Damit wird er zum Gegenpol der Maria mit ihrer selbstlosen Liebe. Beide Pole aber begrenzen die Bandbreite der Antriebe menschlichen Handelns, was in Kapitel 12 anklingt und in Kapitel 13, der Fußwaschung, seinen vorläufigen Höhepunkt und seinem Ausblick in die Zukunft zustrebt. Es ist dies die aus den Himmeln herniedergestiegene Liebe, das Ziel unserer Menschwerdung.

*[12]Des anderen Tages, da viel Volks auf"s Fest gekommen war, hörte, daß Jesus käme nach Jerusalem, [13]nahmen sie Palmzweige und gingen hinaus ihm entgegen und schrien:*

*Hosianna ! Gelobt sei, der da kommt im Namen des Herrn, der König von Israel. [14]Jesus aber fand ein Eselsfüllen und ritt darauf; wie denn geschrieben steht (Sach. 9.9) :*

*[15] „Fürchte dich nicht, du Tochter Zion! Siehe, dein König kommt, reitend auf einem Eselsfüllen. " [16]Solches aber verstanden seine Jünger zuerst nicht; aber als Jesus verherrlicht ward, da dachten sie daran, daß solches von ihm geschrieben war und man solches ihm getan hatte. [17]Das Volk aber, das mit ihm war, als er Lazarus aus dem Grabe rief und von den Toten auferweckte, rühmte die Tat. [18]Darum ging ihm auch das Volk entgegen, da sie hörten, er hätte solches Zeichen getan. [19]Die Pharisäer aber sprachen untereinander: Ihr sehet, daß ihr nichts ausrichtet; siehe alle Welt läuft ihm nach!*

*[20]Es waren aber etliche Griechen unter denen, die hinaufgekommen waren, daß sie anbeteten auf dem Fest. [21]Die traten zu Philippus, der von Bethsaida aus Galiläa war, baten ihn und sprachen: Herr wir wollen Jesus gerne sehen. [22]Philippus kommt und sagt's Andreas, und Philippus und Andreas sagten's Jesus weiter. [23]Jesus aber antwortete ihnen und sprach: Die Zeit ist gekommen, daß der Menschensohn verherrlicht werde.*

*<sup>24</sup>Wahrlich, wahrlich, ich sage euch: Wenn das Weizenkorn nicht in die Erde fällt und erstirbt, so bleibt's allein; wenn es aber erstirbt, so bringt es viel Frucht. <sup>25</sup>Wer sein Leben lieb hat, der wird's verlieren; und wer sein Leben auf dieser Welt hasset; der wird's erhalten zum ewigen Leben. <sup>26</sup>Wer mir dienen will, der folge mir nach; und wo ich bin, da soll mein Diener auch sein. Und wer mir dienen wird, den wird mein Vater ehren.*

*<sup>27</sup>Jetzt ist meine Seele erschüttert. Und was soll ich sagen? Vater hilf mir aus dieser Stunde? Nein, darum bin ich in diese Stunde gekommen. <sup>28</sup>Vater, verherrliche deinen Namen! Da kam eine Stimme vom Himmel: Ich habe ihn verherrlicht und will ihn abermals verherrlichen. <sup>29</sup>Da sprach das Volk, das dabeistand und zuhörte: Es donnerte. Die andern sprachen: Es redete ein Engel mit ihm. <sup>30</sup>Jesus antwortete und sprach: Diese Stimme ist nicht um meinetwillen geschehen, sondern um euretwillen. <sup>31</sup>Jetzt geht das Gericht über die Welt; nun wird der Fürst dieser Welt ausgestoßen werden.*

*<sup>32</sup>Und ich, wenn ich erhöht werde von der Erde, so will ich alle zu mir ziehen. <sup>33</sup>Das sagte er aber, zu zeigen, welches Todes er sterben würde.*

Als Jesus in Jerusalem einzieht, kulminiert der Kontrast zwischen den Erwartungen der Menschen an ihn und seiner ihm vom Vater bestimmten Rolle. Die Menschen erwarten auch den weltlichen König, dem beim Einzug ein stolzes Roß gebührte. Jesu Reittier ist jedoch ein Eselsfüllen, das Zeichen von Ergebenheit, Sanftmut und Friedfertigkeit. Einstweilen hat das Volk noch einen Ersatz zu seiner Befriedigung: Es jubelt Jesus zu um der Macht-Tat der Auferweckung des Lazarus willen.

In V.20 ist die Rede von einer Gruppe Griechen, die Antworten bei Jesus suchen und sich daher an den Jünger Philippus wenden, weil er ja griechische Wurzeln hat. Er soll bei Jesus um ein Gespräch nachsuchen. Das Griechentum hatte mit der Entwicklung der Philosophie sich von der mythischen Welt eines polytheistischen Götterhimmels mehr und mehr verabschiedet und suchte seitdem nach einer neuen metaphysischen Verankerung. Die Logoslehre eines Heraklit von Ephesus oder eines Philo von Alexandrien war die denkerische Vorahnung dessen, was später als Christentum seine Verkörperung auf Erden suchte. Meinschheits-formender Geist ist zuerst da und sucht sodann Individuen, die ihn er- und begreifen können. In Paulus hatte er zudem sein Willenselement gefunden, als dieser vor dem Areopag den Athenern ihren unbekannten Gott als den erschienenen Christus bekannte.

Nicht die in vorausgehenden Kulturen bruchstückhaft vorgefundenen Elemente haben später die Botschaft Christi mitgeformt, sondern der Logos, das Wort aus dem Vatergott, hat seine Erdenfahrt vielfältig vorbereitet in Zeiten und Menschenseelen. Seit Geist war das treibende Element, das seinem Erscheinen auf Erden lange vorausging. Für solche suchenden Menschen also spricht Jesus in V. 23-26 nochmals sein Heilsversprechen aus, nämlich seine Verherrlichung im Bilde des Samenkorns und seine Rettungszusage an jeglichen seiner zukünftigen Schüler.

*[34]Da antwortete ihm das Volk: Wir haben gehört im Gesetz, daß der Christus ewiglich bleibe; und wie sagst du denn: Des Menschen Sohn muß erhöht werden? Wer ist dieser Menschensohn? [35]Da sprach Jesus zu ihnen: Es ist das Licht noch eine kleine Zeit bei euch. Wandelt, so lange wie ihr das Licht habt, damit euch die Finsternis nicht überfalle. Wer in der Finsternis wandelt, der weiß nicht, wo er hingeht.*

*[36]Glaubet an das Licht, solange ihr' habt, auf daß ihr des Lichtes Kinder werdet.*

*Solches redete Jesus und ging weg und verbarg sich vor ihnen. [37]Und ob er wohl solche Zeichen vor ihnen getan hatte, glaubten sie doch nicht an ihn; [38]auf daß erfüllt werde der Spruch des Propheten Jesaja, den er sagte (Jes. 53.1): „Herr, wer glaubt unsrem Predigen? Und wem ist der Arm des Herrn offenbart?" [39]Darum konnten sie nicht glauben, denn Jesaja sagte abermals (Jes. 6,9.10): [40]Er hat ihre Augen verblendet und ihr Herz verstockt, daß sie mit den Augen nicht sehen noch mit dem Herzen vernehmen und sich bekehren, und ich ihnen hülfe." [41]Solches sagte Jesaja, da er seine Herrlichkeit sah, und redete von ihm. [42]Doch auch der Obersten glaubten viele an ihn; aber um der Pharisäer willen bekannten sie sich nicht, auf daß sie nicht in den Bann getan würden. [43]Denn sie hatten lieber die Ehre bei den Menschen als die Ehre bei Gott.*

*[44]Jesus aber rief und sprach: Wer an mich glaubt, der glaubt nicht an mich, sondern an den, der mich gesandt hat. [45]Und wer mich sieht, der sieht den, der mich gesandt hat. [46]Ich bin gekommen in die Welt ein Licht, damit, wer an mich glaubt, nicht in der Finsternis bleibe. [47]Und wer meine Worte hört und bewahrt sie nicht, den werde ich nicht richten; denn ich bin nicht gekommen, daß ich die Welt richte, sondern daß ich die Welt rette. [48]Wer mich verachtet und nimmt meine Worte nicht auf, der hat schon seinen Richter: Das Wort, welches ich geredet habe, das wird ihn richten am Jüngsten Tage. [49]Denn ich*

*habe nicht von mir selber geredet; sondern der Vater, der mich gesandt hat,*
*der hat mir ein Gebot gegeben, was ich sagen und reden soll.* [50] *Und ich weiß,*
*daß sein Gebot ist das ewige Leben. Darum was ich rede, das rede ich so, wie*
*mir der Vater gesagt hat.*

Wenig später schon beginnt die Stimmung zu kippen, weil Jesus als Menschen-Sohn so gar nicht den Vorstellungen der Menschen zu entsprechen scheint, die sie vom verheißenen Messias haben und vom Endzeit-Dauer-Glück, das ihrem Volke prophezeit war.
Der von Jesus angekündigte Kreuzestod, seine Erhöhung, wird auch die Widersacher-Mächte auf den Plan rufen, den Fürsten dieser Welt. Man hat den Eindruck, wie wenn dieser als eine Macht aus der Himmelswelt verstoßen wurde, um auf Erden aktiv werden zu können. In diesem Licht erscheint V.35 „wandelt, solange ihr das Licht (Christus) habt, damit euch die Finsternis nicht überfalle...", und ihr des Lichtes Kinder werdet."
V.31: Wie ist zu verstehen, daß mit dem Fürsten dieser Welt „das Gericht über die Welt hereinbricht"? V.48 gibt die Antwort: „Wer mich verachtet..., der hat schon seinen Richter." Indem sich der Mensch dem Negativen öffnet, verurteilt er sich selbst. Wir müssen das als ein Ergebnis unserer Veranlagung zur Freiheit ansehen, die ein so hohes Gut darstellt, daß selbst Christus nicht korrigierend in sie eingreift. Ihm bleibt nur zu hoffen, daß der Mensch seine leise Stimme dennoch wahrnimmt eines Tages.

# Christian Morgenstern

*„Liebt das Böse - gut!"*
*lehren tiefe Seelen,*
*Lernt am Hasse stählen -*
*Liebesmut !*

*,Brüder!' - Hört das Wort!*
*Daß es Wahrheit werde -*
*und dereinst die Erde*
*Gottes Ort!*

*D i e   F u s s w a s c h u n g*

*Ich danke dir, du stummer Stein,*
*und neige mich zu dir hernieder:*
*Ich schulde dir mein Pflanzensein.*

*Ich danke euch, ihr Grund und Flor,*
*und bücke mich zu euch hernieder:*
*Ihr halft zum Tiere mir empor.*

*Ich danke euch, Stein, Kraut und Tier,*
*und beuge mich zu euch hernieder:*
*Ihr halft mir alle drei zu Mir.*

*Wir danken dir, du Menschenkind,*
*und lassen fromm uns vor dir nieder:*
*weil dadurch, daß du bist, wir sind.*

*Es dankt aus aller Gottheit Ein-*
*und aller Gottheit Vielfalt wieder.*
*In Dank verschlingt sich alles Sein.*

# Kapitel 13

### Die Fußwaschung
*(Entmystifizierung des Judas / wieviel Judas steckt in uns?)*

*[1]Vor dem Osterfest aber erkannte Jesus, daß seine Stunde gekommen war, daß er aus dieser Welt ginge zum Vater, und wie hatte er geliebt die Seinen, die in der Welt waren, so liebte er sie bis ans Ende. [2]Und bei dem Abendessen, da schon der Teufel hatte dem Judas, Simons Sohn, dem Ischariot, ins Herz gesehen, daß er ihn verriete [3]und Jesus wußte, daß ihm der Vater hatte alles in seine Hände gegeben und daß er von Gott gekommen war und zu Gott ging: [4]stand er vom Abendmahl auf, legte seine Kleider ab und nahm einen Schurz und umgürtete sich. [5]Danach goß er Wasser in ein Becken, hob an, den Jüngern die Füße zu waschen, und trocknete sie mit dem Schurz, mit dem er umgürtet war. [6]Da kam er zu Simon Petrus; der sprach zu ihm: Herr solltest du mir meine Füße waschen?*

*[7]Jesus antwortete und sprach zu ihm: Was ich tue, das weißt du jetzt nicht; du wirst es aber hernach erfahren. [8]Da sprach Petrus zu ihm: Nimmermehr sollst du mir die Füße waschen! Jesus antwortete ihm: Werde ich dich nicht waschen, so hast du kein Teil an mir. [9]Spricht zu ihm Simon Petrus: Herr, nicht die Füße allein, sondern auch die Hände und das Haupt!*

*[10]Spricht Jesus zu ihm: Wer gewaschen ist, der bedarf nichts als noch die Füße waschen; denn er ist ganz rein. Und ihr seid rein, aber nicht alle. [11]Denn er wußte seinen Verräter wohl; darum sprach er: Ihr seid nicht alle rein.*

*[12]Da er nun ihre Füße gewaschen hatte, nahm er seine Kleider und setzte sich wieder nieder und sprach abermals zu ihnen: Wisset ihr, was ich euch getan habe? [13]Ihr heißet mich Meister und Herr und saget recht daran, denn ich bin's auch.*

*[14]Wenn nun ich, euer Herr und Meister, euch die Füße gewaschen habe, so sollt ihr auch euch untereinander die Füße waschen.. [15]Ein Beispiel habe ich euch gegeben, daß ihr tut, wie ich euch getan habe.*

Es ist die Zeit vor Ostern und Jesus legt sich Rechenschaft ab darüber, daß seine Stunde nahe ist. Von Angst ist jedoch nichts in ihm, denn er sagt in Kap.12 V.28 von diesem Augenblick „Vater, verherrliche deinen Namen!"

Aus seiner unbegrenzten Liebe heraus denkt er vielmehr an die, die er zurücklassen muß auf Erden, seine Jünger, oder eben die Seinen, d.h. alle Menschen,
die ihn suchen. Deshalb beschließt Jesus, diesen ein Symbol seiner Liebe zu
hinterlassen, als Stärkung untereinander gedacht: die Fußwaschung. Darin
wäscht er als Herr seinen Dienern die Füße. In der menschlichen Gesellschaft
mit ihrem ‚Ehr- und Rangdenken' wird eher die umgekehrte Ordnung prakti-
ziert. Da muß der Besiegte zur Demütigung dem Sieger die Füße küssen, bzw.
waschen. Damit erweist sich das Ehr- und Rangdenken vor der Welt als
Gegenpol zur Liebe Christi.

Hier sollen zunächst ein paar meditative Gedanken folgen zum Thema Liebe
und Ehre-Suchen vor der Welt, um uns besser einstimmen zu können auf den
Geist der Fußwaschung.

Es klang schon mehrfach an, daß die Liebe, die Jesus mit auf Erden bringt, ein
Abbild der Wirklichkeit ist, die im Himmel herrscht. Dort dient ein Wesen
dem anderen, ohne nach seinem Rang zu fragen und alle wissen sich in der
Liebe zum und vom Vater vereint.

Wahre Liebe ist also ein Kraftquell, der sich verströmt, der geben kann, ohne
mit einer Gegengabe zu rechnen. Der Mensch dagegen ist angewiesen auf
diese letztere Versicherung, sonst würde der Liebende sein Gegenüber nicht
fragen: „Liebst du mich?" Und wer das nicht fragen muß, lebt in der Vorstellung geliebt zu werden. Nur ganz wenigen war und ist es vorbehalten, eine
Liebe durchzutragen, die unbeantwortet bleibt oder wo eine Idee, ein Bild vom
anderen Menschen das Gegenüber ist, in dem er sich nicht selbst spiegelt.

Die Selbstlosigkeit wahrer Liebe kennt nur die Hoffnung auf eine einzige
Wirkung, nämlich daß sie ansteckend sein möge aufgrund ihres Wesens.
Ansonsten ist sie wehrlos wie ein kleines Kind, angewiesen auf göttlichen Bei-
stand oder den des besseren Menschen in uns.

Erfolgt mein Tun und Wollen aus anderen Motiven als wahrer Selbstlosigkeit
ist dagegen immer der Geist des Eigennutzes im Spiel. Und wenn er im
Gewande der Selbstlosigkeit daherkäme. Stets ist der letzte Antrieb egoistisch,
weil man ein Idealbild von sich zeichnen möchte. Und das geschieht, um das
schwache Selbstwertgefühl im Spiegel der anderen aufzupolieren. Dazu ist
einem jedes Kalkül, jede Maske gerade recht. Es ist eine Rechnung auf Gegen-
seitigkeit, ähnlich dem Geldwesen. Mit einer Münze erwerbe ich mir das
Anrecht auf eine Gegenleistung.

Da wo Judas Selbstlosigkeit hätte leben sollen, hat er eine Rechnung aufgemacht. Deswegen erscheint er bei Johannes als der Herr über die Silberlinge.

Die Silberlinge, das Geld, ist wie ein Zaubermittel, das alles in seinen materiellen Gegenwert verwandelt, der das Leben der Menschen, das heißt ganzer Völker, bestimmt. Georg Simmel, ein neukantianischer Denker vom Beginn des letzten Jahrhunderts, drückte dies so aus in seiner „Philosopie des Geldes": Indem das Geld immer mehr zum Äquivalent aller Werte wird, erhebt es sich in abstrakte Höhen über alle Objekte. Es wird zum Zentrum, indem die fernsten Dinge ihr Gemeinsames finden und sich berühren. Damit gewährt das Geld jenes Zutrauen in eine Allmacht, die der Mensch bisher nur Gott zugeschrieben hatte." Wer denkt da nicht an den Mammon, den Abgott unserer Tage?

Die selbstlose Liebe der Maria, die Jesus salbt und damit ihrem Nächsten auch in sozialer Brüderlichkeit begegnet, bildet den gegenpol zum Materialismus und zur sozialen Kälte des Judas. Es scheint so wie wenn des Johannes prophetische Kraft hier einen Ausblick gewährte auf die Auseinandersetzungen der kommenden Jahrtausende.

In Wahrheit ist jeder, der das Ehr- und Rangdenken vor der Welt über die Selbstlosigkeit der Liebe stellt, ein kleiner Judas, der Judas in uns. Nicht der Verrat des einzelnen, des historischen Judas, hat Christus den Tod am Kreuz gebracht in einem tieferen Sinne, sondern weil wir es bis auf den heutigen Tag nicht geschafft haben, aus seiner Liebe heraus zu leben. Christi Kreuzigung ist Gegenwart, sie hat seit Golgotha nie aufgehört.

*[21]Da Jesus solches gesagt hatte, ward er betrübt im Geist und bezeugte und sprach: Wahrlich, wahrlich, ich sage euch: Einer unter euch wird mich verraten. [22]Da sahen sich die Jünger untereinander an, und ward ihnen bange, von welchem er redete. [23]Es war aber einer unter seinen Jüngern, welcher Jesus lieb hatte, der lag bei Tische an der Brust Jesu.*

*[24]Dem winkte Simon Petrus und sprach zu ihm: Sag, wer ist's, von dem er redet!*

Georg Simmel, Philosophie des Geldes, Frankfurt am Main, 1989

*<sup>25</sup>Der lehnte sich an die Brust Jesu und sprach zu ihm: Herr, wer ist's? <sup>26</sup>Jesus antwortete: Der ist's, dem ich den Bissen eintauche und gebe. Und er tauchte den Bissen ein, nahm ihn und gab ihm dem Judas, des Simon Ischarioth Sohn. <sup>27</sup>Und nach dem Bissen führ der Satan in ihn. Da sprach Jesus zu ihm: Was du tust, das tue bald! <sup>28</sup>Es wußte aber niemand am Tische, wozu er's ihm sagte. <sup>29</sup>Etliche meinten, weil Judas den Beutel hatte, Jesus spräche zu ihm: Kaufe, was uns not ist zum Fest, oder, daß er den Armen etwas gäbe. <sup>30</sup>Da er nun den Bissen genommen hatte, ging er alsbald hinaus. Und es war Nacht.*

Die Rolle des Judas ist nur ganz zu verstehen, wenn wir sie in Kap. 12 und 13 weiter verfolgen. Sein Vorschlag, den Erlös für das teure Öl den Armen zugute kommen zu lassen, zielte insbesondere auf Jesus. Damit wollte Judas seinen Altruismus und seine Selbstlosigkeit vor diesem hervorheben, um so in dessen Gunst zu steigen. Jesu Reaktion in V.7 ist eindeutig: „Laß sie (Maria) mit Frieden !" - heißt: Wirf durch deinen falschen Zungenschlag keinen Schatten auf Marias Gemüt, denn was sie tut, geschieht aus echter Selbstlosigkeit, während die deinige geheuchelt ist, denn es geht dir nicht um die Armen.

Wir erfahren von keiner direkten Reaktion des Judas, müssen aber davon ausgehen, daß er sich bis zu einem gewissen Grad durchschaut und getroffen fühlte. Aber eben nicht vollbewußt, sodaß er Jesu indirekte Kritik hätte ins Positive wenden können. Stattdessen meldete sich bei Judas egozentrischer, verletzter Stolz.

Nicht ohne Grund weist Jesus wenig später auf die Tatsache hin in V.31 „... nun wird der Fürst dieser Welt ausgestoßen werden." Die Widersachermächte beginnen, die Beziehungen der Menschen untereinander auf die Probe zu stellen und, wenn ein Anlaß gegeben ist, zu belasten. So auch zwischen Jesus und Judas. Der sich brüskiert und abgewiesen Fühlende steht an der Schwelle, sich diesen Kräften in sich stärker zu öffnen. Da kommt die verhängnisvolle Szene in Kap.13, wo Jesus vor den Jüngern bekennt, daß ihn einer von ihnen verraten werde. In einer solchen erregten Stimmung bekommen auch kleine Zeichen eine Brisanz, die von den Beteiligten nicht mehr rational beherrscht werden kann. So muß Judas den Bissen, den ihm Jesus reichte als Kainsmal auf seiner Stirn erlebt haben, denn es heißt in V.27 „Und nach dem Bissen fuhr der Satan in ihn." Jetzt ist er bereit, sich ganz dem Bösen zu öffnen. „Und es war Nacht", heißt es nicht zufällig in V.30.

Judas hatte die Worte Jesu „Was du tust, das tue bald", wohl verstanden. Er war also der gemeinte Verräter; er, Jesus und der Lieblingsjünger wußten es nun. Und Judas hatte die Kraft und Persönlichkeit nicht, in sich zu gehen, und den Versucher in sich zu überwinden. Er hält sich für das Opfer, welches das Beste wollte, von Jesus und dem Jünger sich aber in eine Rolle gedrängt fühlte, die diese selbst würden zu verantworten haben.

Was ist nicht alles über Judas geschrieben worden seither? In der jeweiligen Zeitgeschichte verankerte Theorien, von modernen Intellektuellen erdacht! Nur eines wurde dabei nie berücksichtigt: Es ist eines der Markenzeichen des Johannes, daß wir in seinem Werk, und nicht außerhalb, alle Antworten zu suchen haben auf die aus ihm erwachsenden Fragen.

Darin liegt sein überzeitlicher Auftrag und Anspruch. Wozu auch sonst hätte Johannes schreiben sollen, wenn nicht dafür, seinen Leser oder Hörer durch das Bedenken seines Wortes für die Sache Christi zu gewinnen? Da passen Lösungen, die außerhalb des Textes liegen, nicht ins Konzept.

V.8 Warum will sich Petrus nicht die Füße waschen lassen? Ist das nicht hochanständig von ihm, wenn er seine geringe Bedeutung vor einem Wesen wie Christus einräumt?! Und doch verrät die Antwort Jesu die wahre Sachlage: Wenn du, Petrus, so argumentierst, dann zeigst du damit, daß du noch in dem von mir gebrandmarkten Ehr- und Rangdenken gefangen bist. Das ist jedenfalls der Sinn seiner Worte „werde ich dich nicht waschen, dann hast du keinen (An)teil an mir." Petrus erweist sich hier, wie oben ausgeführt, als der kleine Bruder des Judas, nicht im Handeln, wohl aber in seinem Denken. Und wer von uns Heutigen ist schon ganz frei vom Denken in diesen Bahnen?

Wo ein Titel z.B. immer noch mehr zählt im Ansehen der Person als ein vermeintlich unbedeutendes, aber aus echter Moralität gegebenes Verhalten.

In V.9 erweist sich Petrus als großes Kind. Gerade noch hat er das Füße-waschen durch Jesus zurückgewiesen, da will er am liebsten den ganzen Kerl gewaschen bekommen. Er versteht das Bild von der Fußwaschung und Jesu Erklärung dazu noch nicht wirklich. Deswegen hatte Jesus ja in V.7 zu ihm gesagt: „Was ich tue, das weißt du jetzt nicht." Es geht Jesus nicht um die Äußerlichkeit einer Waschung, sondern die Geste dahinter. Rein wird man nicht durch das Wasser, sondern durch die rechte Erkenntnis und damit Einstellung. Das bestätigt uns Jesus in V.10 mit den Worten „und ihr seid rein, aber nicht alle „ (gemeint ist Judas).

*[16]Wahrlich, wahrlich, ich sage euch: Der Knecht ist nicht größer als sein Herr, noch der Apostel größer als der, der ihn gesandt hat. [17]Wenn ihr solches wisset, selig seid ihr, wenn ihr's tut. [18]Nicht rede ich von euch allen; ich weiß, welche ich erwählt habe. Aber es muß die Schrift erfüllt werden (Ps. 41,10): „Der mein Brot isset, der tritt mich mit Füßen." [19]Jetzt sage ich's euch, ehe denn es geschieht, damit, wenn es geschehen ist, , ihr glaubet, daß ich bin. [20]Wahrlich, wahrlich, ich sage euch: Wer aufnimmt, wenn ich jemand senden werde, der nimmt mich auf; wer aber mich aufnimmt, der nimmt den auf, der mich gesandt hat.*

Was aber will Jesus mit seinem Vergleich in V.16 sagen, daß der Knecht nicht größer als sein Herr und der Apostel nicht größer sei als der, der ihn gesandt hat?

Wenn Jesus Christus als unser Herr mit dem Beispiel der Selbstlosigkeit uns vorangeht, dann steht es uns Kleineren nicht an, uns über dieses Beispiel zu erheben und anders zu handeln. Daher sein „selig seid ihr, wenn ihr's tut" in V.17.

Im gleichen Geist gesagt, sind auch Jesu Worte in V.20 „Wer aufnimmt, wenn ich jemand senden werde, der nimmt mich auf." Er, der selbst dem Judas die Füße gewaschen hat, lebt noch in demjenigen, den er uns als Prüfung schickt. Und wie er diese Prüfung angenommen hat, so sollten auch wir es tun.

Jesu Abschiedsreden

*[31]Da Judas aber hinausgegangen war, spricht Jesus: Nun ist des Menschen Sohn verherrlicht, und Gott ist verherrlicht in ihm. [32]Ist Gott verherrlicht in ihm, so wird ihn Gott auch verherrlichen in sich und wird ihn alsbald verherrlichen. [33]Liebe Kinder, ich bin noch eine kleine Weile bei euch. Ihr werdet mich suchen; und wie ich zu den Juden sagte: Wo ich hingehe, da könnt ihr nicht hinkommen, so sage ich jetzt auch euch, daß ihr euch untereinander liebet, wie ich euch geliebt habe, damit auch ihr einander liebhabet. [35]Daran wird jedermann erkennen, daß ihr meine Jünger seid, so ihr Liebe untereinander habt. [36]Spricht Simon Petrus zu ihm: Herr, wo gehst du hin? Jesus antwortete ihm: Wo ich hingehe, kannst du mir diesmal nicht folgen; aber du wirst mir nachmals folgen.*

*[37]Petus spricht zu ihm: Herr, warum kann ich dir diesmal nicht folgen? Ich will mein Leben für dich lassen. [38]Jesus antwortete ihm: Solltest du dein Leben*

*für mich lassen? Wahrlich, wahrlich, ich sage dir: Der Hahn wird nicht krähen, bis du mich dreimal habest verleugnet.*

Nachdem Jesus auch seine Jünger hatte wissen lassen, daß er nur noch eine kleine Weile unter ihnen sein werde, demonstriert Petrus die Palette seiner Natur. Er läßt sich von der Stimmung des Augenblicks wegtragen und verspricht Dinge, die er nicht halten kann. So verspricht er, sein Leben hinzugeben, um Jesus auf seinem Weggang zu folgen.

Das tut er nicht aus Berechnung, sondern weil er aus dem Bauch heraus entscheidet, völlig spontan, ähnlich einem Kind. Aus Selbsterkenntnis und Bewußtsein handeln ist nicht sein Ding. Er kann sich nicht wirklich selbst einschätzen mit seinen verdeckten Schwächen. Und so kennt er nicht seine latente Neigung zu Angst und Feigheit. Das ist der Hintergrund, vor dem ihm Jesus auf den Kopf zusagt, daß er ihn dreimal verleugnet haben werde, bevor der Hahn kräht.


Die Verherrlichung

Die Entscheidung des Judas gegen seinen Herrn zieht, rein äußerlich gesehen, die Verherrlichung Jesu nach sich, d.h. seinen Tod mit nachfolgender Auferstehung. Das verherrlicht auch den Vater in ihm durch das in den Sohn gesetzte Vertrauen, welches nicht enttäuscht wurde.

Was aber bedeutet, daß Gott ihn, den Sohn, in sich verherrlichen wird? Offensichtlich ist die erste Verherrlichung ein Ereignis, welches auf der Stufe der Hierarchien stattfindet und Christus als dem geschaffenen Logos gilt, dem Haupt der Hierarchien. Die Verherrlichung bei Gott selbst aber wäre dann ein Ereignis im Innern der Trinität selbst, der Heimat des ungeschaffenen Logos, im Vater ruhend.

Man sieht, daß das Bewußtsein des Autors das eines Kenners nicht nur der griechischen Logoslehre ist, sondern auch das eines spirituell Eingeweihten sein mußte.

# Kapitel 14

### *Der Hingang zum Vater*
*(die Sorge Christi um die Seinen)*

*[1]Euer Herz erschrecke nicht! Glaubet an Gott und glaubet an mich! [2]In meines Vaters Hause sind viele Wohnungen. Wenn's nicht so wäre, würde ich dann zu euch gesagt haben: Ich gehe hin, euch die Stätte zu bereiten? [3]Und wenn ich hingehe, euch die Stätte zu bereiten, so will ich wieder kommen und euch zu mir nehmen, damit ihr seid, wo ich bin. [4]Und wo ich hingehe, - den Weg wisset ihr.*

*[5]Spricht zu ihm Thomas: Herr wir wissen nicht, wo du hingehst; und wie können wir den Weg wissen? [6]Jesus spricht zu ihm: Ich bin der Weg und die Wahrheit und das Leben; niemand kommt zum Vater denn durch mich. 7Wenn ihr mich kenntet, so kenntet ihr auch meinen Vater. Und von nun an kenntet ihr ihn und habt ihn gesehen.*

*[8]Spricht zu ihm Philippus: Herr, zeige uns den Vater, so ist's uns genug. [9]Jesus spricht zu ihm: So lange bin ich bei euch, und du kennst mich nicht, Philippus? Wer mich sieht, der sieht den Vater! Wie sprichst du denn: Zeige uns den Vater? [10]Glaubst du nicht, daß ich im Vater und der Vater in mir ist? Die Worte, die ich zu euch rede, die rede ich nicht von mir selbst. Der Vater aber, der in mir wohnt, der tut seine Werke. [11]Glaubet mir, daß ich im Vater und der Vater in mir ist; wo nicht, so glaubet mir doch um der Werke willen.*

Seit Jesus erkannte, daß seine Stunde unmittelbar bevorsteht, ist er erfüllt in Sorge und Liebe um die Seinen. Er weiß, daß sie sich als Verlassene, Führungs- und Heimatlose vorkommen werden, weil sie noch nicht aus eigener Kraft leben können.

Es wird ihm klar, daß der Mensch Gewissheiten braucht, aus denen er immer wieder schöpfen und sich erkraften kann auf dem langen Weg zu seinem Herrn, zum Ziel der Menschen Sohnesschaft. In diesem Sinne sagt Jesus zu Beginn des Kapitels „Euer Herz erschrecke nicht!" Und dann gibt er eine erste Tröstung in V.2 „In meines Vaters Haus sind viele Wohnungen... und ich gehe hin, euch die Stätte zu bereiten."

Für mich heißt das: Wir stammen aus Gott als ein Geistkeim, d.h. wir haben eine Wohnung im Hause unseres eigentlichen und einzigen immer bleibenden

Vaters und werden eines Tages zu ihm zurückkehren. Nicht aber als die, die wir aufgebrochen sind, sondern als Verwandelte. Christus bereitet uns die Stätte beim Vater, indem er uns den Weg zu dessen Haus zeigt, ganz im Sinne seines Ausspruches in V.6 „Niemand kommt zum Vater, denn durch mich." Wenn diese Kommunion zwischen dem Sohn und dem Menschen glückt, tritt nach V.3 ein, daß wir bei der Wiederkunft Christi (siehe dazu die Andeutungen an anderer Stelle!) endgültig in sein Reich aufgenommen werden, in eine Gemeinschaft mit ihm und dem Vater.

Das Problem ist einstweilen, daß der Mensch noch so unvergeistigt ist, man könnte auch sagen unbewußt ist, daß er weder den angebotenen Weg (Thomas!), noch den Vater in Christus zu erkennen vermag. (Philippus: „Herr, zeig uns den Vater.") Solange das so ist und sein wird, solange bleibt der Weg, den Jesus uns bereiten will, nur schwer zu begehen. In manchen Zeiten, so der unsrigen mit ihrem unsäglichen Materialismus bis ins Denken hinein, nahezu ganz.

Nun können wir Jesu Erschütterung verstehen in V.9 „Solange bin ich bei euch, und du kennst mich nicht, Philippus," und meint den Vater in sich. Deswegen auch hält er es für notwendig, nochmals den Jüngern den Zusammenhang zwischen sich und dem Vater zu erklären. Dinge, die wie eine Grundmelodie sich für uns schon durch das ganze Werk zogen, als da sind:
- ich im Vater und der Vater in mir
- nicht ich rede, sondern der Vater aus mir
- der Vater tut seine Werke (= wirkt) durch den Sohn
- wenn ihr nicht an mich glauben könnt, so glaubt an den Geist meiner Werke, denn damit glaubt ihr an den Vater.

*[12]Wahrlich, wahrlich, ich sage euch: Wer an mich glaubt, der wird die Werke auch tun, die ich tue und wird größere als diese tun, denn ich gehe zum Vater. [13]Und was ihr bitten werdet in meinem Namen, das will ich tun, auf daß der Vater verherrlicht werde in dem Sohne. [14]Was ihr mich bitten werdet in meinem Namen, das will ich tun.*

*[15]Liebet ihr mich, so werdet ihr meine Gebote halten. [16]Und ich will den Vater bitten, und er wird euch einen anderen Tröster geben, daß er bei euch sei ewiglich: [17]den Geist der Wahrheit, welchen die Welt nicht kann empfangen, denn sie sieht ihn nicht und kennt ihn nicht. Ihr aber kennet ihn, denn er bleibt bei euch und wird in euch sein. [18]Ich will euch nicht als Waisen zurücklassen; ich komme zu euch. [19]Es ist noch um ein kleines, dann wird mich die Welt nicht mehr sehen. Ihr aber sollt mich sehen, denn ich lebe, und ihr sollt auch leben.*

*²⁰An demselben Tage werdet ihr erkennen, daß ich in meinem Vater bin und ihr in mir und ich in euch. ²¹Wer meine Gebote hat und hält sie, der ist's der mich liebt. Wer mich aber liebt, der wird von meinem Vater geliebt werden, und ich werde ihn lieben und mich ihm offenbaren. ²²Spricht zu ihm Judas, nicht der Ischarioth: Herr, was ist's, daß du dich uns willst offenbaren und nicht der Welt? ²³Jesus antwortete und sprach zu ihm: Wer mich liebt, der wird mein Wort halten; und mein Vater wird ihn lieben, und wir werden zu ihm kommen und Wohnung bei ihm machen. ²⁴Wer aber mich nicht liebt, der hält meine Worte nicht. Und das Wort, das ihr höret, ist nicht mein, sondern des Vaters, der mich gesandt hat. ²⁵Solches habe ich zu euch geredet, während ich bei euch gewesen bin. ²⁶Aber der Tröster, der heilige Geist, welchen mein Vater senden wird in meinem Namen, der wird euch alles lehren und euch erinnern alles des, was ich euch gesagt habe.*

Im Abschnitt V.12-14 stellt er für die Zukunft in Aussicht, daß der Mensch, der in seinem Geiste ihn um etwas bittet, es wird realisieren können.

Jesu größte Liebesgabe an die Menschen aber ist seine Verheißung des Heiligen Geistes. Dieser ist wie das geistig-seelische Vermächtnis eines Vaters an seine Kinder, die so nicht zu Waisen werden, weil der Vater unter ihnen weiterlebt. Und so wie sie sich mit dem lebenden Vater weiterentwickelt hätten, so tun sie es jetzt mit seinem Geist, dem Heiligen. Denn Christus sagt in V.26 „Der wird euch alles lehren."

Ein weiteres Kennzeichen dieses Geistes ist (V.17), daß er die Wahrheit verkörpert, von der wir wissen, daß sie uns zu freien Wesen machen will.

In V.17 wird freilich angedeutet, daß es nicht ganz so einfach mit dem Heiligen Geist sein wird, weil „die Welt" ihn nicht empfangen kann, denn sie hat das geistige Auge dafür noch nicht entwickelt. Die Welt, das ist der Durchschnittsmensch, der aus Übernahme von Autorität und damit unselbständigem Denken lebt; der gelebt wird, d.h. nicht wirklich lebt aus eigener verwandelter Kraft und Erkenntnis. Welches Denken als irdischer Abglanz dem Heiligen Geist zugrunde liegt, das wurde in diesem Buch bereits vielfältig angesprochen. Christi Wort und Gebot zu halten ist aus dem Haus des bloßen Gehorsams (AT) ausgezogen, um aus der Kraft der Liebe die Zukunft zu gestalten.

In V.23 wird uns dafür in Aussicht gestellt, daß der Glaubende eine noch größere Nähe und damit Stärkung durch den Vater und den Sohn geschenkt bekommt bis hin zur persönlichen Offenbarung (V.21).

## Der Friede Christi

*[27]Frieden lasse ich euch, meinen Frieden gebe ich euch. Nicht gebe ich euch, wie die Welt gibt. Euer Herz erschrecke nicht und fürchte sich nicht. [28]Ihr habt gehört, daß ich euch gesagt habe: Ich gehe hin und komme wieder zu euch: Hättet ihr mich lieb, so würdet ihr euch freuen, daß ich zum Vater gehe, denn der Vater ist größer als ich. [29]Und nun habe ich's euch gesagt, ehe es geschieht, auf daß ihr glaubet, wenn es nun geschehen wird. [30]Ich werde nicht mehr viel mit euch reden, denn es kommt der Fürst der Welt. Er hat keine Macht über mich, [31]aber die Welt soll erkennen, daß ich den Vater liebe und tue, wie mir der Vater geboten hat. Stehet auf und lasset uns von hinnen gehen.*

Hier ist der Satz aus V.27 der Schlüssel „Nicht gebe ich euch, wie die Welt gibt. Wer ist diese Welt? In V.30 wird ihr Herr und Meister vorgestellt: „der Fürst der Welt", also die ganze Palette der Widersachermächte wie sie uns heute verstärkt zu schaffen machen mit ihren Maskeraden und Verlockungen. Und wie geben sie? Sie haben Zugriff auf den unverwandelten, d.h. undurchchristeten Seelenanteil in uns. Wenn wir das nicht in absehbarer Zeit begreifen und ändern, werden wir an den Folgen gesellschaftsweit, aber auch persönlich immer mehr zu leiden haben.

Ein paar Beispiele zum Thema Gewalt, sollen das erhellen: Immer wieder steht die Gesellschaft fassungslos vor Taten purer Gewalt, d.h. wo diese längst Selbstzweck scheint. Dabei gäben genügend Hinweise von Tätern Fingerzeige auf deren Ursachen. Bei Amokläufern sind es Allmachtsphantasien, die zurückgehen auf eine in der Kindheit nicht oder zu wenig stattgefundene Ausbildung ihres Gemüts- und Empfindungslebens. Dazu gesellt sich später eine mangelnde Integration in Gemeinschaft und das Ernst-genommen-werden des späteren Täters durch seine Umgebung.

Prügelnde Heranwachsende und junge Erwachsene ließen durchblicken, daß sie mit ihrem Tun den „Kick" suchten, d.h. sie fühlten sich seelisch öd und leer und in der Gewaltorgie erst am Leben. Wie „verödet" mögen sie aufgewachsen sein und wie geist- und seelentötend mag ihr Alltag aussehen, wenn sie solchen Ersatz benötigen!?

Aber schauen wir uns um: Der erfolgreiche Hedge-Fonds-Manager oder Börsenspekulant geht über das Leben Hunderttausender hinweg, bzw. das Wohl und Wehe ganzer Völker. Dafür wird er in dümmlichen Magazinen auch noch zum ‚man of the year' gekürt. Wenn das nicht Gewalt mit anderen Mitteln ist, dann weiß ich es nicht.

Was läßt sich an den Beispielen erkennen im Sinne unserer Fragestellung? Wir brauchen zu den individuellen und gesellschaftlichen Auswüchsen, den Phänomenen also „wie die Welt gibt" , nur ihren jeweiligen Gegenpol aufsuchen, dann wüßten wir, was Christus meinte, als er sagte (V.27) „Meinen Frieden gebe ich euch". Dann würden wir begreifen, daß in einer Gemeinschaft, wo von Kindesbeinen an eingeübt wird was Mitempfinden und -verstehen ist mit allem Leben, die Gewalt keine Chance hätte.

Daß Sexismus, um einen weiteren Übelstand anzusprechen, die Frucht einer nicht stattgefundenen Liebeskultur ist. Daß die zunehmenden Ängste und Depressionen die Folge von tausendfachen Verdrängungs- und Fluchtmechanismen sowohl des einzelnen wie ganzer Gesellschaftsschichten sind vor geistig-seelischer Arbeit an sich selbst und damit persönlicher Reifung.

Wenn Jesus sagt „den Frieden lasse ich euch", dann meint er, daß nicht er es ist, der uns, uns unbewußt, ständig scheucht und versucht uns vor die Alternativen zu führen. Aber Christus ist die Kraft, die uns den Ausweg aus den Übeln aufzeigt. Das versteht er unter „meinen Frieden gebe ich euch." Denn er macht unser Herz ruhig und unseren Geist gewiss.

Wenn Jesus in V.30 sagt, daß der Fürst der Welt komme, aber keine Macht über ihn habe, dann will er uns damit andeuten, daß das auch für uns gelte, wenn wir ihm vertrauten. „Aber die Welt soll erkennen, daß ich den Vater liebe": Mehr kann Christus nicht tun für uns, denn die Weltordnung entspringt der Weisheit des Vaters.

# Kapitel 15

## Der rechte Weinstock
### (oder: Der Mensch, ein Bürger zweier Welten)

*[1]Ich bin der rechte Weinstock, und mein Vater der Weingärtner. [2]Eine jegliche Rebe an mir, die nicht Frucht bringt, wird er wegnehmen; und eine jegliche, die da Frucht bringt, wird er reinigen, daß sie mehr Frucht bringe. [3]Ihr seid schon rein um des Wortes willen, das ich zu euch geredet habe. [4]Bleibet in mir und ich in euch. Gleich wie die Rebe kann keine Frucht bringen von sich selber, sie bleibe denn am Weinstock, so auch ihr nicht, ihr bleibet denn in mir. [5]Ich bin der Weinstock, ihr seid die Reben. Wer in mir bleibt und ich in ihm, der bringt viel Frucht; denn ohne mich könnt ihr nichts tun. [6]Wer nicht in mir bleibt, der wird weggeworfen wie eine Rebe und verdorrt, und man sammelt sie und wirft sie ins Feuer, und müssen brennen. [7]Wenn ihr in mir bleibt und meine Worte in euch bleiben, werdet ihr bitten, was ihr wollt, und es wird euch widerfahren. [8]Darin wird mein Vater verherrlicht, daß ihr viel Frucht bringet und werdet meine Jünger.*

Mit dem Gleichnis vom Weinstock knüpft Jesus an das Gleichnis vom Weizenkorn aus Kap. 12 an, wo das sterbende und sich wandelnde Korn mit seinem Frucht-Bringen zum Sinnbild der Verherrlichung des Sohnes wurde. Nun wird die Rebe, d.h. der Mensch zum Fruchtbringer und damit zum Verherrlicher des Vaters.

Auch das Kap.15 steht unter dem Zeichen der Tröstung, die Jesus den Seinen zukommnen läßt als Ausgleich dafür, daß sie ihn verlieren werden. Wenn Jesus seine Liebe zum Menschen mit der Natur des Weinstocks vergleicht, wenn er uns aus dem Knechtes-Stand in den eines Freundes erhebt und uns von sich aus erwählt, dann hebt Jesus den Menschen auf ein Niveau, das seinen Vergleich aus der Realität der Trinität selbst bezieht. Eine höhere Wertschätzung des Menschen ist schwer vorstellbar.

Da macht es auch nicht allzuviel, daß die Rolle des Menschen auf Erden zunächst einmal eingezwängt erscheint in die Gesetze der Naturreiche, wenn unsere Rolle mit der der Reben am Weinstock verglichen wird.

Da ist vom Wegschneiden überflüssiger Reben und vom Reinigen der Reben die Rede, damit sie mehr Frucht bringen; vom ins Feuer-Werfen unfruchtbarer

Reben, das heißt Aussondern sich widersetzender Menschen. Das klingt zunächst nach Ausgeliefert-Sein, wenig Freiheit, aber nach viel Härte des Loses.

Um zu einem besseren Verständnis des Gleichnisses zu kommen, wollen wir uns vorweg die Realität im Weinberg einmal anschauen, von der die Sinnbilder ja entlehnt sind.

Ein Weinstock treibt jedes Jahr mehrere Rankentriebe aus, die sogenannten Reben, an deren 1 - 2-äugigen Triebansätzen für das kommende Jahr sich die erwünschten Trauben bilden. In unseren Weinbaugebieten ist es üblich, diese Reben während der Saftruhe des Spätjahres, bzw. Frühjahres bis auf 1 - 2 (max. 3) wegzuschneiden und die verbliebenen am Draht entlang zu binden. Durch diese Beschränkung der Triebe wird der Fruchtansatz und damit der Ertrag reguliert, weniger Blüten bei gleichbleibender Ernährungsbasis durch den Weinstock ergeben größere und aromenreichere Trauben und damit einen besseren Wein.
Der Winzer oder
 Weingärtner muß also regulierend eingreifen, wenn ein erfreulicher Herbst (Weinlese), d.h. eine edle Frucht der Lohn seiner Mühen sein soll. Und so ist es auch, wenn in V.8 Jesus sagt: „Darin wird mein Vater verherrlicht, daß ihr viel, und wir würden ergänzen qualitativ gute Frucht bringt und werdet meine Jünger", d.h. und folgt mir nach. Wir haben mit dem Bild vom rechten Weinstock also ein Abbild des intimen Zusammenhanges zwischen Vater-Sohn und Mensch. Wenn in V.5 Jesus zu den Jüngern sagt: „wer in mir beibt und ich in ihm, der bringt viel Frucht", verweist er auf diese gegenseitige Zugehörigkeit, ohne die das einzelne Teil seinen Daseins-Sinn verlöre oder einschränken müßte. Es ist sicher kein Zufall, daß die moderne Biologie in der Symbiose, also im Zusammenleben von Arten, mehr und mehr das entscheidende Evolutionsprinzip erkennt.

Damit spiegelt die Erde wieder, was schon lange im Himmel gilt, nämlich eine Ordnung, wo ein Wesen dem anderen dient und darin seine Herrlichkeit findet. Die Natur ahmt diese Ordnung nach und die Aufgabe des Menschen, der zwischen den Reichen steht, ist es, diese Prinzipien zu erkennen und sinngemäß in den Bau einer menschengemäßen Gemeinschaft zu überführen.

*⁹Gleichwie mich mein Vater liebt, so liebe ich euch auch. Bleibet in meiner Liebe!*
*¹⁰Wenn ihr meine Gebot haltet, so bleibet ihr in meiner Liebe, gleichwie ich*

*meines Vaters Gebote halte und bleibe in seiner Liebe. [11]Solches rede ich zu euch, damit meine Freude in euch bleibe und eure Freude vollkommen werde. [12]Das ist mein Gebot, daß ihr euch untereinander liebet, gleichwie ich euch liebe.*

*[13]Niemand hat größere Liebe denn die, daß er sein Leben läßt für seine Freunde. [14]Ihr seid meine Freunde, wenn ihr tut, was ich euch gebiete. [15]Ich sage hinfort nicht, daß ihr Knechte seid; denn ein Knecht weiß nicht, was sein Herr tut. Euch aber habe ich gesagt, daß ihr Freunde seid; denn alles, was ich habe von meinem Vater gehört, habe ich euch kundgetan.*

*[16]Ihr habt mich nicht erwählt, sondern ich habe euch erwählt und gesetzt, daß ihr hingehet und Frucht bringet und eure Frucht bleibe, damit, wenn ihr den Vater bittet in meinem Namen, er's euch gebe. [17]Das gebiete ich euch, daß ihr euch untereinander liebet.*

Daß Jesus im Anschluß an das Gleichnis vom Weinstock von der Liebe spricht zwischen sich und dem Vater ist kein Zufall. So wie der Weinstock sich in der Hege und Pflege des Weingärtners weiß und seine Säfte weitergibt an die Reben und Trauben, so gibt der Sohn die Liebe des Vaters weiter an den Menschen. Dieser erstarkt dadurch zum Frucht-Bringen, was wiederum zur Verherrlichung von Vater und Sohn gereicht. Es ist ein Geben und Nehmen, ein Dienen in einem höchsten Sinne. Daher kann Jesus in V.13 sagen „Niemand hat größere Liebe denn die, daß er sein Leben läßt für seine Freunde", und weist damit auf die tiefe Bedeutung seines bevorstehenden Opfertodes hin. Der in Wahrheit ja kein Tod ist, sondern die Verwandlung in eine höhere Daseinsform (Entbindung des Heiligen Geistes), aus der heraus er für die Erde und den Menschen noch segensreicher wirken kann und das in die Zukunft hinein.

Wir, die Menschen steigen dabei in der Entwicklung ebenso weiter auf und werden vom Knechtsstand in den eines Freundes erhoben. Noch zur Zeit des Alten Testamentes hatten wir lernen müssen zu gehorchen, „denn ein Knecht weiß nicht, was sein Herr tut" oder plant. Von Christus aber wird er als Partner gesehen, „denn alles was ich habe von meinem Vater gehört, habe ich euch kundgetan". (V.15)

Mehr kann ein höchstes Wesen seine Bereitschaft eine intime Beziehung mit dem Menschen einzugehen, nicht zum Ausdruck bringen. Ob wir je diesem Vertrauensvorschuß in uns und dieser Auszeichnung werden gerecht werden können?

Im gleichen Sinne sagt Christus in V.16 „Ihr habt mich nicht erwählt, sondern ich habe euch erwählt" und knüpft daran eine einzige Erwartung, nämlich : „daß ihr euch untereinander liebet." (V.17) Liebe im Geiste seiner selbstlosen Liebe. Weder programm- noch pflichtgemäß, sondern im Geiste des V.11 „Solches rede ich zu euch, damit meine Freude in euch bleibe und eure Freude vollkommen werde.

## Der Haß der Welt

[18]*Wenn euch die Welt hasset, so wisset, daß sie mich vor euch gehaßt hat.*
[19]*Wäret ihr von der Welt, so hätte die Welt das ihre lieb. Weil ihr aber nicht von dieser Welt seid, sondern ich euch aus der Welt erwählt habe, darum hasset euch die Welt.* [20]*Gedenket an mein Wort, das ich euch gesagt habe: Der Knecht ist nicht größer als sein Herr. Haben sie mich verfolgt, so werden sie euch auch verfolgen; haben sie mein Wort gehalten, so werden sie eures auch halten.* [21]*Aber das alles werden sie euch tun um meines Namens willen; denn sie kennen den nicht, der mich gesandt hat.*

[22]*Wenn ich nicht gekommen wäre und hätte es ihnen gesagt, so hätten sie keine Sünde; nun aber können sie nichts vorwenden, ihre Sünde zu entschuldigen.* [23]*Wer mich hasset, der hasset auch meinen Vater.* [24]*Hätte ich nicht die Werke getan unter ihnen, die kein anderer getan hat, so hätten sie keine Sünde. Nun aber haben sie es gesehen und hassen doch beide, mich und meinen Vater.* [25]*Doch muß erfüllt werden der Spruch, in ihrem Gesetz geschrieben (Ps. 69,5): „Sie hassen mich ohne Ursache."*

[26]*Wenn aber der Tröster kommen wird, welchen ich euch senden werde vom Vater, der Geist der Wahrheit, der vom Vater ausgeht, der wird zeugen von mir.* [27]*Und auch ihr werdet meine Zeugen sein, denn ihr seid von Anfang bei mir gewesen.*

## Der Haß der Welt

Jesus will seinen neuen Freunden die ganze Wahrheit nicht verschweigen und diese besagt, daß „der Fürst dieser Welt" neben ihm seine Zelte aufgeschlagen hat und versucht, Einfluß auf die Menschen zu nehmen. Er erscheint als notwendiger Gegenpart Christi, da nur im Kraftfeld dieses Interessenkonfliktes der beiden Mächte die Freiheit des Menschen sich vollziehen kann.

Wenn Jesus von „der Welt" spricht (V.18/19), dann meint er die Menschen, die die Widersachermächte in ihr Denken und Fühlen haben eindringen lassen und nun diejenigen verfolgen, die Christus , aus der Welt erwählt hat ,. Er möchte, daß wir diese Tatsache im Bewußtsein haben. Ungerechtigkeit und Verfolgung seien leichter zu ertragen , wenn wir wüßten, daß wir das für ihn, Christus, täten, der uns darin vorangegangen sei.

Woran solche Menschen zu erkennen seien, die s ich dem Bösen oder Falschen geöffnet haben und es meisterlich zu verschleiern verstünden? Jesu Antwort verweist auf Psalm 69: „Sie hassen mich ohne Ursache." Damit will er sagen, daß er ihnen keinen objektiven Grund für ihren Haß gegeben habe. Daß sie in den Menschen, die sie verfolgten eigentlich ihn, Christus und seinen Vater, treffen wollten. Das jedenfalls ist der Sinn des V.21.

# Kapitel 16

### *Wirken des Heiligen Geistes*
*(oder: Der Mensch - Selbstgestalter seines Geschicks)*

*¹Soches habe ich zu euch geredet, damit ihr nicht Ärgernis nehmt. ²Sie werden euch in den Bann tun. Ja, es kommt die Stunde, daß wer euch tötet, wird meinen, er tue Gott einen Dienst damit. ³Und solches werden sie darum tun, weil sie weder meinen Vater noch mich erkennen. ⁴Aber solches habe ich zu euch geredet, damit, wenn die Stunde gekommen ist,*
*ihr daran gedenket, daß ich's euch gesagt habe. Solches aber habe ich euch von Anfang nicht gesagt, denn ich war bei euch.*


## Wirken des Heiligen Geistes
*⁵Nun aber gehe ich hin zu dem, der mich gesandt hat; und niemand unter euch fragt mich: Wo gehst du hin? ⁶Sondern weil ich solches zu euch geredet habe, ist euer Herz voll Trauerns geworden. ⁷Aber ich sage euch die Wahrheit: es ist euch gut, daß ich hingehe. Denn wenn ich nicht hingehe, so kommt der Tröster nicht zu euch.. Wenn ich aber gehe, will ich ihn zu euch senden. ⁸Und wenn derselbe kommt, wird er der Welt die Augen auftun über die Sünde und über die Gerechtigkeit und über das Gericht; ⁹über die Sünde: daß sie nicht glauben an mich; ¹⁰über die Gerechtigkeit: daß ich zum Vater gehe und ihr mich hinfort nicht sehet; ¹¹über das Gericht: daß der Fürst dieser Welt gerichtet ist.*

*¹²Ich habe euch noch viel zu sagen; aber ihr könnt es jetzt nicht tragen. ¹³Wenn aber jener, der Geist der Wahrheit, kommen wird, der wird euch in alle Wahrheit leiten. Denn er wird nicht aus sich selber reden; sondern was er hören wird. das wird er reden, und was zukünftig ist, wird er euch verkünden. ¹⁴Derselbe wird mich verherrlichen; denn von dem Meinen wird er's nehmen und euch verkündigen. ¹⁵Alles, was der Vater hat, das ist mein.*
*Darum habe ich euch gesagt: Er wird's von dem Meinen nehmen und euch verkündigen.*


## Jesu Weggang und Wiederkommen
*¹⁶Über ein kleines, dann werdet ihr mich nicht sehen; und abermals über ein kleines, dann werdet ihr mich sehen. ¹⁷Da sprachen etlichen unter seinen Jüngern untereinander: Was ist das, was er sagt zu uns: Über ein kleines,*

*dann werdet ihr mich nicht sehen; und abermals über ein kleines, dann werdet ihr mich sehen; und: Ich gehe zum Vater?*

*[18]Da sprachen sie; was ist das, was er sagt: Über ein kleines? Wir wissen nicht, was er redet. [19]Da merkte Jesus, daß sie ihn fragen wollten, und sprach zu ihnen: Darüber fraget ihr untereinander, daß ich gesagt habe: Über ein kleines, dann werdet ihr mich nicht sehen; und abermals über ein kleines, dann werdet ihr mich sehen. [20]Wahrlich, wahrlich, ich sage euch: Ihr werdet weinen und heulen, aber die Welt wird sich freuen; ihr werdet traurig sein, doch eure Traurigkeit soll in Freude verkehrt werden. [21]Ein Weib, wenn sie gebiert, so hat sie Traurigkeit, denn ihre Stunde ist gekommen. Wenn sie aber das Kind geboren hat, denkt sie nicht mehr an die Angst um der Freude willen, daß ein Mensch zur Welt geboren ist. [22]Und auch ihr habt nun Traurigkeit; aber ich will euch wiedersehen, und euer Herz soll sich freuen, und eure Freude soll niemand von euch nehmen.*

*[23]Und an demselben Tage werdet ihr mich nichts fragen.*

Wir haben mit dem Übergang von Kap.15 zu Kap.16 eine Besonderheit im Aufbau vorliegen, eine Kapitelüberlappung. Das neue Thema, das Wirken des Hl.Geistes, wird noch im alten Kapitel angekündigt, und der Gedankengang des Kap.15 erst im begonnenen Kap.16 abgeschlossen. Dieser Abschluß beinhaltet noch einen Teil der Hinweise, die Jesus seinen Jüngern gibt, um sie darauf vorzubereiten wie ihnen „die Welt geben wird", nämlich den Tod dafür, daß sie für ihren Herrn einstehen (Kap.16, 2/3).

Auffallend auch ist, daß Jesus wieder auf ein Geschehen hinweist, wie schon in Kap.14, 29 das in der Zukunft liegt, damit die Jünger zum Glauben kämen, wenn es sich ereignen wird. In Kap.16, 4 begründet er das damit, daß er bald nicht mehr unter ihnen sein werde. Offenbar hält Jesus die Aufmerk- und Erkenntniskraft seiner Jünger für noch so schwach entwickelt, daß sie solcher Geistesstützen bedurften.

Entsprechend waren die seelischen Stützen in seinen Augen, die sie brauchten, um mit seinem Weggang fertig zu werden. Aus eigener Geistesstärke können sie noch nicht erkennen, daß sein Tod sein Wiedererscheinen in verwandelter Gestalt und sein Wirken auf anderer Ebene zur Folge haben würde. Und so tröstet er sie erst einmal.

V.7 „es ist euch gut, daß ich hingehe, denn..., so kommt der Tröster, der Heilige Geist zu euch. In V.21 gibt er ihnen gar ein Bild ihrer Situation an die Hand mit der Gebährenden, die vor ihrer Niederkunft voller Angst stecke. Die aber nach der Geburt ihres Kindes all das vergessen könne und sich ganz von der Freude über den neuen Erdenbürger erfüllen lasse. Und so werde auch ihnen widerfahren, denn (V.16) „über ein kleines, dann werdet ihr mich nicht (mehr) sehen und abermals über ein kleines, dann werdet ihr mich sehen." In V.22 noch klarer „aber ich will euch wiedersehen und eure Freude soll niemand von euch nehmen." Jesus spricht hier an auf seine Auferstehung an Ostern, wo er den Jüngern 40 Tage lang in ätherischer Gestalt erscheinen wird.

*24Bisher habt ihr nichts gebeten in meinem Namen. Bittet, so werdet ihr nehmen, daß eure Freude vollkommen sei. 25Solches habe ich zu euch in Sprüchen und Bildern geredet, Es kommt aber die Zeit, daß ich nicht mehr in Bildern mit euch reden werde, sondern euch frei heraus verkündigen von meinem Vater. 26An demselben Tage werdet ihr bitten in meinem Namen. Und ich sage euch nicht, daß ich den Vater für euch bitten will; 27denn er selbst, der Vater, hat euch lieb, weil ihr mich liebet und glaubet, daß ich von Gott ausgegangen bin. 28Ich bin vom Vater ausgegangen und gekommen in die Welt; wiederum verlasse ich die Welt und gehe zum Vater. 29Sprechen zu ihm seine Jünger: Siehe, nun redest du frei heraus und nicht mehr in Bildern. 30Nun wissen wir, daß du alle Dinge weißt und bedarfst nicht, daß dich jemand frage; darum glauben wir, daß du von Gott ausgegangen bist. 31Jesus antwortete ihnen:: Jetzt glaubet ihr? 32Siehe, es kommt die Stunde und ist schon gekommen, daß ihr zerstreut werdet, ein jeglicher in das Seine und mich allein lasset. Aber ich bin nicht allein, denn der Vater ist bei mir. 33Solches habe ich mit euch geredet, daß ihr in mir Frieden habet. In der Welt habt ihr Angst; aber seid getrost, ich habe die Welt überwunden.*

In V.23 „an demselben Tage" ist der Tag seines erstmaligen Erscheinens in veränderter Gestalt. Da ist es nur verständlich, daß es den Jüngern vor der Wucht des Erlebnisses die Sprache verschlägt. Daneben beginnt in ihnen selbst ein neues Verständnis der Worte zu keimen, die Jesus sprach, als er noch unter ihnen weilte.

Auf diese Keimkraft spielt Jesus an in V. 23-27. Er weiß, daß die rechte Erkenntnisfähigkeit die Jünger erstmalig mit dem Erscheinen des Heiligen Geistes ergreifen wird und sie ihn erst dadurch mehr und mehr verstehen werden. Nun wird verständlich, warum er sie zu Beginn von Kap.16 noch mit Geistesstützen ausstatten mußte.

V.24 „Bisher habt ihr nichts gebeten in meinem Namen": um im Namen Christi wirklich bitten zu können, muß man in den Geist seines Vermächtnisses einsteigen und das eigene, noch unreine Wollen hintan stellen. Das wird die Zeit sein, wo ein solcher Mensch in der Lage sein wird (V.25), Sprüche und Bilder der Reden Christi in seiner eigenen, individuellen Sprache zu verstehen. V.26: Dann wird es nicht mehr der Vermittlung Christi bedürfen, weil der Mensch sich eh in diesem Geist an den Vater wenden kann und von ihm erhört werden wird. V.27 ist die Begründung dazu: Mensch-Sohn-Vater werden in der einen Liebe vereinigt sein und sich daraus verstehen, denn Rang und Rangdenken werden der Vergangenheit angehören. Endlich. Dauert nur noch ein paar tausend Jahre.

Aber was ist das angesichts der Perspektive?!!

In V.24 „Bittet, so werdet ihr nehmen, daß eure Freude vollkommen sei." : Wenn in diesem Geiste der Mensch künftig bitten wird, werden die Antworten aus der geistigen Welt so direkt, groß und reich sein, daß es für ihn keine größere Belohnung geben kann und er das als die beglückendste Freude erleben wird, zu der wir Menschen je fähig sein werden. Deswegen spricht Jesus von der „vollkommenen Freude". Keine Freude, die aus materiellem Glück aufsteigt, kann eine solche Intensität erreichen. Erst eine Menschheit, die beginnt, solche Freuden zu entdecken, wird sich endgültig vom Materialismus abwenden.

V. 29: Die Jünger sind von der neuen Sprache ihres Herrn ergriffen und ein neues Wissen (Sicherheit) beginnt in ihnen zu leben. Es ist ihnen, wie wenn sie zum ersten Mal glaubten (V.30 „Darum glauben wir, daß du von Gott ausgegangen bist"). Jesus muß ihre Euphorie bremsen, weil er weiß, daß auf jeden von ihnen noch ein individuelles Schicksal wartet (V.32), so wie auf ihn selbst. „Aber ich bin nicht allein, der Vater ist bei mir." Diesen Trost will er ihnen weitergeben mit den Worten des V.33 „In der Welt habt ihr Angst; aber seid getrost, ich habe die Welt überwunden." Heißt: wenn ihr mir wirklich vertraut, d.h. von meinem Geist erfüllen laßt, dann haben die Widersachermächte der Welt keine Macht über euch. So findet ihr in mir Frieden. Das erinnert an sein Versprechen aus Kap. 14,27: „Meinen Frieden gebe ich euch."

Was aber erfahren wir über die Eigenschaften des Heiligen Geistes selbst?

Er geht vom Vater aus, wird aber gesandt vom Sohn und vertritt diesen seit Golgotha als Trost und Hilfe für den Menschen auf dem Wege zu Christus. Es ist der Geist der Wahrheit, der (V.8) der Menschen Geistesauge auftut, sodaß sie das Wesen der Dinge erkennen können. Als grundlegend nennt hier Jesus die Sünde, die Gerechtigkeit und das Gericht.

In V.9 nennt Jesus Sünde das Nichtglauben können oder -wollen an den Sohn. Sodann Gerechtigkeit die Tatsache, daß er zum Vater-Gott zurückkehrt und so im Verborgenen lebt Das ist schon schwieriger zu verstehen und bedarf der Meditation. Unser rein rationales Denken könnte z.B. aus der voranstehenden Argumentation diesen Gedanken entwickeln: Ungerechtigkeit wäre demnach, daß Christus unverborgen bliebe. Das hieße aber, daß wir über ihn direkt stets Rückmeldung hätten darüber, was Ungerechtigkeit ist. Wäre doch toll !! Wie kann sowas ungerecht sein?

Wir sehen daran, daß wir im Sinne Christi den Begriff Gerechtigkeit und damit Ungerechtigkeit ganz anders fassen müssen, um hinter den Sinn seiner Aussage zu kommen. Kehren wir also zu dem zurück, was Jesus uns schon zum Thema „gerecht" vermittelt hat.

„Wenn ich aber richte, richte ich wie ich höre; dann ist mein Gericht gerecht." (Kap.5, 30) Die Stelle ist ein weiterer Beleg dafür, daß der Schlüssel zu jeder Frage, die aus Johannes sich ergibt, im Evangelium selbst zu finden ist.

Was bedeutet „richten wie ich höre?"

Der Mensch ist es, der dazu die Vorgabe macht, aus der Christus dann die Konsequenzen erwachsen läßt. Je nachdem wie der Mensch sich entscheidet, d.h. seine Freiheit einsetzt, sich also z.B. gegen Christus wendet, ist er schon gerichtet. Er ist also der Verantwortliche für sein Denken und Tun und die Folgen daraus.

Wäre Christus dagegen unverborgen, bräuchte der Mensch keine Verantwortung zu übernehmen, da er immer signalisiert bekäme, wie er sich zu verhalten habe im Sinne Christi.. Dann gäbe es weder Gerechte noch Ungerechte. Womit die Ausgangsfrage hinlänglich beantwortet wäre.

V.11: Was erfahren wir über das Gericht? „Daß der Fürst der Welt gerichtet ist".

Christus sagt von dieser Kraft, daß sie keine Macht über ihn habe. Damit will er den potentiellen Christen darauf hinweisen, daß diese Widersacher-Kräfte auch auf ihn keine Macht ausüben können, wenn er ihm, Christus, vertraue und nachfolge. Nicht der Fürst der Welt ist es also, der den Schlüssel in der Hand hält, sondern der Mensch mit seiner Freiheit. Nutzt er diese positiv, dann hat das Böse keine Verfügung über ihn; hat sich quasi damit selbst zum scheitern verurteilt, gerichtet. Das gilt grundsätzlich. Ob es tatsächlich so kommt, hängt aber von uns ab.

Wo der Mensch mit seiner Freiheit am Ende der Erdentage stehen wird, ist offen. Muß offen sein aus heutiger Sicht, sonst gäbe es die Freiheit nicht. Davon hinge dann auch die Lage des Fürsten dieser Welt ab. Meine intuitive Antwort ist: da das Böse eine therapeutische Funktion übernommen hat, d.h. zur Verwirklichung der Freiheit des Menschen in die Welt gekommen ist, wird es am Ende selbst der Erlösung bedürfen, denn es ist ja eine „gefallene" Macht der Hierarchien. Anders hätte es nicht die Kraft, die notwendig ist, Christi Gegenpart zu übernehmen. Daß der Fürst der Welt gerichtet ist, kann sich also nur auf die Zeit beziehen, die der Mensch benötigt zu seiner eigenen Entwicklung.

Wie auch immer es sein wird, das wird uns der Geist Christi, der Heilige, eingeben, wenn unsere Zeit gekommen ist, d.h. wir die geistig-seelische Kapazität erworben haben, ihn zu verstehen und das Geschaute zu ertragen. „Denn jetzt, so sagt Jesus in V.12, könnt ihr es noch nicht tragen", d.h. weder verstehen noch damit umgehen.

In V.13 verhält sich dieser Geist wie der Christus, als er noch über die Erde ging und betont „ich rede nicht aus eigener Vollmacht, sondern wie ich vom Vater höre". Wenn, wie in V.14 angekündigt, dieser Geist den Sohn verherrlichen wird, dann nimmt er die Inhalte, die er verkündet aus der Mehr-Frucht des Weizenkorns, mit dem sich Jesus verglich, als er von seiner Verherrlichung sprach. Das versteht er unter dem „Meinen" in V.14. Diese höchste Frucht teilt er mit dem Vater.

# Kapitel 17

### Das hohepriesterliche Gebet

*[1]Solches redete Jesus und hob seine Augen auf gen Himmel und sprach: Vater, die Stunde ist da: verherrliche deinen Sohn, auf daß dich der Sohn verherrliche, [2]wie du ihm Macht gegeben hast über alles Fleisch, damit er das ewige Leben gebe allen, die du ihm gegeben hast. [3]Das ist aber das ewige Leben, daß sie dich, der du allein wahrer Gott bist, und den du gesandt hast, Jesus Christus erkennen. [4]Ich habe dich verherrlicht auf Erden und vollendet das Werk, das du mir gegeben hast, daß ich es tun solle. [5]Und nun verherrliche mich du, Vater, bei dir selbst mit der Klarheit, die ich bei dir hatte, ehe die Welt war.*

*[6]Ich habe deinen Namen offenbart den Menschen, die du mir von der Welt gegeben hast. Sie waren dein, und du hast sie mir gegeben, und sie haben dein Wort behalten. [7]Nun wissen sie, daß alles, was du mir gegeben hast, sei von dir. [8]Denn die Worte, die du mir gegeben hast, habe ich ihnen gegeben; und sie haben's angenommen und erkannt wahrhaftig, daß ich von dir ausgegangen bin und glauben, daß du mich gesandt hast.*

*[9]Ich bitte für sie und bitte nicht für die Welt, sondern für die, die du mir gegeben hast; denn sie sind dein.*

*[10]Und alles, was mein ist, das ist dein, und was dein ist, das ist mein; und ich bin in ihnen verherrlicht. [11]Und ich bin nicht mehr in der Welt; sie aber sind in der Welt, und ich komme zu dir. Heiliger Vater, erhalte sie in deinem Namen, den du mir gegeben hast, daß sie eins seien gleichwie wir. [12]Solange ich bei ihnen war, erhielt ich sie in deinem Namen, den du mir gegeben hast, und habe sie bewahrt, und ist keiner von ihnen verloren außer dem Sohn des Verderbens, auf daß die Schrift erfüllt würde. [13]Nun aber komme ich zu dir und rede solches in der Welt, auf daß sie in sich haben meine Freude vollkommen. [14]Ich habe ihnen gegeben dein Wort, und die Welt haßte sie; denn sie sind nicht von der Welt, wie denn auch ich nicht von der Welt bin. [15]Ich bitte nicht, daß du sie von der Welt nehmest, sondern daß du sie bewahrest vor dem Bösen. [16]Sie sind nicht von der Welt, gleichwie ich auch nicht von der Welt bin. [17]Heilige sie in der Wahrheit; dein Wort ist die Wahrheit. [18]Gleichwie du mich gesandt hast in die Welt, so sende ich sie auch in die Welt. [19]Ich heilige mich selbst für sie, auf daß auch sie geheiligt seien in der Wahrheit. [20]Ich bitte*

*aber nicht allein für sie, sondern auch für die, die durch ihr Wort an mich glauben werden, $^{21}$auf daß sie alle eins seien, gleichwie du, Vater, in mir und ich in dir; daß auch sie in uns seien, damit die Welt glaube, du habest mich gesandt.*

*$^{22}$Und ich habe ihnen gegeben die Herrlichkeit, die du mir gegeben hast, daß sie eins seien, gleichwie wir eins sind, $^{23}$ich in ihnen und du in mir, auf daß sie vollkommen eins seien und die Welt erkenne, daß du mich gesandt hast und liebst sie, gleichwie du mich liebst.*

*$^{24}$Vater, ich will, daß wo ich bin, auch die bei mir seien, die du mir gegeben hast, auf daß sie meine Herrlichkeit sehen, die du mir gegeben hast; denn du hast mich geliebt, ehe denn die Welt gegründet ward. $^{25}$Gerechter Vater, die Welt kennt dich nicht; ich aber kenne dich, und diese haben erkannt, daß du mich gesandt hast. $^{26}$Und ich habe ihnen deinen Namen (Vater) kundgetan und will ihnen kundtun, damit die Liebe, mit der du mich liebst, sei in ihnen und ich in ihnen.*

V. 1-5 Jesu Beten unterscheidet sich grundlegend vom Gebet der Menschen. In aller Regel bitten wir aus egoistischen Motiven heraus, die uns als solche aber nicht bewußt sind. Zeichnet sich eine Krankheit ab z.B., erbitten wir Gesundheit, bzw. Verschonung. Drückt uns ein Los nieder, bitten wir um Befreiung oder zumindest Erleichterung. Alles nachvollziehbar und verzeihlich in unseren Augen, weil wir damit um Verständnis für unsere Schwachheit bitten, die wir als gegeben in unsere Menschennatur ansehen. Und wer müßte das besser verstehen und verzeihen als der, der uns damit ausgestattet hat, nämlich Gott?!

I.      Auch Jesus kennt die Bitte an den Vater, sie bildet den Auftakt und den Schluß seines Gebetes. Dazwischen legt er Rechenschaft ab über seinen Auftrag vom Vater. Aber was für ein Unterschied zu unserem Bitten!!

Jesus gibt dem Vater zu verstehen, daß er Zeit und Bedeutung seiner Stunde erkannt hat und nur in der Annahme seines Opferganges die Nähe und Hilfe seines Vaters spüren werde. Das versteht er unter seiner Verherrlichung, die wir ja als Sterbens-Verwandelns- und Auferstehungs- Vorgang in neuer Stärke kennen gelernt haben im Gleichnis vom Weizenkorn. Der Sohn Gottes bittet den Vater darum, seine Ohnmacht, seinen Leidensweg und Aufgabe tragen zu dürfen, weil er weiß und darauf vertraut, daß daraus Stärke für andere erwach sen wird. Wir Menschen erbitten des Vaters Beistand, um der Prüfung unserer Ohnmacht zu entgehen, weil wir uns nicht vorstellen können, daß auch aus ihr etwas Höheres, Stärkeres entstehen will. Wie wenn Jesus uns hätte zu bedenken geben wollen in zugespitzter Form: „Meine Ohnmacht auf Erden wird zur Stärke im Himmel werden, eure Stärke auf Erden dagegen zur Ohnmacht im Himmel."

Solange jemand zwischen dieser Welt hier und der geistigen keinen Zusammenhang sieht und spürt, mag das ohne sichtbare Folgen für ihn bleiben. Wo das anders erlebt wird, müßten wir uns beeilen, unser Verhältnis zur geistigen Welt umzukehren, denn die irdische bestimmt unser Leben nur scheinbar und nicht dauerhaft. Jeder, der schon einmal immaterielles Glück empfunden hat, hat eine Vorahnung davon bekommen.

Hinter Jesu Haltung steht der Gedanke des Dienens eines Wesens für das andere, wofür wir Heutigen in der Regel noch zu schwach sind. Wir haben noch nicht verstanden und verinnerlicht den Satz „wer sein Leben bewahren möchte, wird es verlieren, wer es ‚ haßt ‚ d.h. bereit ist zu opfern, wird es zum ewigen Leben gewinnen.

Während ich diese Zeilen schreibe, stockt meine Hand, weil mir bewußt wird, wie heute der weltweite Fundamentalismus bereit ist, sie zu pervertieren. Wer andere Menschen und sich selbst in die Luft jagt, dient weder einer Höheren Welt noch seinen Mitmenschen. Wohl aber der Lüge und der extremsten Form des Egoismus: dem Fanatismus.

Doch zurück zum Gebet Jesu. Die Verherrlichung, die es einleiten, sind also nicht Ausdruck einer gegenseitigen Glorifizierung, sondern eines gegenseitigen Dienens auf höchster Stufe. In diesem Sinne muß auch das „auf daß..." richtig gestellt werden bei der Verherrlichung des Vaters durch den Sohn in V. 2-3. Da könnte leicht der Eindruck entstehen, daß der Sohn den Vater nur dann zu verherrlichen bereit wäre, wenn der Vater zuvor ihn verherrlicht hätte. Das entspräche jedoch menschlichem Nützlichkeitsdenken. Hier folgt dagegen die eine Verherrlichung aus der anderen als natürlich geistige Ursachen kette.

Nur wenn Jesus-Christus durch seinen Opfergang sich in eine geistige Kraft verwandelt, kann er überall (Ubiquität) und gleichzeitig auf Erden Menschen erreichen und sie zu der Einsicht in die Wahrheit führen, daß diese in der Botschaft von Vater und Sohn ruht /V. 2-3). Das ist dann gleichbedeutend mit der Vollendung des Auftrages des Vaters an den Sohn (V.4).

Die letzte Bitte des Sohnes um Verherrlichung (V.5) erfordert unsere ganze Aufmerksamkeit. In 17,5 heißt es „Und nun verherrliche mich du, Vater, bei dir selbst mit der Klarheit, die ich bei dir hatte, ehe die Welt war".

Es geht hierbei nicht darum, daß sich der Sohn in seiner Bedeutung beim Vater in Erinnerung bringen mußte, nachdem er seinen Auftrag, nämlich die Führung und Verwandlung der Menschheit, angenommen hatte. Aber der geschaffene Logos, der Christus-Geist, spürt, daß er für die schwerste Aufgabe im Kosmos, nämlich den Menschen seiner Bestimmung zuzuführen, den besonderen Beistand des Vaters braucht Dieser möge ihn so als Herrn dieser Aufgabe einsetzen und damit stärken, wie es seiner gleichzeitigen Position als ungeschaffener Logos der Trinität entspricht.

Zur Erinnerung: ein Herr im Sinne Christi ist der, der sich selbst gebietet, alles abzulegen, was Schwäche an ihm ist.

Der seine höchste Aufgabe im Dienen am Nächsten sieht. Der frei ist von jeglicher Eitelkeit und Rangdenken.

Der nach irdischem Maßstab ohnmächtig ist, aber mächtig im Geiste der Nachfolge Christi bzw. im Geiste des Vaters.

II.     Jesus legt vor dem Vater Rechenschaft ab über seinen Auftrag. Dabei schimmert durch die Beziehung zu den Menschen, die er dabei gewonnen hat.

-       V.6 Jesus offenbarte den <u>Namen</u> des Vaters an seine Jünger: er hat ihnen das Wesen des Vaters kundgetan durch Verkündigung seiner Botschaft (= sein Wort  V.7)

- V.12 „Ich erhielt sie in deinem Namen: Jesus bewirkte, daß die Schüler des Vaters in dessen Wahrheit erhalten wurden. Damit wurden sie auch zu seinen Jüngern,
- weil sie die Gemeinschaft von Vater und Sohn erkannten und damit auch die Sendung des Sohnes. Das führt zum letzten angesprochenen Ziel,
- V.23 die Gemeinschaft der Zukunft zwischen Vater - Sohn - Mensch in gegenseitig sich durchdringender Liebe

III.     Das Band zwischen Jesus und den Seinen

- V.10 Er ist in ihnen verherrlicht: Durch sein Opfer wird er zum Weizenkorn in ihnen, das viel Frucht bringt.
- V.13 Durch seine Rückkehr zum Vater entbindet er den Hl. Geist. Was der Mensch in dessen verlebendigtem Denken erkennt und sich davon erfüllen läßt, wird ihn zum Erleben der vollkommensten Freude führen.
- V.18 Jesus macht seine Jünger zu Sendboten seines Geistes (Wortes) in der Welt. So werden sie Abbild seiner Mission.
- V.19 Jesus heiligt sich für sie, damit sie sich heiligen in der Wahrheit: Jesu Heiligung ist sein Opfergang für die Menschheit. Das darf sich der Mensch als Beispiel nehmen, um sein Opfer zu bringen: die Selbstüberwindung.In und durch diese wird er „heil", d.h. gesund. Orientierungspunkt auf diesem Wege ist ihm die Wahrheit, die Christus verkündigt.
- V. 20/21 Das Heil wird auch denen zugesagt, die durch Mission zum Glauben kommen.
- V.22 „ich habe ihnen die Herrlichkeit gegeben, die du mir gegeben hast": Wenn der Mensch den Weg der Verherrlichung geht, also den Weg des Weizenkorns, dann wird der geistige Glanz der durch eine solche Tat entsteht, auf ihn abstrahlen. Das ist die Herrlichkeit des Himmels. Diese verkörpert am reinsten der Sohn mit seiner Tat. Diese und die Liebe des Vaters werden zum Vorbild für den Menschen, ihnen nachzueifern.

IV.     Die Bitten Jesu für die Seinen

- V.9 Jesus bittet für die, die ihm der Vater anvertraut. Dadurch werden sie auch Teil von ihm, da Vater und Sohn alles gemeinsam gehört (siehe auch die Verherrlichung des Sohnes in ihnen).

- V.11/12 : Solange Jesus über die Erde ging, hat er seine Jünger in der Wahrheit gehalten. Nun bittet er den Vater um Mithilfe.
- V.15 Der Christ muß sich mit der Welt auseinandersetzen und darf sie nicht fliehen. Er darf aber Sohn und Vater bitten, ihn vor dem Bösen zu bewahren, d.h. mitzuhelfen, daß er sich nicht an die Welt verliert.
- V.26 Der Abschluß des hohepriesterlichen Gebetes ist die Bitte des Sohnes an den Vater mit dem Menschen in eine künftige Gemein schaft zu kommen, die Abglanz der Liebe sei, die zwischen ihnen, Vater und Sohn, herrscht.

Das ist höchste Adelung des Menschen und Verpflichtung in einem.

# Kapitel 18

## *Gefangennahme Jesu und Verhör vor Pilatus*

*[1]Da Jesus solches geredet hatte, ging er hinaus mit seinen Jüngern über den Bach Kidron, da war ein Garten, darein ging Jesus und seine Jünger. [2]Judas aber, der ihn verriet, wußte den Ort auch, denn Jesus versammelte sich oft daselbst mit seinen Jüngern. [3]Da nun Judas zu sich genommen hatte die Schar der Kriegsknechte und die Diener der Hohenpriester und Pharisäer, kommt er dahin mit Fackeln, Lanzen und mit Waffen. [4]Da nun Jesus wußte alles, was ihm begegnen sollte, ging er hinaus und sprach zu ihnen: Wen suchet ihr? [5]Sie antworteten ihm: Jesus von Nazareth. Er spricht zu ihnen: Ich bin's! Judas aber, der ihn verriet, stand auch bei ihnen. [6]Als nun Jesus zu ihnen sprach: Ich bin's! wichen sie zurück und fielen zu Boden. [7]Da fragte er sie abermals: Wen suchet ihr? Sie aber sprachen: Jesus von Nazareth. [8]Jesus antwortete: Ich habe es euch gesagt, daß ich's bin. Suchet ihr denn mich, so lasset diese gehen! [9]auf daß das Wort erfüllt werde, welches er gesagt hatte: Ich habe derer keinen verloren, die du mir gegeben hast. [10]Da hatte Simon Petrus ein Schwert und zog es heraus und schlug nach des Hohenpriesters Knecht und hieb ihm sein rechtes Ohr ab. Und der Knecht hieß Malchus. [11]Da sprach Jesus zu Petrus: Stecke dein Schwert in die Scheide! Soll ich den Kelch nicht trinken, den mir mein Vater gegeben hat?*

Dieses Kapitel besteht aus mehreren Szenen, deren erste im Garten Gethsemane spielt, einem alten Versammlungsort Jesu mit seinen Jüngern. Demzufolge ist der Ort auch Judas bekannt und so führt er die Kriegsknechte dorthin, wo die Verhaftung Jesu stattfinden soll.

## 1. Szene

Stärker konnte der Unterschied zwischen der Bedeutung und Wirkung geistiger Macht und irdischer Gewalt nicht herausgearbeitet werden als in dieser Verhaftungsszene. Jesu Bekenntnis, daß er der Gesuchte sei, sein „Ich bin's", zeigt uns ein dermaßen starkes Ich, daß irdische Macht eigentlich nicht dagegen bestehen kann.

Äußeres Zeichen davon sind die von diesen Worten umgeblasenen Häscher. Das sein Schicksal auf sich nehmende Bewußtsein, sein Ich, ist den vielen Nicht-Ichen der Knechte turmhoch überlegen. Die Häscher müssen damals nicht wirklich umgefallen sein bei diesen Worten Jesu, aber sie müssen sich entsprechend seelisch schwach, d.h. unberechtigt gefühlt haben, Hand an einen solchen Menschen zu legen.

Dieses Ich des Christus mit seiner Wirkung bildet den Gegenpart zum Schwert des Petrus, das dieser gegen einen der Häscher einsetzt und ihm das rechte Ohr abhaut. Die alte Menschheit löste Streit noch mit dem Schwert. Die Schwertkraft der Zukunft aber soll auf dem Wort des geistig erstarkten Ich beruhen. Es wird die Konflikte auf friedlichem Wege und aus der Kraft der durchgeistigten Liebe heraus lösen.

Wenn wir uns umschauen in unserer Welt, dann wissen wir, daß da ein Blick in eine sehr ferne Zukunft gewährt wurde. Entscheidend wird dabei unser Vertrauen und unser Glaube in diese Botschaft sein.

Das „Ich bin's" ist uns schon an anderer Stelle begegnet, wobei es eine völlig eigene Wirkung entfaltet hat. Das war im Abschnitt „Jesus wandelt über das Meer." Damals nahm das „Ich bin's" den Jüngern die Angst vor Jesu Erscheinung und dem Ertrinken, hat also Schwäche in Sicherheit und Vertrauen verwandelt. in Gethsemane wandelt das „Ich bin's" vermeintlich irdische Stärke (bewaffnete Häscher) in seelisch-geistig Ohnmächtige. Es wird also jeweils zum Katalysator menschlicher Schwächen und will uns darauf aufmerksam machen, daß ein durchchristetes Ich der einzige Weg zu echter Stärke des Menschen und zu seiner eigentlichen Sinnerfüllung ist.

Kaum weiß Jesus was auf ihn zukommt, da denkt er wieder an die Seinen (V. 8/9) und möchte, daß seine Jünger nicht wegen ihm verhaftet werden. Ein durch Zwang für ihn erbrachtes Opfer wäre sinnlos und daher unannehmbar. Die erste Szene schließt mit dem nach irdischen Maßstäben rechtschaffenen, nach geistigem Maßstab jedoch völlig verfehlten Auftritt des Petrus. Er will seinen Herrn mit dem Schwert verteidigen gegen die Häscher. Deutlicher kann er nicht demonstrieren, daß er von der Mission seines Herrn kaum etwas verstanden hat. Er ist noch ganz und gar emotional verhaftet in seiner Natur. Das ist ein Element, das sich auch durch sein späteres Leben hindurch ziehen wird.

Nicht ohne Grund sagt Paulus später einmal von ihm: „Ich habe ihm ins Angesicht widerstanden", als lange nach dem Tod Jesu, Petrus die frühe Christengemeinde zu Jerusalem wieder in jüdische Bräuche zurückführen wollte.

Wie Petrus Ort und Stunde nicht begreift in ihrer Bedeutung, das erinnert an den Parsifal-Mythos. Der junge Held ist noch zu „tumb", zu unreif und unerfahren, sodaß er das erlösende Wort zu gegebener Stunde nicht findet. Erst im Durchleben von Leid und im Sammeln von Welt-Erfahrung findet er den Weg zu sich selbst und damit zum Gral.

Wir werden später in Kap.21 sehen, daß Jesus für Petrus einen entsprechen-den Lebensweg der Individuation vorgesehen hat, damit dieser seinen Herrn besser und besser begreifen lerne.


Jesus vor den Hohepriestern

*[12]Die Schar aber und der Oberhauptmann und die Diener der Juden nahmen Jesus und banden ihn [13]und führten ihn zuerst zu Hannas; der war der Schwie-gervater des Kaiphas, welcher des Jahres Hoherpriester war. [14]Es war aber Kaiphas, der den Juden geraten hatte, es wäre gut, daß ein Mensch stürbe für das Volk. [15]Simon Petrus aber folgte Jesus nach und ein anderer Jünger. Dieser Jünger war dem Hohenpriester bekannt und ging mit Jesus hinein in des Hohenpriesters Palast. [16]Petrus aber stand draußen vor der Tür. Da ging de andere Jünger, der dem Hohenpriester bekannt war, hinaus und redete mit der Türhüterin und führte Petrus hinein. [17]Da sprach die Magd, die Türhüte-rin, zu Petrus: Bist du nicht auch einer von den Jüngern dieses Menschen? Er sprach: Ich bin's nicht.*

*¹⁸Es standen aber die Knechte und Diener und hatten ein Kohlenfeuer ge-
macht, denn es war kalt, und wärmten sich. Petrus aber stand bei ihnen und
wärmte sich. ¹⁹Aber der Hohepriester fragte Jesus über seine Jünger und über
seine Lehre. ²⁰Jesus antwortete ihm: Ich habe frei öffentlich geredet vor der
Welt. Ich habe allezeit gelehrt in der Synagoge und in dem Tempel, wo alle
Juden zusammenkommen, und habe nichts im Verborgenen geredet. ²¹Was
fragst du mich? Frage die, die gehört haben, was ich zu ihnen geredet habe.
Siehe, diese wissen, was ich gesagt habe. ²²Als er aber solches redete, gab der
Diener einer, der dabeistand, Jesus einen Backenstreich und sprach: Antwor-
test du so dem Hohenpriester? ²³Jesus antwortete: Habe ich übel geredet, so
beweise, daß es böse sei; habe ich aber recht geredet, was schlägst du mich?
²⁴Und Hannas sandte ihn gebunden zu dem Hohenpriester Kaiphas.*

*²⁵Simon Petrus aber stand und wärmte sich. Da sprachen sie zu ihm: Bist du
nicht seiner Jünger einer? Er leugnete aber und sprach: Ich bin's nicht.
²⁶Spricht einer von des Hohenpriesters Knechten, ein Verwandter des, dem
Petrus das Ohr abgehauen hatte: Sah ich dich nicht im Garten bei ihm? ²⁷Da
leugnete Petrus abermals, und alsbald krähte der Hahn.*

2. Szene

Was vorher dutzende Male gut gegangen war, nämlich daß sich Jesus seinen
Häschern entziehen konnte, ist nun nicht mehr möglich. So als wären sie nie
an seiner Macht gescheitert, nehmen sie ihn nun fest, da seine Stunde vom
Vater-Gott bestimmt war.

Petrus und „ein anderer Jünger" folgten dem Festgenommenen bis in den Sitz
des Hohenpriesters. Es kommt zur ersten Verleugnung Jesu durch Petrus.
Dieser wird vom Personal erkannt als Anhänger Jesu und verhört; so kommt
es zur Leugnung.

Man fragt sich allerdings, wieso der eine Jünger (Petrus) verfolgt, der andere
nicht mal verdächtigt wird. Es bleibt nur der Schluß, daß die Familie des
anderen Jüngers gesellschaftlich bekannt und respektiert war, d.h. zur Oberschicht gehörte, während seine Rolle als Jünger Jesu noch unentdeckt war.

Die Szene wirkt aber auch so, wie wenn dieser Jünger etwas Wichtiges in die
Wege zu leiten gehabt hätte, nämlich die 3-fache Verleugnung Jesu durch
Petrus. Er erscheint als Diener der Inneren Dramaturgie, was für mich auf den
Lieblingsjünger des Herrn deutet.

Die dreifache Verleugnung Jesu durch Petrus als Beispiel der Künstlerschaft des Johannes:

Während Petrus dreimal lügt, wärmt er sich gleichzeitig an einem Kaminfeuer. Ganz leicht könnte einem da der tiefere Sinngehalt des Bildes entgehen, da es immer auch eine logische Begründung aus der realen Welt gibt für die Szene: „Denn es war kalt", heißt es in V.18. Auf der Ebene der geistigen Aussage jedoch bedeutet die Szene etwas ganz anderes: Petrus brennt noch nicht für seinen Herrn aus eigener Kraft und Stärke. Seine Angst um sein irdisches Leben läßt ihn leben aus „geliehener Energie", aus der Wärme eines physischen Feuers, statt aus dem Feuer geistiger Stärke, welches echte Opferbereitschaft im Menschen zu entzünden vermag, d.h. das Einstehen für seine Überzeugung.

Mit einem einfachen Bild läßt Johannes als Künstler uns eine höhere Wahrheit ahnen und veranlaßt uns so, nach ihr zu suchen. Damit wird der Leser zum Mitschöpfer dieser Wahrheit worin das Verwandlungspotenzial seiner selbst liegt.

*[28]Da führten sie Jesus von Kaiphas vor das Richthaus. Und es war frühe; und sie gingen nicht in das Richthaus, damit sie nicht unrein würden, sondern Ostern essen könnten.*

*[29]Da ging Pilatus zu ihnen heraus und sprach: Was bringet ihr für Klage wider diesen Menschen? [30]Sie antworteten und sprachen zu ihm: Wäre dieser nicht ein Übeltäter, wir hätten ihn dir nicht überantwortet. [31]Da sprach Pilatus zu ihnen: So nehmet ihr ihn hin und richtet ihn nach eurem Gesetz. Da sprachen die Juden zu ihm: Wir dürfen niemand töten, [32]auf daß erfüllt würde das Wort Jesu, das er sagte, um zu zeigen, welches Todes er sterben würde.*

*[33]Da ging Pilatus wieder hinein ins Richthaus und rief Jesus und sprach zu ihm: Bist du der Juden König? [34]Jesus antwortete: Redest du das von dir selbst, oder haben's dir andere von mir gesagt? [35]Pilatus antwortete: Bin ich ein Jude? Dein Volk und die Hohenpriester haben dich mir überantwortet. Was hast du getan? [36]Jesus antwortete: Mein Reich ist nicht von dieser Welt. Wäre mein Reich von dieser Welt, meine Diener würden darum kämpfen, daß ich den Juden nicht überantwortet würde; aber nun ist mein Reich nicht von dieser Welt. [37]Da sprach Pilatus zu ihm: So bist du dennoch ein König? Jesus antwortete: Du sagst es, ich bin ein König. Ich bin dazu geboren und in die Welt gekommen, daß ich für die Wahrheit zeugen soll. Wer aus der Wahrheit*

*ist, der höret meine Stimme.* [38]*Spricht Pilatus zu ihm: Was ist die Wahrheit? Und da er das gesagt, ging er wieder hinaus zu den Juden und spricht zu ihnen: Ich finde keine Schuld an ihm.* [39]*Ihr habt aber eine Gewohnheit, daß ich euch einen Gefangenen zum Osterfest losgebe; wollt ihr nun, daß ich euch der Juden König losgebe?* [40]*Da schrien sie wieder und sprachen: Nicht diesen, sondern den Barabas! Barabas aber war ein Räuber.*

V. 19-24 Verhör vor Hannas:

Die Szene folgt den Gepflogenheiten vor Gericht. Der Hohepriester fragt Jesus aus bloßem Formalismus heraus, d.h. um dem Buchstaben des Gesetzes Genüge zu tun. In Wahrheit weiß er über Jesus längst Bescheid, soweit er ihn denn begreifen konnte.

Jesus will ihn auf diese Entwürdigung eines Menschen durch Instrumentalisierung hinweisen. Der Diener, der daraufhin Jesus ohrfeigt, ist der Typus des seelenlosen Apparatschicks, der aus vorauseilender Unterwürfigkeit handelt, weil er sich einen kleinen Vorteil davon verspricht. Unrechtsregime funktionieren zu allen Zeiten nur durch die Mitarbeit solcher Knechtsseelen. Jesus will jedoch auch diesen, vermeintlich unbedeutenden Menschen aus der Anonymität solch menschen-unwürdigen Verhaltens herausholen, indem er ihn auffordert, über sein Handeln und dessen Motive nachzudenken. Jesus hat an jedem Menschen Interesse, ungeachtet dessen irdischer Stellung oder Bedeutung.

3. Szene

Der König der Wahrheit / Jesus vor Pilatus

Was wir über den historischen Pilatus wissen, klingt wenig schmeichelhaft. Danach war er ein überaus harter und grausamer Statthalter Roms in Palästina. Er sah mit Verachtung auf die Gesetzesdichte jüdischen Lebens herab und schreckte auch nicht vor dem Griff in den Tempelschatz zurück. Bei Unruhen fackelte er nicht lange, um Roms Anspruch auf Oberhoheit über die Selbstverwaltung der Juden durchzusetzen. Hinrichtungen ohne Urteilsspruch waren keine Seltenheit unter ihm.

Daraus erhebt sich die Frage: Was trieb Johannes an, ein zumindest teilweise positives Pilatus-Bild zu zeichnen?

Folgen wir dazu den V. 28-40.

In V. 28-31 meiden die Pharisäer das Richthaus, in dem sie Jesus dem Tod überantworten wollen, um nicht unrein zu werden. In ihren Augen verunreinigt nicht ihr Tun, bzw. ihr Absicht sie, sondern das Betreten eines Gebäudes, das diesem Vollzug dient. Darüber hinaus soll ein Dritter sich die Hände schmutzig machen an ihrer Stelle. Man ist erschüttert darüber, wie sehr die innere Welt dieser Menschen sich hinterm Formalismus selbst dort versteckt, wo es um Leben oder Tod geht. Ein Reinheitsgesetz wird über das Gebot der Nächstenliebe und der Achtung vor dem Leben gestellt! Verantwortung wird keine übernommen, da sie den beschmutzenden Vollzug des Todesurteils Pilatus aufladen wollen. So wird erkennbar, wieweit Gesetze, Moral und Logik verbogen werden, wenn Menschen ihre Emotionalität bemänteln, um sie ausleben zu können. Pilatus versucht mit dem Mittel des Verstandes gegen diese Irrationalität anzugehen. Er erscheint als Vertreter einer Weltmacht, der es auch um Recht und Ordnung geht, ganz im Geiste der Werte der Frühen Republik. Vergil hat diese Tugenden, deretwegen kleinere Völker die Römer schon mal als Schutzmacht angerufen haben, mit diesen Worten zum Ausdruck gebracht: „ Dein sei Römer das Amt, als Herrscher die Völker zu zügeln; die Gesetze des Friedens zu schreiben, ihm, der gehorcht zu verzeihen, Hoffärtige niederzukämpfen.“

An Sophistik, also der Kunst, die Logik zu verbiegen, die aus der Natur der Sache spricht, mangelte es den Pharisäern nicht. In V.30 setzen sie ihr Erscheinen vor Pilatus und ihre Anklage gegen Jesus von vornherein mit Dienst an der Gerechtigkeit gleich.

Danach wäre jede andere Position Unrecht und Pilatus so mundtot gemacht. Als an Tatsachen orientierter Mensch macht sich Pilatus jedoch erst einmal sein eigenes Bild vom Beschuldigten. In V.36 erfährt er so, daß sich dieser Jesus zwar für einen König hält, aber eines Reiches, in dem Pilatus keine Konkurrenz zum irdischen Machtanspruch Roms erkennen kann. Wer bereit ist, für ein Reich zu kämpfen, das nicht von dieser Welt ist, weil es das Reich der Wahrheit ist, steht für Pilatus nicht auf beiden Beinen. Er ist in seinem rein verstandlichen Denken zur sehr auf Probleme der Alltags-Realität ausgerichtet und beurteilt Verhalten nach seiner Nützlichkeit. Daß jemand bereit ist, sein Leben für ein so ungreifbares Abstraktum wie die Wahrheit zu riskieren, kann er nicht nachvollziehen.

Seine Gegenfrage an Jesus (V.38) „Was ist die Wahrheit?“, weist ihn denn auch als Ahnvater aller Relativisten aus, die auch heute noch die milliardenfache Perspektive der Menschen aufs Objekt, und damit ihre Wirklichkeit, mit der einen Wahrheit, verwechseln.

Ein wenig aber scheint Pilatus zu erahnen, daß dieser Jesus etwas verkörpert, an das er seelisch-geistig noch nicht heranreicht. In Kap. 19,5 mußte er von dem Kontrast zwischen dem inneren Adel Jesu und seinem äußeren Elend durch die Dornen-Bekrönung so ergriffen gewesen sein, so daß er den Juden zurief : „Sehet, welch ein Mensch!"

# Kapitel 19

### *Geißelung und Verspottung*

*[1]Da nahm Pilatus Jesus und ließ ihn geißeln. [2]Und die Kriegsknechte flochten eine Krone von Dornen und setzen sie auf sein Haupt und legten ihm ein Purpurkleid an [3]traten zu ihm und sprachen: Sei gegrüßt lieber Judenkönig! und gaben ihm Backenstreiche. [4]Da ging Pilatus wieder heraus und sprach zu ihnen: Sehet ich führe ihn heraus zu euch, damit ihr erkennet, daß ich keine Schuld an ihm finde. [5]Da ging Jesus heraus und trug eine Dornenkrone und ein Purpurkleid. Und Pilatus spricht zu ihnen: „Sehet, welch ein Mensch!"*

*[6]Da ihn die Hohenpriester und die Diener sahen, schrien sie und sprachen: Kreuzige! kreuzige! Pilatus spricht zu ihnen: Nehmt ihr ihn hin und kreuzigt ihn, denn ich finde keine Schuld an ihm. [7]Die Juden antworteten ihm: Wir haben ein Gesetz, und nach dem Gesetz muß er sterben, denn er hat sich selbst zu Gottes Sohn gemacht. [8]Da Pilatus das Wort hörte, fürchtete er sich noch mehr [9]und ging wieder hinein in das Richthaus und spricht zu Jesus: Woher bist du? Aber Jesus gab ihm keine Antwort. [10]Da sprach Pilatus zu ihm: Redest du nicht mit mir? Weißt du nicht, daß ich Macht habe, dich loszugeben, und Macht habe, dich zu kreuzigen? [11]Jesus antwortete: Du hättest keine Macht über mich, wenn sie dir nicht wäre von oben her gegeben. Darum: der mich dir überantwortet hat, der hat größere Sünde. [12]Von da an trachtete Pilatus, wie er ihn losließe. Die Juden aber schrien und sprachen: Läßt du diesen los,*

*so bist du des Kaisers Freund nicht; denn wer sich zum König macht, der ist wider den Kaiser. [13]Da Pilatus das Wort hörte, führte er Jesus heraus und setzte sich auf den Richterstuhl an der Stätte, die da heißt Steinpflaster, auf häbräisch Gabbatha. [14]Es war aber der Rüsttag auf Ostern um die sechste Stunde. Und er spricht zu den Juden: Sehet, das ist euer König! [15]Sie schrien aber: Weg, weg mit dem! Kreuzige ihn! Spricht Pilatus zu ihnen: Soll ich euren König kreuzigen? Die Hohenpriester antworteten: Wir haben keinen König denn den Kaiser. [16]Da überantwortete er ihnen Jesus, daß er gekreuzigt würde.*

In 18,38 tritt Pilatus erstmals den Juden gegenüber mit den Worten: „ Ich finde keine Schuld an ihm", und will Jesus freigeben. Er stellt die Freigabe aber ins Ermessen der Juden. Da antwortet ihm deren pure Emotion mit dem Ruf : „Den Barabas laß frei!"

Längst sind die Juden von keinem rationalen Argument mehr erreichbar. Verstand und Vernunft stehen gegen Irrationalität und Emotionalität.

Dies ist der Augenblick, wo Pilatus versagt, wider besseres Wissen läßt er Jesus geißeln und mit der Dornenkrone und dem Königspurpur „schmücken" , d.h. zum Gespött der Kriegsknechte und Juden werden. Da nutzt es auch nichts mehr, daß er Jesus zum zweiten Mal vor die Juden führt, um sie erkennen zu lassen, daß er ihn für unschuldig halte. Mit seinem Ausruf „Sehet, welch ein Mensch!" macht er einen letzten Versuch, an den besseren Menschen in der Masse zu appellieren.

Was Pilatus nicht weiß: Er hat zwar verstanden, daß Jesus unschuldig ist, nicht aber, daß damit er, Pilatus, eine persönliche Verantwortung übernehmen müßte. Nämlich für das von ihm Erkannte einzustehen durch Übernahme der daraus erwachsenden Konsequenzen.

Das hätte bedeutet, Jesus freizulassen, egal wie die Juden darauf reagieren. Es wäre der Schritt vom Verstand zum Bewußtsein gewesen, das ein Problem wie aus der Vogelperspektive in seiner Gänze erfaßt und weiß, daß dann auch der Mensch dazugehört, der die Konsequenzen daraus trägt. Diesen Entwicklungsschritt geht Pilatus nicht mit. Er überlegt zwar weiter, Jesus freizulassen (V.12), wird aber vom Mob prompt vor die Schranken seines Charakters geführt. Die Masse weiß instinktiv um seine Schwäche und packt ihn dort: V.12 „Läßt du diesen (Jesus) los, so bist du des Kaisers Freund nicht".

Und so nehmen die Dinge ihren Lauf. Zwar macht Pilatus einen dritten und letzten Versuch vor den Juden in V.14 „Sehet, das ist euer König".

Als aber die Juden im römischen Kaiser ihren Herrn bekennen und einen eigenen König verleugnen, geht auch Pilatus die Ehre vor der Welt vor und überantwortet er Jesus seinen Peinigern. Deren ganze Psyche mit ihrer Wirklichkeit ist in dem einen Schrei (V.15) geronnen, d.h. konzentriert „Weg, weg mit dem !" Das anhängende „Kreuzige ihn!", spielt darin eine untergeordnete Rolle.

Wie ist das zu verstehen?

Der Anblick Jesu ist für die Pharisäer nur schwer zu ertragen. Nicht weil die bejammernswerte Gestalt ihr Mitgefühl erregt hätte, sondern weil die Gegenwart Jesu sie permanent unterschwellig an die in ihnen selbst ruhenden Schattenseiten ihres Wesens und ihre ungelösten Aufgaben in Richtung eines besseren Menschen gemahnte. Wer mit einem Menschen in Frieden leben will, darf eines nie tun: Ihn direkt oder indirekt merken lassen, daß er des anderen, diesem aber unbewußte dunkle Seiten entdeckt hat, denn das ist das einzige, was dieser ihm nie verzeihen wird. Und eine leise Ahnung von diesen Seiten hat der eine oder andere schon. Das trennt und spaltet und die Beteiligten wissen oft nicht, was im Spiele ist, weil es, rein äußerlich gesehen, keinen vernünftigen, einsehbaren Grund gibt für einen Dissens.

Die Szene zwischen Pilatus, Jesus und den Juden ist insofern eine Fortsetzung dessen, was schon im zweiten Teil des Kapitels über die Ehebrecherin anklang. Jesus hatte dort, ohne jeden Arg, den Pharisäern den Spiegel vorgehalten und sie so dermaßen aufgebracht, daß sie am Ende bereit waren ihn zu steinigen. Seither ist er der Störfaktor ihrer Seelen-Bequemlichkeit. Die Begründungen, die sie Pilatus geben dafür daß Jesus den Tod verdient habe, sind in Wahrheit vorgeschobene. Die in V.7 gegebene Begründung, daß sich Jesus zu Gottes Sohn gemacht habe und deswegen sterben müsse, ist so eine. Wäre das der wirkliche Grund ihres Hasses gewesen, hätten sie niemals in der emotionalen Weise reagiert, in der sie es haben. Wäre das das eigentliche Vergehen Jesu in ihren Augen gewesen, hätten sie ihn für verrückt erklärt und wahrscheinlich, trotz des von ihnen zitierten Gesetzes, mit Nachsicht behandelt. So aber, wenn der ewige Mahner am Leben blieb, hätte es keine wahrhaft ruhige Minute mehr gegeben für den Rest ihres Lebens.

Deswegen mußte Jesus weg.

Davor mußte er allerdings durch eine Form der Demütigung auf Erden, die seinem hohen Stand in der Geisteswelt entsprach, seinem Königtum der Wahrheit. Immer wenn etwas Hohes auf Erden nicht angenommen werden kann, ist es nur eine Frage der Zeit, wann es als Zerrbild durch den Dreck gezogen wird (V. 2-5).

Die Menschen, die das bewerkstelligen, sind entweder Nur-Intellektuelle oder ganz einfach Menschen einer niederen Bewußtseins- und Moralstufe, wie die Kriegsknechte, die Jesus die Dornenkrone aufsetzen und ihm ins Gesicht schlagen. Dieser Menschentyp freut sich, wenn er das Höhere in seinem Gegenüber erniedrigen kann.

Dadurch fühlt er für einen kurzen Augenblick weniger die Leere des eigenen Ich. Meist handelt er dazu im Kollektiv, was ihm einen weiteren Schub von Stärke vorgaukelt.

Jetzt wäre nach meinem Dafürhalten Zeit ein Resumé zu ziehen im Sinne der Eingangsfrage: Warum zeichnet Johannes ein relativ positives Pilatus-Bild?

Der tiefen Irrationalität und dem blinden Hass der Pharisäer will er den einzig möglichen Ausweg aus dieser Sackgasse gegenüber stellen und das ist der sich geisteig entwickelnde Mensch. Johannes weiß wohl, daß die eigentlichen Antipoden von Irrationalität und Haß der Geist und die Liebe sind. Aber er weiß auch, daß dorthin nur ein mühevoller Weg für den Menschen führt, angelegt in Jahrtausend-Schritten. Daß der Führer dorthin Christus ist. Um aus unserem unglaublichen emotionalen Verhaftetsein herauszufinden, mußte sich zuerst der Verstand (ratio) entwickeln, sodann das Bewußtsein, am besten mit einem verlebendigten Denken. Am Ende die Liebe in einem seelisch gesunde-ten Leib. Das ist das Programm der auf uns zukommenden Zeiten und Johan-nes wußte, daß wir da erst am Anfang stehen. Er wäre kein Jünger Christi gewesen, hätte er uns nicht diese Perspektive mit auf den Weg geben wollen.


## Kreuzigung und Tod

*Sie nahmen ihn aber, [17]und er trug sein Kreuz und ging hinaus zur Stätte, die da heißt Schädelstätte, welche heißt auf hebräisch Golgotha. [18]Allda kreuzig-ten sie ihn und mit ihm zwei andere zu beiden Seiten., Jesus aber mitten inne. [19]Pilatus aber schrieb eine Überschrift und setzte sie auf das Kreuz; und war geschrieben: Jesus von Nazareth, der Juden König. [20]Diese Überschrift lasen viele Juden, denn die Stätte, da Jesus gekreuzigt ward, war nahe bei der Stadt. Und es war geschrieben in hebräischer, lateinischer und griechischer Sprache. [21]Da sprachen die Hohenpriester der Juden zu Pilatus: Schreibe nicht: Der Juden König, sondern daß er gesagt habe: Ich bin der Juden König.*

*[22]Pilatus antwortete: Was ich geschrieben habe, das habe ich geschrieben. [23]Die Kriegsknechte aber, da sie Jesus gekreuzigt hatten, nahmen sie seine Kleider und machten vier Teile, einem jeglichen Kriegsknecht einen Teil, dazu auch den Rock. Der Rock aber war ungenäht, von obenan gewebt durch und durch.*

*[24]Da sprachen sie untereinander: Lasset uns den nicht zerteilen, sondern darum losen, wes er sein soll, - auf daß erfüllt würde die Schrift (Ps. 22,19): - „Sie haben meine Kleider unter sich geteilt und haben über meinen Rock das Los geworfen". Solches taten die Kriegsknechte.*

V.17 „Und er trug sein Kreuz." Dieses Bild ist ein tiefes Symbol für das Selbstverständnis Jesu. Keine Macht der Welt konnte ihn zu diesem Opfergang zwingen, es sei denn er hatte vorher bei sich selbst ‚ja' dazu gesagt. Und dieses „Ja" hatte er den Vater sprechen hören. Jesus wird nicht Opfer im irdischen Sinne, d.h. aus dem Schicksal des Unterliegens, aus Einsicht in die eigene Schwäche. Er bleibt in der vermeintlichen Niederlage Herr seines Schicksals, weil dieses frei gewählt ist. Damit will er uns Mut machen, die Freiheit als des Menschen höchstes Gut zu erkennen. Zu wissen, Sklave kann nur der werden, der sich geistig-seelisch aufgibt oder nie ums Frei-werden gekämpft hat. Wenn man dann äußerlich dennoch die Freiheit verliert, hat man den Teil verloren, der nur für einen irdischen Augenblick mächtig scheint. Man hat aber den Teil gewonnen, der der Achtung vor uns selbst entspricht, den Wesenskern, und damit hat man ein Stück für die Ewigkeit gewonnen. Das war die Erkenntnis und das Erleben, all derer, die ein Unrechtsregime nicht zerbrechen konnte. Der Geist Christi triumphiert immer auch in seinen Nachfolgern.

Was Pilatus auf das Kreuz schreiben ließ, nämlich ‚Jesus von Nazareth, rex Judeorum', auch als Abkürzung INRI bekannt, erregte den Zorn der Juden. Sie verlangten von Pilatus zu schreiben, daß Jesus gesagt habe, er sei der Juden König. Alles andere hätte ja bedeutet, daß sie die Hinrichtung ihres eigenen Königs veranlaßt hätten. Noch in V.15 hatten sie ja vor Pilatus geschworen, keinen König zu haben, nur damit Pilatus ihrem Wunsch entsprach, Jesus ans Kreuz zu bringen.

Tatsächlich hatte Jesus sich zwar als König, nicht aber als weltlichen, sondern den des Reiches der Wahrheit bezeichnet. Der Streit zwischen den Juden und Pilatus um die richtige Kreuzesinschrift war eigentlich eine Groteske, da beide Parteien zu falschen Formulierungen neigten. Pilatus, weil er den ideellen Charakter von Jesu Erklärung über sein Königreich nicht verstanden hatte.

Die Juden, weil sie vor lauter Voreingenommenheit, resultierend aus den Vorhersagungen zum kommenden Messias, sein wahres Königtum gar nicht verstanden hatten. Nur diesmal will sich Pilatus als Vertreter der Ordnungs-macht, kein zweites Mal vorführen lassen und so sagt er entschlossen: „Was ich geschrieben habe, das habe ich geschrieben!"

V.23-24   Die Verteilung der Kleider Jesu:

In seinen Kleidern sehe ich eine Art Hülle Jesu, das was irdisch von ihm bleibt. Es symbolisiert, was die damalige Menschheit von ihm begreifen und damit umgehen konnte. Christi Wesen konnte noch nicht ergriffen werden, denn das wäre ein innerer individueller Vorgang geworden.

Die Vierteilung seiner Kleider entspricht einer Verteilung der Botschaft Christi auf die vier Himmelsrichtungen der Erde, also Mission. Es sind einfachste Menschen, die die Kleider aufteilen, Kriegsknechte. Wir müssen von einem entsprechenden niederen Bewußtseinsgrad bei ihnen ausgehen. Auf merkwür-dig tragische Weise ist das Christentum später oft in Kumpanei mit dem Schwert, also militärisch, verbreitet worden bei der Eroberung neuer Erdteile. Ob Johannes das schon ahnte?

Der ungenähte, in einem Stück durchgewebte Rock gehört niemandem allein. Er ist die übergreifende Hülle, an der alle Besitz und Anteil haben. Man kann in ihr ebenso die Lufthülle der Erde als auch einen Himmel sehen, aus dem heraus Christus so lange wirkt, wie die Individuation des Menschen noch in ihren Anfängen liegt und der Mensch den Himmel und damit Christus noch nicht in sich entdeckt und entbunden hat.

Es war kein Zufall, daß Reliquien Jahrhunderte lang in hohem Ansehen standen in der Christenheit, weil der Christ von ihnen sich das Ausgehen einer spirituellen Wirkung versprach, die den eigenen Glauben befeuern sollte. Das war eine Bewegung von außen nach innen.

V. 25-27   Szene unter dem Kreuz:

²⁵*Es stand aber bei dem Kreuze Jesu seine Mutter und seiner Mutter Schwes-*
*ter, Maria, des Kleopas Frau, und Maria Magdalena.* ²⁶*Da nun Jesus seine*
*Mutter sah und den Jünger dabeistehen, den er lieb hatte, spricht er zu seiner*
*Mutter: „Weib, siehe das ist dein Sohn!"*
²⁷*Danach spricht er zu dem Jünger: „Siehe, das ist deine Mutter!" Und von*
*der Stunde an nahm sie der Jünger zu sich.*

Jesus zu seiner Mutter: „Weib, siehe, das ist dein Sohn!" zum Jünger: „Siehe,
das ist deine Mutter!" In diesen Worten den Ausdruck der Sorge Jesu um das
weitere Schicksal seiner Mutter zu sehen, ist nichts Verwerfliches. Nicht
auszuschließen, daß er auch daran dachte. Ebenso unstrittig sollte es aber auch
sein, darin Weiterreichendes erblicken zu können. Versuchen wir daher, soweit
das überhaupt möglich ist, uns in die angesprochenen Personen zu versetzen,
vor allem die der Maria und des Lieblingsjüngers.

Welche Schmerzen muß Maria wohl gelitten haben, ihren Sohn auf den Tod
gequält und von der Welt verspottet zu sehen, ohne sein Los lindern zu können, ja nicht einmal zu dürfen. Alles an ihr und in ihr ist wund. Wahrscheinlich
müssen die beiden anderen Frauen der Kreuzigungsszene sie stützen, so wenig
Kraft und Lebenswille ist noch in ihr.

Der Sohn am Kreuz erlebt diese Leiden zu den seinigen dazu und weiß doch,
daß kein menschliches Wesen ihn bei seiner Mutter ersetzen kann. Wenn er
dennoch zu ihr sagt und auf einen Menschen deutet „Siehe, das ist dein
Sohn!", dann ist es, wie wenn er damit hätte sagen wollen: „Dies ist der
einzige meiner Jünger, der die Kraft hat, hier zu stehen.

Damit hat dieser die Stufe der Sohnesschaft erklommen. Er ist der erste nach
mir, der Menschen-Sohn wird und du Mutter, sollst das aus meinem Munde
erfahren. Du sollst immer wissen, daß ich in dieser Seele auf die reinste Weise
anwesend bin und sein werde."

Sodann zum Jünger sich wendend: „Siehe, das ist deine Mutter!" und weiter:
„Egal, was du zu erkennen suchen wirst, auf dich wartet ein großes Werk, es
wird ein Gang zu den Müttern für dich werden! Nimm meine Mutter auf in dir
und pflege ihre Fähigkeit des Zuhörens und Zurückhaltung-übens im Urteilen.
So wirst du den Weg gehen von dem subjektiven Verstellt-sein der Welt zu
ihrer objektiven Erkenntnis, wie sie dem Menschen einst geschenkt war vor

dem Sündenfall. Denn der Weg zu meiner Mutter ist der Weg zur jungfräulichen Weisheit, wie sie besteht seit dem Beginn der Schöpfung. Auf diesem Wege begegnen wir uns, ich in dir, du in mir.

Im Unterkapitel zu Kap. 11 Wer also ist und wo muß wieder die Rede sein vom verwandelten Lazarus?, wird darauf hingewiesen, daß die Frucht aus dem Gleichnis vom Weizenkorn, die der Lieblingsjünger noch zu erbringen hat, sich unterm Kreuze zeigen wird. Das ist zum einen die Hervorhebung seiner Verbindung zur Mutter Jesu, wie sie oben angedeutet ist. Das ist höchste Auszeichnung im geistigen Sinne.

Zum anderen ist der Weg des Jüngers zur jungfräulichen Weisheit die Voraussetzung, die notwendig war, um als späterer Johannes ein Evangelium von seinem Anspruch schreiben zu können. Es erweist sich also von mehreren Seiten, daß die Auferweckung des Lazarus als verheißene Verherrlichung keine leere Ankündigung durch Jesus geblieben ist.

Sie hat ihre Fruchtbringung in einem höchsten Sinne und wurde getreulich eingelöst.

Wenn unsere Möglichkeiten, dies zu erkennen, nicht genutzt werden, dann sollten wir einmal überprüfen, wie wir mit diesen Möglichkeiten umgehen und ob wir zwischen heutigem wissenschaftlich-theologischen Vorgehen und diesen Möglichkeiten nicht neu gewichten müßten.


### V.28-30   Die letzten Worte Jesu

*[28]Danach, da Jesus wußte, daß schon alles vollbracht war, auf daß die Schrift erfüllt würde, spricht er: „Mich dürstet!" [29]Da stand ein Gefäß voll Essig. Sie aber füllten einen Schwamm mit Essig und steckten ihn auf einen Ysop und hielten es ihm dar zum Munde.*

*[30]Da nun Jesus den Essig genommen hatte, sprach er: „Es ist vollbracht!" und neigte das Haupt und verschied.*

*[31]Die Juden aber, weil es Rüsttag war, damit nicht die Leichname am Kreuze blieben den Sabbat über, denn es war ein großer Sabbat, baten sie den Pilatus, daß ihnen die Beine gebrochen und sie abgenommen würden. [32]Da kamen die Kriegsknechte und brachen dem ersten die Beine und dem andern, der mit ihm*

*gekreuzigt war. ³³Als sie aber zu Jesus kamen und sahen, daß er schon gestor-*
*ben war, brachen sie ihm die Beine nicht; ³⁴sondern der Kriegsknechte einer*
*öffnete seine Seite mit einem Speer, und alsbald ging Blut und Wasser heraus.*
*³⁵Und der das gesehen hat, der hat es bezeugt, und sein Zeugnis ist wahr und*
*er weiß, daß er die Wahrheit sagt, damit auch ihr glaubet. ³⁶Denn solches ist*
*geschehen, daß die Schrift erfüllt würde (2.Mose 12,46) „Ihr sollt ihm kein*
*Bein zerbrechen." ³⁷Und abermals spricht die Schrift (Sach. 12,10) ; „Sie*
*werden sehen auf den, in welchen sie gestochen haben."*

*³⁸Danach bat den Pilatus Joseph von Arimathia, der ein Jünger Jesu war, doch*
*heimlich aus Furcht vor den Juden, daß er den Leichnam Jesu dürfte abneh-*
*men. Und Pilatus erlaubte es. Da kam er und nahm den Leichnam Jesu herab.*
*³⁹Es kam aber auch Nikodemus, der vormals bei Nacht zu Jesus gekommen*
*war, und brachte Myrrhe und Aloe untereinander gemengt, bei hundert*
*Pfunden. ⁴⁰Da nahmen sie den Leichnam Jesu und banden ihn in leinene*
*Tücher mit den Spezereien, wie die Juden pflegen zu begraben.*

*⁴¹Es war aber an der Stätte, da er gekreuzigt ward, ein Garten und im Garten*
*ein neues Grab, in welches niemand je gelegt war.  42Dahin legten sie Jesus*
*um des Rüsttages willen der Juden, weil das Grab nahe war.*

In Kap. 4,7 fordert Jesus die Samariterin auf: „Gib mir zu trinken!" , was sich
gleichsetzen läßt mit den Worten: „Mich dürstet!" Aus Kap. 4 lernen wir, daß
das wahre Wasser, das den Durst löscht, das von Christus dem Menschen
angebotene „Wasser des Lebens" ist. Was heißt das nun im Umkehrschluß,
wenn Jesus die Frau auffordert, seinen Durst zu stillen ?!? Christi Durst wird
gelöscht in jedem Augenblick, wo ein Mensch beginnt in Freiheit und aus
eigenem Wollen, ihm nachzufolgen.

Wenn Jesus vom Kreuz herab spricht: „Mich dürstet!", bedeutet dies in
menschlichen Worten ausgedrückt: „Ich habe alles ins Werk gesetzt, also auch
mein Leben gegeben, um dich, Menschen-Bruder, hinanzuziehen. Nun erweise
auch du mir einen Liebesdienst und lösche meinen Durst mit rechtem Denken
und Handeln, so wie ich dir mit meinem Wort das Wasser des Lebens gereicht
habe."

Die in Kreuzesnähe stehenden Soldaten können Christi Worte nicht verstehen
und deuten sie rein physisch. Römische Legionäre führten stets einen billigen
Wein, einen besseren Essig als Grundversorgung und Teil ihres Soldes mit
sich. Davon geben sie dem Dürstenden.

Die Stelle nimmt Bezug auf Psalm 69,22 wo es heißt: „Sie gaben mir Galle zu essen und Essig zu trinken!" Beide Stoffe sind ungeeignet, ja Zerrbilder auf die Bitte des Herrn, ihm seinen Durst zu stillen. Diese Antwort der Menschen ist undurchseelt und ungeistig, spiegelt aber ihren in der Zeit verankerten Bewußtseinsstand wider. Sie können Christus noch nicht begreifen, geschweige denn seiner Bitte entsprechen.

Bei Matthäus wird dem dürstenden Jesus mit Galle versetzter Wein gereicht auf einem auf ein Rohr gesetzten Schwamm, was Jesus zurückweist. Bei Johannes wird ihm Essig gereicht auf einem auf einen Ysop gesteckten Schwamm, wovon Jesus nimmt. Der Ysop ist ein im östlichen Mittelmeerraum häufig vorkommendes Medizinalgewächs, eine Heilpflanze. Da gibt Johannes der Hoffnung Ausdruck, daß in der Zukunft der Mensch in der Lage sein wird, Christus eine befriedigendere Antwort auf seine Bitte zu geben. Den Essig zu Wein werden zu lassen und damit Christi Opfergabe im Abendmahl zu entsprechen. Deswegen nimmt der johanneische Jesus auch etwas vom Essig, während er die Galle bei Matthäus verweigert. Es ist ein wenig, wie wenn der Jesus bei Johannes sagen wollte: „Ich traue euch, ihr Menschen, den rechten Weg zu finden und damit die Antwort auf meine Bitte in der Zukunft zu. Das ist Jesu Liebe: noch im Sterben und angesichts des Ungenügens der menschlichen Reaktion, gibt er seinem Vertrauen und seiner Liebe zu den Menschen Ausdruck und damit seinem Glauben und seiner Hoffnung in ihre künftige Selbstbestimmung und Stärke.

Bei Matthäus fehlt dieser letzte Liebesbeweis des Jesus. Ein Zeichen dafür, um wieviel tiefer Johannes den Christus erfaßt hat und ein Ausdruck seiner direkten Begnadung.

V.30 „Es ist vollbracht!" Dieser Ausruf Jesu bezieht sich nicht auf sein Sterben, sondern ist Ausdruck seiner Selbstvergewisserung. Mit dem neuen Menschen-Bruder an der Hand tritt Christus vor seinen Vater als Zeichen dafür, daß er seinen Auftrag erfüllt hat. Nun verläßt der Elohim den Leib des Jesus. So erkläre ich mir dessen Ausruf bei Matthäus: „Eli, Eli, lama asabthani." „Mein Gott, mein Gott, warum hast du mich verlassen?"

Viele Menschen stehen erst einmal ratlos vor diesem Ausruf Jesu und ich muss gestehen, dass es mir nicht anders erging, bevor ich meine Arbeiten an diesem Evangelium begonnen hatte. Der erste Eindruck, der von diesen Worten ausgeht, ist doch der des Zerreißens eines Bandes, welches den Sohn mit dem Vater verband. Wobei die Handlung von Letzterem ausgeht. Der Sohn ist das

Opfer, das leidend zurück bleibt in seiner Ohnmacht als Mensch.

Erst nach und nach wurde mir bewusst, dass man diese Worte und diesen Augenblick auch anders deuten kann, ja wohl muss. Verlassen-werden erlebt der Mensch zwischen diesen Polen: Verrat einerseits Verlust andererseits. Ein Treuebündnis wurde gebrochen und damit das Gefühl von innerer Beheimatung und das Verlangen nach einer einmaligen Verbindung zweier Wesen ging verloren.

Wir können nicht glauben, dass der Vater Gott dem Sohne die Treue aufgekündigt hat. Was wäre das für eine Antwort auf das lebenslange Werben Jesu Christi für den Vater bei den Menschen?! Gar nicht zu sprechen von seinem Opfergang am Kreuz. Einfach undenkbar und alles in uns begehrt dagegen auf. Damit wäre die Übersetzung von Eli mit Gott zumindest unglücklich, wenn nicht irreführend.

Es bleibt demzufolge der Verlust, den der Menschensohn Jesus erlebt als der Christusgeist ihn verlässt. Eine Vorstellung davon können wir kaum erahnen, fehlt uns dazu doch jegliche Erfahrungsmöglichkeit. Dagegen kann uns ein Rückgriff ein wenig weiter helfen: Bei der Taufe Jesu durch Johannes inkarniert der kosmische Jesus in dem Menschen Jesus – ein einmaliges Geschehen. Der daraus erwachte Jesus Christus muss sich erst einmal von der Welt zurück ziehen, ehe er für den Menschen da sein kann. Es ist gar nicht vorstellbar, dass der umgekehrte Vorgang, die Exkarnation Christi, den für einen Augenblick zurückbleibenden Jesus nicht ohne tiefe Spuren zu hinterlassen, zurückließ. Ich bin mir bewusst, dass all unsere Bemühungen, dies geschehen aus menschlicher Sicht zu erfassen, Stückwerk bleiben müssen. Was wirklich bleibt, ist die Erkenntnis, dass der Mensch, egal bis in welche geistigen Höhen hinauf er sich entwickeln mag, vor Gottes Wirken auch immer wieder als Erleidender stehen wird.

Wenn das selbst Jesus widerfahren ist, dann wollte er auch darin uns vorangehen. Wer einmal im Leben durch das tiefe Tal des Stirb-und-Werde gehen musste und durfte, der hat etwas von dieser Gottverlassenheit erlebt vor einem möglichen Aufgefangen werden durch gute Mächte. Vielleicht hat Jesus diesen Schrei getan für uns, damit wir erkennen lernen, dass nur unsere Geworfenheit in die äußerste Existenzbedrohung uns wahrhaft zu Vater und Sohn führen kann. Existenziell empfunden begegne ich dieser Wahrheit in den Worten „wir können nicht tiefer fallen als in Gottes Hand".

V. 31-37 Das Brechen der Beine eines Gekreuzigten war eine schmerzvolle Methode, seinen manchmal drei Tage dauernden Todeskampf abzukürzen. Der Hingerichtete konnte seinen Körper nicht mehr abstützen und der Zusammenbruch des Kreislaufs trat rasch ein. Indem Jesus von dieser Qual ausgenommen wird, zeigt sich sein Sieg über den Tod. Ein solcher Geist bestimmt den Zeitpunkt seines irdischen Lebensendes, sowie den Zeitpunkt seiner Geburt, selbst. Christus ist Herr seines Schicksals auch im Tode.

V- 34-37 Das Bezeugen des Austrittes von Wasser und Blut steht für das irdische Ende Jesu. Es ist die Tatsache, daß Jesus, obwohl Gott-Mensch nicht entrückt wurde, sondern für uns den Erdentod starb. Das ist entscheidend für unseren Auferstehungsglauben und das Erscheinen und wirksam-werden des Heiligen Geistes.


Jesu Grablegung

Joseph von Arimathia und Nikodemus sind Schüler Jesu außerhalb seines 12-Jünger-Kreises. Sie sind nicht frei von irdischen Schwächen, worauf Hinweise deuten, wie „aus Furcht vor den Juden." Ebenso hängen sie noch an deren Bräuchen. Belege dafür: „wie die Juden pflegen zu begraben" oder „um des Rüsttags der Juden willen". Dennoch gehören die beiden der Sache Christi an in ihren Herzen und bestatten Jesu würdig.

# Kapitel 20

## Der Ostermorgen
*(oder: der sogen. Wettlauf zum Grab)*

*¹An dem ersten Tage der Woche kommt Maria Magdalena frühe, da es noch finster war, zum Grabe und sieht, daß der Stein vom Grabe hinweg war. ²Da läuft sie und kommt zu Simon Petrus und zu dem andern Jünger, welchen Jesus lieb hatte, und spricht zu ihnen: Sie haben den Herrn weggenommen aus dem Grabe, und wir wissen nicht, wo sie ihn hingelegt haben. ³Da ging Petrus und der andere Jünger hinaus und kamen zum Grabe.*

*⁴Es liefen aber die zwei miteinander, und der andere Jünger lief voraus, schneller als Petrus und kam zuerst zum Grabe, ⁵schaut hinein und sieht die leinenen Binden gelegt; er ging aber nicht hinein. ⁶Da kam Simon Petrus ihm nach und ging hinein in das Grab und sieht die Binden gelegt ⁷und das Schweißtuch, das Jesus um das Haupt gebunden war, nicht zu den Binden gelegt, sondern beiseits, zusammengewickelt, an einen besonderen Ort. ⁸Da ging auch der andere Jünger hinein, der zuerst zum Grabe gekommen war, und sah und glaubte. ⁹Denn sie verstanden die Schrift noch nicht, daß er von den Toten auferstehen müßte. ¹⁰Da gingen die Jünger wieder heim.*

Was für ein Unterschied in den Erlebnissen der am Gang zu Jesu Grab Beteiligten !

Maria aus Magdala hat eine Begegnung mit Engeln und dem Auferstandenen selbst, während Petrus und der andere Jünger gemeinsam und doch getrennt nur die äußeren Zeichen der Auferstehung, das leere Grab und die Grabtücher zu sehen bekommen. Das hat nichts mit einem Unterschied im Gefühls- und Erlebnisspektrum zwischen männlich und weiblich zu tun, wie wir vielleicht zu vermuten geneigt sind. Jedoch viel mit dem geistig-seelischen Entwicklungsgrad der handelnden Personen.

Mancher von uns wäre geneigt zu denken, daß da ja wohl dem anderen, dem Lieblingsjünger am ehesten der Auferstandene hätte erscheinen müssen, da ja seine Verbindung zu Christus die intimste und intensivste war. Dem ist gewiss so, wäre da nicht noch das Folgende zu bedenken. Der andere Jünger geht nicht alleine zum Grab, sondern in Begleitung des Petrus. Er eilt diesem voraus, wie wenn ihn eine Ahnung getrieben hätte, daß er zu diesem heiligen

Augenblick allein sein müsse mit seinem Herrn. Aus dieser Scheu heraus betritt er auch nicht das Grab.

Petrus, der nur einen Augenblick später herzutritt, hat keine Hemmung vor Ort und Stunde. Er betritt die Grabstätte, um fast buchhalterisch genau sich ein Bild zu machen von der Lage und Ordnung der Wundtücher Jesu.

In V.8 heißt es: „Da ging auch der andere Jünger hinein". Dieser weiß, daß durch des Petrus unsensible und direkte Art, die Heiligkeit des Augenblickes zerstört wurde. Daß er aber an der Art seines Bruders mitzutragen hat. Für einen kurzen Augenblick herrscht und wird gelebt der Geist der Fußwaschung. Und so kann sich alles ohne Vorwürfe und wie von alleine vollziehen bis hin zum Glauben daran, daß Jesus auferstanden sein mußte. Mehr war ab da nicht mehr zu erwarten, was sich ausdrückt mit den Worten: V.10 „Da gingen die Jünger wieder heim", denn nun folgt das eigentliche Ostermorgen-Erlebnis der Maria.

Maria aus Magdala und der Auferstandene

*[11]Maria aber stand vor dem Grabe und weinte draußen. Als sie nun weinte, schaute sie in das Grab [12]und sieht zwei Engel in weißen Kleidern sitzen, einen zu den Häupten und den anderen zu den Füßen, da sie den Leichnam Jesu hingelegt hatten. [13]Und dieselben sprachen zu ihr: Weib, was weinest du? Sie spricht zu ihnen: Sie haben meinen Herrn weggenommen, und ich weiß nicht, wo sie ihn hingelegt haben. [14]Und als sie das sagte, wandte sie sich zurück und sieht Jesus stehen und weiß nicht, daß es Jesus ist.*

*[15]Spricht Jesus zu ihr; Weib, was weinest du? Wen suchest du? Sie meint, es sei der Gärtner, und spricht zu ihm: Herr, hast du ihn weggetragen, so sage mir, wo hast du ihn hingelegt, so will ich ihn holen. [16]Spricht Jesus zu ihr: Maria! Da wandte sie sich um und spricht zu ihm auf hebräisch: Rabbuni! Das heißt: Meister! [17]Spricht Jesus zu ihr: Rühre mich nicht an! denn ich bin noch nicht aufgefahren zum Vater. Gehe aber hin zu meinen Brüdern und sage ihnen: Ich fahre auf zu meinem Vater und zu eurem Vater, zu meinem Gott und zu eurem Gott. [18]Maria Magdalena kommt und verkündigt den Jüngern: Ich habe den Herrn gesehen, und solches hat er zu mir gesagt.*

Maria ist seelisch aufgewühlt, Tränen tiefen Mitempfindens fließen. Diese seelische Ausnahme-Intensität läßt sie zwei Gestalten in weißen Kleiden wahrnehmen, wo Jesus gelegen hatte. Es ist ihr, wie wenn sie Jesu Leib verkörperten. Der Hinweis „zu den Häupten" und „zu den Füßen" deutet dies an. Die wenigen Worte zwischen diesen Wesen und Maria erscheinen wie ihre Vorbereitung auf ihre Begegnung mit dem Auferstandenen selbst. Maria spürt jemanden hinter sich, wendet sich um und glaubt, den Gärtner der Anlage vor sich zu haben, als sie ihn fragt, wohin er Jesus gebracht habe. Dieser tut nichts anderes, als sie mit ihrem Namen anzusprechen „Maria!" Augenblicklich weiß sie, daß sie Jesus vor sich hat und es bricht aus ihr heraus das Wort „Rabbuni!", - Meister !

Direkte Ansprachen aus der Geisteswelt erfolgen oft über Nennung des Namens des Angerufenen, weil dieser der Inbegriff der Individualität ist. „Ich habe dich bei deinem Namen gerufen, du bist mein!", sagt der Herr.

Dieser Ich-Du-Bezug zwischen Mensch und Gottheit kündet von der intimsten Beziehung, die bis heute möglich ist auf Erden. Keine andere darf sich da dazwischendrängen, sie möge sich so hochgestellt wähnen, wie sie wolle! Eine Nichtbeachtung käme einem schweren Sakrileg gleich. Alle irdische Ich-Du-Beziehung ist letzten Endes Abglanz dieser höchsten, aber damit noch lange mit viel Unvollkommenheit behaftet.

Was unterscheidet nun das Auferstehungserlebnis der Jünger von dem der Maria?

Die Jünger benötigen Anzeichen (Binden, Tuch), um in geistig-seelische Bewegung zu geraten. Ihr Zugang erfolgt über den Verstandesweg als Auslöser des Glaubens.

Das Angesprochen-werden der Maria hingegen läuft unmittelbar auf einer Ebene ab, wo wir den tiefsten Herzkräften begegnen. Sie stehen den höheren Wesenheiten unmittelbar offen zur Gewährung der Gnade der Offenbarung.

Vor dem Hintergrund solcher Auszeichnung einer Frau vor den Höchsten Welten erscheint es um so beklagenswerter, wenn die römische Kirche heute noch Frauen den Zugang zu höheren Kirchenämtern verwehrt! Die Argumente, die man da hören muß, z.B. „Jesus hatte nur männliche Jünger", kann man da nur als spirituelle Bankrott-Erklärung bezeichnen.

## Der Auferstandene im Jüngerkreis

*[19]Am Abend aber desselben ersten Tages der Woche, da die Jünger versammelt und die Türen verschlossen waren aus Furcht vor den Juden, kam Jesus und trat mitten ein und spricht zu ihnen: „Friede sei mit euch!" [20]Und als er das gesagt hatte, zeigte er ihnen die Hände und seine Seite, Da wurden die Jünger froh, daß sie den Herrn sahen. [21]Da sprach Jesus abermals zu ihnen: „Friede sei mit euch! Gleichwie mich der Vater gesandt hat, so sende ich euch". [22]Und da er das gesagt hatte, blies er sie an und spricht zu ihnen: „Nehmet hin den Heiligen Geist!" [23]Welchen ihr die Sünden erlasset, denen sind sie erlassen; und welchen ihr sie behaltet, denen sind sie behalten.*

Wenn Jesus dem Petrus alleine nicht als Auferstandener erscheinen konnte, so trifft das nicht zu auf die Gemeinschaft der Jünger, in der sich ja auch Petrus befand. Eine solche Gruppe hat einen eigenen Geist, der ihr zugeordnet ist. Diesem Kreis erscheint nun der Auferstandene mit den Worten: „Friede sei mit euch!" und zeigt seine Wundmale. Jesus hatte seine Jünger früher schon gelehrt, welchen Stellenwert sein Friede hat  (siehe Kap.14, 27). Für diejenigen unter ihnen, die die menschliche Furcht noch nicht beherrschen, zeigt er seine Wundmale, damit sie in ihm den ihnen vertrauten Jesus erkennen und sich beruhigen trotz seiner Geist-Erscheinung.

Die Art der Freude, die da in sie einzieht, läßt sie nicht nur Jesus erkennen, sondern ebnet dem Auftrag den Weg, mit Hilfe des ihnen eingeblasenen göttlichen Atems (Odem), des Heiligen Geistes, das Evangelium in aller Welt verkünden zu können. Dabei spricht Jesus das ominöse Wort aus  „Nehmet hin den Heiligen Geist! Welchen ihr die Sünden erläßt, denen sind sie erlassen und welchen ihr sie behaltet, denen sind sie behalten".

Diese von Jesus dem Menschen verliehene Befähigung erscheint auf den ersten Blick wie eine totale Überforderung unserer Möglichkeiten. Wie sollten wir Fehlbaren in der Lage sein, zu erkennen, was wir bisher nicht ohne Grund nur Gott zutrauen, nämlich Sünde zu erkennen und dann auch noch zu vergeben!?

Dabei lassen wir jedoch das vorausgehende Geschenk an uns außer Acht, die Beschenkung mit dem Heiligen Geist. Dieser hat eine höchste Qualität. Er vermag zu unterscheiden zwischen dem, was aus der Natur der Sache heraus notwendig ist und dem, was unseren noch unreinen, weil ego-bezogenen Bedürfnissen entspricht.

Wem Christus diesen Geist verleiht, den hält er für fähig, der Natur dieses Geistes zu folgen und sich ihm unterzuordnen. Aus dieser Demut heraus kann der Mensch erkennen, wann und wo seine Eitelkeit im Spiele ist und kann es lernen auf deren Befriedigung zu verzichten. Ein Beispiel dazu: Hat mich jemand beleidigt, kann ich ihm das vergeben. - Das ist eine reine Frage der Selbstüberwindung. Hat jemand dagegen ein moralisches Gesetz verletzt, dann empfindet der mit dem Geist Betraute, daß nicht er solches vergeben kann. Es wurde etwas Höheres verletzt, etwas das in die Zuständigkeit höherer Instanzen fällt. Die Vergebung solcher Verletzungen kann und darf ich mir nicht anmaßen. Es übernähme mich und würde mich meinerseits schuldig machen.


Thomas

*²⁴Thomas aber, der Zwölfe einer, der da heißt Zwilling, war nicht bei ihnen als Jesus kam. ²⁵Da sagten die anderen Jünger zu ihm: Wir haben den Herrn gesehen. Er aber sprach zu ihnen: Wenn ich nicht in seinen Händen sehe die Nägelmale und lege meinen Finger in die Nägelmale und lege meine Hand in seine Seite, kann ich' nicht glauben. ²⁶Und über acht Tage waren abermals seine Jünger drinnen und Thomas mit ihnen. Kommt Jesus, da die Türen verschlossen waren, und tritt mitten ein und spricht „Friede sei mit euch!" ²⁷Danach spricht er zu Thomas: Reiche deinen Finger her und siehe meine Hände und reiche deine Hand her und lege sie in meine Seite und sei nicht ungläubig, sondern gläubig!*

*²⁸Thomas antwortete und sprach zu ihm: „Mein Herr und mein Gott!" ²⁹Spricht Jesus zu ihm.: Weil du mich gesehen hast, Thomas, so glaubst du. Selig sind, die nicht sehen und doch glauben! 30Noch viele andere Zeichen tat Jesus vor den Jüngern, die nicht geschrieben sind in diesem Buch. ³¹Diese aber sind geschrieben, daß ihr glaubet, Jesus sei der Christus, der Sohn Gottes, und daß ihr durch den Glauben das Leben habet in seinem Namen.*

Thomas verkörpert den Jüngertyp aus der Zeit vor der Auferstehung Christi. Seelisch-geistig ähnlich gelagert wie Petrus, kann er den Schritt alleine noch nicht vollziehen, der notwendig ist, um den Auferstandenen wahrnehmen zu können.

Er hat die in V.22 geschilderte Anblasung der Jüngergemeinschaft durch den Heiligen Geist noch nicht mitgemacht, weswegen sein Glaube noch nicht die notwendige innere Erkenntniskraft hat.

Sein Glaube muß sich noch entzünden lassen von äußeren Dingen, die auf dem hauptsächlichen Vertrauen in die Sinne und den Verstand beruhen. Geistige Realität erlebt er noch nicht als eigenständige Kraft. Aber er kann dieses Manko schon den anderen Jüngern eingestehen, was ein erster wichtiger Schritt ist weg von falscher Selbstliebe. Und so kann sich das Wunder der Gemeinschaft wiederholen: Christus tritt abermals in die Jüngerrunde, spricht den Thomas direkt an und löst bei ihm die Blockade, die noch bestand zwischen den Möglichkeiten seiner physischen und seiner geistigen Augen.

Des Thomas Ausruf - „Mein Herr und mein Gott!" legt Zeugnis davon ab.

Was Christus unter Glauben versteht, bringt der Autor nochmals zum Ausdruck inn V.31 mit den Worten: ...."und daß ihr durch den Glauben das Leben habet in Christi Namen." Weder auf der Basis der Sinne beruhe euer Glaube, noch auf der nicht durchlebten Übernahme fremder Autorität. Sondern darauf, daß euch mein Wort reinige auf daß ihr meinen Geist in euch zum Ertönen bringen könnt.

# Kapitel 21

*Jesus verabschiedet seine Jünger /*
*Zuteilung der Lebensaufgaben an Petrus und den Lieblingsjünger*

*[1]Danach offenbarte sich Jesus abermals den Jüngern am See Tiberias. Er offenbarte sich aber so: [2]Es waren beieinander Simon Petrus und Thomas, der da heißt Zwilling, und Nathanael von Kana in Galiläa und die Söhne des Zebedäus und andere zwei seiner Jünger. [3]Spricht Simon Petrus zu ihnen: Ich will fischen gehen. Sie sprechen zu ihm: So wollen wir mit dir gehen. Sie gingen hinaus und traten in das Schiff, und in derselben Nacht fingen sie nichts. [4]Als es aber schon Morgen wurde, stand Jesus am Ufer, aber die Jünger wußten nicht, daß es Jesus war. [5]Spricht Jesus zu ihnen: Kinder, habt ihr nichts zu essen? Sie antworteten ihm: Nein. [6]Er aber sprach zu ihnen: Werfet das Netz zur Rechten des Schiffs, so werdet ihr finden. Da warfen sie und konnten's nicht mehr ziehen vor der Menge der Fische. [7]Da spricht der Jünger, welchen Jesus lieb hatte zu Petrus. Es ist der Herr! Da Simon Petrus hörte, daß es der Herr war, gürtete er den Rock um, denn er war nackt, und warf sich ins Meer. [8]Die anderen Jünger aber kamen mit dem Schiff, denn sie waren nicht ferne vom Lande, sondern bei zweihundert Ellen, und zogen das Netz mit den Fischen. [9]Als sie nun ausstiegen auf das Land, sahen sie Kohlen gelegt und Fische darauf und Brot. [10]Spricht Jesus zu ihnen: Bringet her von den Fischen, die ihr jetzt gefangen habt! [11]Simon Petrus stieg hinein und zog das Netz auf das Land voll großer Fische, hundertdreiundfünfzig. Und wiewohl ihrer so viel waren, zerriß doch das Netz nicht.*

*[12]Spricht Jesus zu ihnen: Kommt und haltet das Mahl! Niemand aber unter den Jüngern wagte, ihn zu fragen: Wer bist du? Denn sie wußten, daß es der Herr war. [13]Da kommt Jesus und nimmt das Brot und gibt's ihnen, desgleichen auch die Fische. [14]Das ist nun das dritte Mal, daß Jesus offenbart ward den Jüngern, nachdem er von den Toten auferstanden war.*

1. Szene

Der wunderbare Fischzug

Die Jünger mit Petrus versuchen die ganze Nacht über Fisch zu fangen, vergeblich. Gegen Morgen zeigt sich Jesus, ohne erkannt zu werden. Auf seinen Rat hin machen die Jünger einen reichen Fang. Jesus lädt sie ein, mit ihm das Mahl zu halten, welches Abschied und letzte geistliche Stärkung zugleich ist, bevor die Jünger in alle Welt zerstreut werden, um ihrem Auftrag, der Evangelisation, nachzukommen.

An der Gabe des reichen Fischzugs erkennt der andere Jünger, daß die Gestalt, die unter sie getreten war, der Auferstandene sein mußte. Das löst bei Petrus Panik aus, er stürzt sich ins Meer, denn er war nackt, wie es in V.7 heißt. Wir dürfen annehmen, daß Jesus keine Probleme hatte wegen eines nackten Menschen und daß die Jünger keine Prüderie-Gemeinschaft war. Das Bild der Nacktheit des Petrus bedeutet viel mehr: Petrus steht moralisch bloß da vor seinem Herrn, weil es das erste Zusammentreffen beider nach der 3-fachen Verleugnung Jesu durch Petrus ist. Dieser schämt sich gewaltig, was durch seinen Versuch angedeutet wird, seine Blöße durch einen Sprung ins Wasser zu decken. In diesem Augenblick wäre Petrus gerne unsichtbar.

Das gemeinsame Mahl ist hier keine Anspielung auf das Abendmahl. Christus will damit zum Ausdruck bringen: „Wenn ihr meine Jünger, bei eurem Gang durch die Welt, einmal an die Grenzen eurer Möglichkeiten stoßt, dann schöpft neu und voller Vertrauen aus dem Schatz meiner Worte und ihr werdet unter den Menschen einen reichen Fischzug tun.

Ihr werdet neue Erkenntnisse haben, die euch aus der Sackgasse herausführen und euch weiterhelfen. Und so wie ihr auch heute wißt, daß ich unter euch bin, obwohl ihr mich erst nicht erkannt habt, werdet ihr jedes Mal merken, ob eure Erkenntnis von meinem Geist getragen ist oder nicht. Denn ich bin immer bei euch. Dieses Mahl sei das Zeichen, daß wir uns aus dem gleichen Geist nähren.

[15]*Als sie nun das Mahl gehalten hatten, spricht Jesus zu Simon Petrus: Simon, des Johannes Sohn, hast du mich lieber, als mich diese haben? Er spricht zu ihm: Ja, Herr, du weißt, daß ich dich liebhabe. Spricht Jesus zu ihm: Weide meine Lämmer!* [16]*Spricht er zum zweiten Mal zu ihm: Simon, des Johannes Sohn, hast du mich lieb? Er spricht zu ihm: Ja, Herr, du weißt, daß ich dich liebhabe. Spricht Jesus zu ihm: Weide meine Schafe!*

[17]*Spricht er zum dritten Mal zu ihm: Simon, des Johannes Sohn, hast du mich lieb? Petrus wird traurig, daß er zum dritten Mal zu ihm sagte: Hast du mich lieb? und sprach zu ihm: Herr, du weißt alle Dinge, du weißt, daß ich dich liebhabe. Spricht Jesus zu ihm: Weide meine Schafe!*

*¹⁸Wahrlich, wahrlich, ich sage dir: Als du jünger warst, gürtetest du dich selbst und wandeltest, wo du hinwolltest; wenn du aber alt wirst, wirst du deine Hände ausstrecken, und ein anderer wird dich gürten und führen, wo du nicht hinwillst. ¹⁹Das sagte er aber, zu zeigen, mit welchem Tode er Gott preisen würde. Und als er das gesagt, spricht er zu ihm:*

*Folge mir nach! ²⁰Petrus aber wandte sich um und sah den Jünger folgen, welchen Jesus liebhatte, der auch an seiner Brust beim Abendessen gelegen hatte und gesagt: Herr, wer ist's, der dich verrät?*


## 2. Szene

<u>Petrus und Johannes oder die Petrinische und die Johanneische Kirche</u>

Jesus spricht den Petrus direkt an mit den Worten: „Hast du mich lieber als mich diese (die andern Jünger) haben?" Eine Frage, die man so von Jesus nicht erwartet hätte. In der Philia (Bruderliebe) erwartet man keine Vergleiche, d.h. keine konkurrierende Einteilung von Empfindungen. Das entspricht nicht dem Geist wahrer Bruderliebe. Wer wüßte das besser als Christus?! Wenn er dennoch diese Frage stellt, zielt sie folglich auf etwas anderes.

Wenn Petrus seelisch-geistig auf der Höhe dieser Frage wäre, könnte er sie eigentlich nicht beantworten, denn seine Antwort würde in etwa lauten: „Dazu müßte ich mich selber kennen und die anderen dazu; zu beidem bin ich noch nicht in der Lage." Wie antwortet Petrus aber in der Realität? „Ja, Herr, du weißt, daß ich dich lieb habe." Das ist eine reflexartige, undurchlebte Reaktion, fast wie aus vorauseilendem Gehorsam gegeben. Petrus kann nicht sagen aus eigener Stärke: „Ich habe dich lieb, Herr; das ist das einzige, was ich sagen kann", zu sich stehend, selbst verantwortet. Des Petrus Liebe braucht noch den Herrn als Garant, was sich ausdrückt in den Worten: „Du weißt es doch!" Dabei schwingt mit im Hintergrund die unausgesprochene Frage: „warum quälst du mich damit, daß du mir einen Spiegel vorhältst?"

Die Antwort darauf gibt Christus mit den V. 18 und 19 .

In der Jugend leben wir vermeintlich aus eigener Kraft und in der Vorstellung ganz Selbstgestalter unseres Schicksals zu sein. Im Alter, wenn die Kräfte nachlassen, müssen wir es lernen, Hilfe anzunehmen. Dafür aber können die Erkenntniskräfte noch zunehmen. Damit wachsen Demut und Gelassenheit, die notwendig sind, akzeptieren zu lernen, daß uns die höheren Mächte Wege führen, deren Bedeutung für uns zu ermessen, wir meist erst im Nachhinein fähig werden.

Entsprechendes galt für Petrus: Erst mit seinem Gang durchs Leben und seinem Märtyrertod überwand er endgültig sein Emotions-Verhaftetsein und seine Unbewußtheit.

Warum wurde Petrus dennoch zum Apostel der exoterischen Kirche? Stichwort : „Weide meine Lämmer / Schafe

Petrus verkörperte wie kein anderer Jünger den Menschentyp, der die nächsten 2000 Jahre gestalten würde. Der um eine Aussöhnung zwischen Emotionalität und Verstand ringt und ein gelegentliches Aufblitzen des sich ankündigenden Bewußtseins-Zeitalters unserer Tage zu integrieren sucht. Damit wurde er Repräsentant einer Kirche, die sich selbst Kirche Christi nannte. Obwohl schwerster Sünden schuldig, sucht(e) sie immer wieder die Erneuerung aus sich selbst um ihres höheren Auftrages willen durch die Kraft der einzelnen, die sich von dem Wort leiten ließen: „Siehe ich bin bei euch alle Tage bis an der Welt Ende."

Petrus, das waren und das sind wir, mit unseren Stärken und Schwächen. Die einen mehr, weil sie heute noch rechthaberisch an den Schwächen von einst festhalten und diese für Stärken ausgeben. Die anderen weniger, weil sich in ihnen ein neues Bewußtseins- und Empfindungszeitalter ankündigt, welches wahres Christentum und persönliche Lebensführung in Einklang bringen will in einer spirituellen Kirche der Zukunft. Daß diese ökumenisch sein wird, bedarf keiner gesonderten Erwähnung.

*[21]Da Petrus diesen sah, spricht er zu Jesus: Herr, was wird aber mit diesem? [22]Jesus spricht zu ihm: Wenn ich will, daß er bleibe, bis ich komme, was geht es dich an? Folge du mir nach! [23]Da ging die Rede aus unter den Brüdern: Dieser Jünger stirbt nicht. Aber Jesus sprach nicht zu ihm:. Er stirbt nicht, sondern: Wenn ich will, daß er bleibe, bis ich komme, was geht's dich an? [24]Dies ist der Jünger, der von diesen Dingen zeugt und dies geschrieben hat, und wir wissen, daß sein Zeugnis wahrhaftig ist. [25]Es sind auch viele andere Dinge, die Jesus getan hat. Wenn sie aber sollten eins nach dem andern geschrieben werden, achte ich, die Welt würde die Bücher nicht fassen, die zu schreiben wären.*

Kaum hat Petrus seine Lebensaufgabe von Christus zugewiesen bekommen mit: Du, folge mir nach" und „Weide meine Schafe"; da meldet sich in ihm bereits wieder die Schwäche in Gestalt der Neugier (V.21), wo er wissen will von Christus, was aus dem Lieblingsjünger werden wird. V.22 Jesus dazu: „Wenn ich will, daß er bleibe bis ich komme, was geht es dich an?" Aus diesen Worten spricht, daß dieser Jünger eine Aufgabe hat, die an das Wiedererscheinen Christi gebunden ist (siehe dazu die ausführlichen Gedanken des Kapitels: Die Frage nach dem Autor!)

Für diese Zeit der Erwartung schrieb dieser Jünger das 4. Evangelium und die Offenbarung nieder als Bausteine einer kommenden Kirche Christi. Die Botschaft des Johannes bleibt so als geistiges Vermächtnis und als Herausforderung für eine Menschheit, die den Wechsel sucht von der exoterischen, zu Ende gehenden Petrinischen Kirche hin zu einer sich abzeichnenden Johanneischen Kirche der Zukunft.

Die Sehnsüchte der Menschen über die Konfessionsgrenzen hinweg nach einem eigentlichen Christentum legen davon ebenso Zeugnis ab, wie die Rückzugsgefechte einer in Rechthaberei erstarrten Petrinischen Kirche.

Das Evangelium schließt in V.24 weniger mit einem Mysterium der Autorenschaft, wie ich glaube nachweisen zu können im Kapitel „Die Frage nach dem Autor". Seltsamer für mich erscheint da die Frage, auf welche Zeugen für dieses Zeugnis der Autor sich beruft mit seiner Formulierung.... „und wir wissen, daß sein Zeugnis wahrhaftig ist."

Wer ist wir? Das muß er selbst sein und alle denen es gelungen ist, sich vom Geist seines Werkes entzünden zu lassen, denn es ist aus dem Geist seines Herrn heraus entstanden. Sie alle werden für Johannes zu seinem natürlichen Mitzeugen.

V.25 erscheint beim ersten Lesen wie eine Formel für das Wunderbare und Große, das menschliche Vernunft übersteigt. Wenn man diesen Worten allerdings ein wenig nachhorcht, kann man den Eindruck gewinnen, wie wenn darin zwei Zeitebenen angesprochen wären. Und so möchte ich sie deuten:

Ab seiner Auferstehung bis weit in die Zukunft hinein wirkte und vor allem wirkt Christus weiter. Jedesmal, wenn ein Mensch davon ergriffen wird, entsteht ein Dialog und eine Geschichte zwischen diesem und Christus. Wer davon berichtete, müßte eine Art fünftes Evangelium schreiben, das ständig fortzuschreiben wäre - ein Buch also nach dem anderen; sodaß niemand ihre Anzahl voraussagen könnte. Denn niemand kennt die Zahl der potentiellen Christen und niemand kennt das Ende der Liebe Christi für diese, seine Schüler.


## Die Frage der Autorenschaft

Das Kapitel 21 gilt unter vielen Theologen als angehängt ans eigentliche Evangelium und die in V.24 behauptete Identität zwischen dem Lieblingsjünger (L) und Johannes dem Autor, als nicht haltbar. Das ist das Ergebnis aus historisch-textkritischer Forschung.

Diese beruft sich dabei nicht nur auf Merkwürdigkeiten der ersten Handschriften des Evangeliums, sondern auch auf Stil-Abweichungen und logische Ungereimtheiten einzelner Textpassagen und folgert daraus, daß es sich beim heute vorliegenden Evangelium um das Werk einer Redaktion handeln müsse.

Eine Beurteilung dieser Befunde aus wissenschaftlicher Sicht steht mir nicht zu, dafür fehlt mir die Qualifikation. Was mir indes zusteht, wie jedem anderen auch, ist, mich der Frage denkerisch-argumentatorisch zu nähern. Was freilich die historisch-kritische Methodik auch für sich reklamiert. Nur, daß sie dabei mit anderen Bausteinen hantiert, während ich mich alleine auf die Bausteine aus dem Text stütze, die von eigener spiritueller Aussagekraft sind. Die Bewertung der jeweiligen Fundstücke geschah mit dem gleichen Denkvermögen, das uns die Natur geschenkt hat.

In einem sind sich alle Kritiker einig: es muß die Urschrift eines Johannes-Evangeliums gegeben haben und es ging diesem um ein anderes Grundanliegen als den Synoptikern (Markus, Matthäus, Lukas). Diesen lag vor allem an historischer Genauigkeit, so z.B. ablesbar bei Matthäus an seiner seitenlangen Auflistung der genealogischen Abstammung Jesu. An der entsprechenden Stelle finden wir bei Johannes die kosmologische Herkunft Christi!

Zwischen den Synoptikern und Johannes liegen teilweise Welten, weil die Gestalt des Christus für ihn zuerst eine kosmisch-spirituelle Dimension hat und danach erst eine irdisch-menschliche. Letztere bedient er jedoch auch, so z.B. in der Darstellung des Leidenweges Jesu. Aber hinter der Darstellung seines Christus und dem Aufbau seines Werkes nimmt man doch einen Autor wahr, der in andere Bewußtseins-Höhen als die Synoptiker ragte.

Im 4. Evangelium entziehen sich die Reden des johanneischen Christus der historischen Qualifizierbarkeit und sind nur von einem Sinn-Ganzen her zu erfassen, weil sie von höchster geistiger, weil ins Göttliche hineinragender Moralität sind.

Bei dem uns vorliegenden Textlaut meint man daher: so oder entsprechend hätte der historische Jesus sprechen können oder aber nicht, woraus auf Fälschungen späterer Jahrhunderte zu schließen wäre. Entscheidend: der Geist und Sinn!

Wer im Ereignis der Christus-Erscheinung eher ein Ereignis von historischem Interesse sieht, hat wegen der dürftigen Dokumentenlage der Frühzeit nicht nur schlechte Karten, sondern verkennt meiner Meinung nach das Grundanliegen dieser Gestalt und ihre Bedeutung für die Menschheit.

Wenn sie uns nicht zuallererst geistig-seelisch erreicht, dann bleibt sie ohne eigentlichen Wert. Das Historisch-Kritische mag man hinzu bedenken, wo es als gesichert erscheint.

Entscheidend bleibt dies: sind die Grundanliegen des Mannes aus Nazareth eine Botschaft von zeitloser Gültigkeit und finden wir Nachkommenden immer erneut einen Zugang zu ihr oder nicht.

Was läßt sich nun vor diesem Hintergrund sicheres zur Autorenschaft sagen?

Kapitel 21 ist hierzu für mich der Schlüssel. Es enthält ein klassisch johanneisches „Mißverständnis", deren es so viele im Evangelium gibt und denen man als flüchtiger Leser so leicht aufsitzt, weil man den Sinn der Worte zuerst wörtlich nimmt. Sogar die Jünger unterlagen dem mit ihrer voreiligen Spekulation „dieser Jünger stirbt nicht".

Der Autor verweist zwar darauf, daß er das nicht gesagt habe, läßt den Leser im übrigen aber auf dem Rätselwort sitzen, indem er es nur wiederholt: „wenn ich will, daß er bleibe, bis ich komme..."

Diese Hervorhebung ist demnach gewollt und stellt eine unausgesprochene Einladung an den Leser dar, sich selbst auf die Suche nach dem Verständnis zu begeben. Auch wir wollen uns daher diesem Geheimnis (Tiefenstruktur des Johannes) nähern:

V.23 stellt klar, daß der Lieblingsjünger, wie jeder Mensch vor und nach ihm, sterblich ist. In V.22 sagt Jesus jedoch, daß er will, daß der Lieblingsjünger bleibe und die Länge seines Bleibens wird vom Wiederkommen Christi bestimmt. Eine sich daraus ergebende, wichtige Frage ist daher diese: Was bleibt vom Menschen, der stirbt?

Muß das nicht rein geistiger Natur sein, sein geistiges Vermächtnis darstellen? Welches Vermächtnis hinterließ aber der Lieblingsjünger?

Es ist im ganzen Evangelium keine ihm zuschreibbare Lehre oder etwas Entsprechendes zu erkennen! Wenn wir dennoch an dem Ausspruch Jesu in V.22 festhalten, d.h. von ihm ausgehen, bleibt kein anderer Schluß übrig, als daß das Vermächtnis des Lieblingsjüngers und das des Evangelisten Johannes identisch sind, nämlich das Evangelium und mithin logischerweise auch die Personen.

Bliebe noch zu würdigen wie glaubhaft der Ausspruch Jesu ist, die Basis unserer Beweisführung, im Sinne eines potentiellen Original-Wortes des 4. Evangeliums? Was bedeutet in diesem Zusammenhang „ ... bis ich (Christus ) komme... ?, und das im geistigen Zusammenhang mit dem „Bleiben des Lieblingsjüngers?"

Ein Wiederkommen Christi im Fleische, also wie zur Zeitenwende ist unter ernsthaften Christen kein Thema. Selbst die Jünger, die wohl von einer baldigen Rückkehr ihres Herrn ausgingen, d.h. der sogenannten Parusie, stellten sich diese so nicht vor. Und dann haben wir ja schon Christi Zusage, „Ich bin bei euch alle Tage bis an der Welt Ende." Das heißt, er ist geistig bereits unter uns. Nur, - können wir wirklich sagen, daß wir Organe ausgebildet haben, dies zu bemerken?

Müssen wir nicht vielmehr eingestehen, daß wir seine Anwesenheit mehr wünschen in ganz seltenen Fällen bestenfalls ahnen, wie keimhaft in uns, wo er aber in der Regel warten muß auf seine eigentliche Auferstehung, weil wir ihm den Tempel in uns nicht bereiten? Dabei hat er uns doch neben dem Heiligen Geist eine weitere Hilfe dazu zurückgelassen. Dieses „ihm die Bahn bereiten" hat er expliziert seinem eigentlichen Schüler, dem Lieblingsjünger aufgetragen in der Niederschrift des 4. Evangeliums.

Wenn Christi Kommen also mit unserer Menschwerdung, ja vielleicht ist es nicht zu vermessen zu sagen, mit der Nachfolge in der Menschen-Sohnesschaft zu tun hat, dann muß die Schrift Johanni entsprechend darauf vorbereiten.

Sie will und soll solange spiritueller Führer auf Christus hin sein, bis dieser bei uns so verinnerlicht ist, d.h. in seinem Anliegen so weit erfaßt und erlebt wird, daß er sich selbst als angenommen von uns und eben dadurch als angekommen erleben kann.

Ein solches Zeitalter mit seinen Merkmalen ist damit indirekt angekündigt.

Nun gibt es ja noch den Hinweis Jesu, daß von seinem Wiedererscheinen niemand Stund und Ort kenne, denn der Vater allein. Dies muß also mitbedacht werden mit dem Umstand, daß, wie wir gesagt haben Christi Kommen mit unserer Menschwerdung in Zusammenhang zu sehen ist.

Mensch-Werdung ist Reifung, daher stets Entwicklungsprozess des einzelnen Individuums auf die geistige Welt hin. Damit aber ist sicher, daß der Ort, an dem Christi Wiederkunft erlebt werden wird, das Innere des Menschen sein wird. Freilich für den Außenstehenden nicht erkennbar, und für den Betroffenen wohl ähnlich überraschend wie für Paulus vor Damaskus, insofern kein Widerspruch zu Ort und Stunde im Wissen des Vaters allein.

Wer es vermag, einzelnen wenigen Menschen Glauben zu schenken in ihren intimsten Andeutungen (denn nur um solche kann und darf es sich handeln), der weiß, daß diese Zeit der Christus-Erlebnisse schon begonnen hat. Wenn wir wirklich einer johanneischen Zeit entgegen gehen, dann wird es bei solchen Einzelerscheinungen nicht bleiben.

Niemals aber werden sie ein Massen-Phänomen werden, da dessen Geist sich heute noch aus Elementen der Entpersönlichung speist und da ist der Geist Christi nicht anwesend.

Es ist die Aufgabe des Evangelisten, diese Zeit vorzubereiten. Diese wird auch eine neue Kirche Christi mit sich bringen. Die heutige, sich noch mehr von Petrus her verstehende Kirche, wird sich langsam, unmerklich erst, dann aber immer drängender, zu einer johanneischen wandeln. Zu einer, welche ihren Herrn aus dem Geist des vierten Evangeliums heraus versteht und lebt.

Den Materialismus jeder Couleur, also auch im Denken, den die petrinische Kirche durch das Versagen ihrer potentiellen Geistigkeit mit beschleunigt hat, wird eine erneuerte Christenheit so überwinden lernen. Damit kann sie zum Sauerteig werden für eine Menschheit, die auch die Antwort finden muß auf die immer noch ungelöste soziale Frage.

Wie fällt nun die eingangs gestellte Frage aus, ob das Wort Christi „wenn ich will, daß er bleibe, bis ich komme" das Signum des Geistes eines originalen Wortes des Johannes-Evangeliums trägt oder nicht? Womit sich ja die Frage entschiede, ob Kap. 21 echt oder ein Produkt der Nach-Johannes-Zeit, also das Ergebnis einer Redaktion ist.

Johannes bleibt sich und seinem Stil auch dort noch treu, wo alle Welt erwartet, dass er sich namentlich zu seiner Autorenschaft bekennt. Stattdessen tritt er hinter seinem Werk zurück und will nur als Spiritus rector seiner Bilder und Gedanken wahrgenommen werden. Er scheint sich selbst noch in der Autorenfrage dem Ehre-suchen vor der Welt entziehen zu wollen. Und so müssen wir in der Preisgabe wenigstens der Identität zwischen Autor und Lieblingsjünger einen Ausdruck hohen Respektes vor dem Leser/Hörer sehen, statt des Versuches einer Gängelung. Wer mehr wissen möchte, muss sich dem geistigen Ariadne-Faden anvertrauen, den Johannes treulich durch sein Werk gespannt hat. Offensichtlich sah er in dessen Bildern sein Wesen so ausgedrückt, dass er hinter Ziel und Zweck seines Evangeliums als gesellschaftliche Person zurückstehen konnte. Getreu dem Geiste seines Namensvetters und Christus-vertrauten Johannes des Täufers: „Er muss wachsen, ich aber muss abnehmen". Nur dass Wachsenmüssende diesmal der die Nachfolge Christi suchende Mensch ist.

So fordert der Rätselcharakter der Johannäischen Sprache zur Sinnsuche heraus. Damit aber steht diese im Dienste einer höchsten Aufgabe, nämlich den Suchenden in Geist und Anliegen Christi einzuführen und damit zu verwandeln.


Wer ist Johannes ?

Es ist eine Eigentümlichkeit des vierten Evangeliums, daß die Lösungen, die seine Fragen ergeben, zumeist in ihm auch enthalten sind. Die Schwierigkeit für uns liegt allerdings darin, daß sie, wie schon mehrfach darauf hingewiesen, in verschlüsselter Form gegeben worden sind, was freilich nicht ohne tieferen Grund geschah.

Zum ersten Mal bewußt wurde mir diese Struktur bei der Arbeit an Kap.21, wo es auch um die Lebensaufgabe des Petrus geht und diese einseitig im Vordergrund zu stehen scheint, sodaß man sich sagt: es kann doch gar nicht sein, daß diese Figur die erste Rolle spielt und nicht der Lieblingsjünger mit seiner viel intimeren Beziehung zu Christus.

Es meldete sich also eine Unzufriedenheit moralischer Natur in mir. Wie berechtigt dieses Gefühl gewesen war, wurde mir klar, als ich den Sinn und die Bedeutung des Satzes „ich will, daß er bleibe, bis ich komme" verstanden hatte, was ja ausführlich dargelegt worden ist.

Ähnlich erging es mir geraume Zeit bei der Vorstellung, daß Jesus einen Lieblings-Jünger gehabt hat Das widersprach anfänglich all meinen Vorstellungen vom Wesen Christi! Sodaß die Frage auftauchte: sind unsere Ideen zu diesem Komplex nicht vielleicht ähnlich von Irrtümern geprägt, wie sie es ja auch in der Causa Petri waren?

Und so begann ich nachzudenken, nachzuspüren, zu meditieren:

Mit welchen Vorstellungen und Empfindungen assoziieren wir eigentlich die Vorsilbe „Lieblings- „? Zwecks Konkretisierung kamen mir Begriffe wie Lieblingsessen, Lieblingsfilm, aber auch Lieblingsenkel oder Lieblingsthema in den Sinn.

Der Begriff Lieblingsessen versteckte nicht lange seine Natur: es ist das Essen, das unseren Geschmackssinn am stärksten befriedigt, seiner Konsistenz nach, sich angenehm in der Mundhöhle anfühlt und schließlich keine Verdauungsbeschwerden als Spätfolgen hinterläßt.

Bei „Lieblingsfilm" wird's schon anspruchsvoller, alles aufzuklären was einem da einfallen kann; ich merkte rasch, daß es da zwei Ebenen gibt, eine rein emotionale, die nur genossen werden und damit in der Dumpfheit des Unbewußten bleiben möchte; und eine anstrengendere, welche zur gedanklichen Verarbeitung des Gesehenen herausfordert, um meine Empfindungen, meine Gedanken-Assoziationen, die durch den Film ausgelöst werden, mir ins Bewußtsein zu bringen.

Beim Thema Enkel wird mir die Methode vollends zu anstrengend. Ich beginne wieder zu reduzieren und sage hinter vorgehaltener Hand: in ihm/ihr erkenne ich am meisten etwas von mir wieder an Wünschen oder Anlagen.

Wo aber lag bei all diesen Lieblingsdingen die übergreifende Idee, die sie gemeinsam haben? Und ich fand: alle haben mit meinem Ego zu tun, mit der niederen Form meines Ich, dem mehr oder weniger unbewußt Funktionierenden das die Natur, also meine Anlagen, in mich hinein gegeben hat, wie ich angetreten bin und wie ich als Unverwandelter wieder gehen würde dereinst.

Da spätestens verstand ich - ein solches Verhältnis zum Begriff „Lieblings- „ konnte Christus nicht gehabt haben, denn sein Menschentum stand über solchen Schwächen, gerade auch, weil er um diese Schwächen wußte.

Ergo mußte hinter dem Begriff ‚Lieblings-' eine andere Bedeutung stecken. Nur welche?! Und ich begann dem Wesen der Liebe Christi nachzuspüren. Weil Christus nicht unser Ego als Ich hat, hat er auch nicht unsere Bedürfnisse. Wir wollen geliebt werden zu allererst weil das unserem schwachen Selbstbewußtsein gut tut. Wir sind Nehmende noch in aller Regel, weil wir noch nicht die Stärke haben, zu geben. Nur wer selbst brennt, ein Feuer ist, und wenn er vor der Welt auch als der Uninteressanteste, Uncharismatischste erschiene, kann Wärme abgeben und damit wahre Liebe. Diese hat es nicht nötig zu fragen, was sie bekommt im Ausgleich zu ihrem Geben.Christus war und ist dieses Feuer, diese Sonne; wir könnten es einmal werden, wenn wir uns von ihm entzünden ließen.

Uns den Weg dorthin zu zeigen, ist er gekommen, für alle; nicht für irgendeinen, nicht nachvollziehbar Auserwählten.

Aber wenn Christus auf das wahre Ich in uns setzt, das in ihm gründet, dann kann es doch nur eines sein, das aus dem Wahrnehmen von Freiheit bei gleichzeitiger Verantwortung vor dem Höchsten, das von ihm und dem Vater sich bildet. Und das bedeutet, wir haben einen Entwicklungsweg zu beschreiten, einen Kampf zu bestehen in Auseinandersetzungen mit den Widersachermächten dieser Menschenwelt (für das unbewußte Tier gibt es daher diese Mächte nicht, es kann nicht aus Bosheit handeln).

Wer sich für diesen Kampf um diese höchste Krone, die aber nicht irdisch glänzt, entscheidet, dem reicht Christus die Hand. **Dir** will er Lehrer/Meister sein, wenn Du bereit bist, diese Form der Schülerschaft anzunehmen. Denn in deiner Bereitschaft, ihm in dir zu folgen, ich-haft, nicht sklavisch gehorchend, erkennt er seinen Geist wieder und weiß: dieser Mensch ist bereit, meine Hilfe anzunehmen; er bedarf nun meiner Gnade als eines Zeichens an ihn.

Des Christus-Jesu Verhältnis zu seinem Lieblingsjünger mußte also ein Meister-Schüler-Verhältnis der besonderen Art gewesen sein, ein lebendiges, ein sich stets weiter entwickelndes. So wie es sein soll, wenn ein Lehrer nicht nur der Gebende, sondern gleichzeitig auch der Nehmende ist, so wie es im Evangelium heißt: „Wer der Höchste unter euch sein will, der sei der Diener aller". (Geist der Fußwaschung)

Aber da war im Evangelium ja noch eine zweite Gestalt, von der es heißt, daß Jesus „ihn lieb hatte", das war Lazarus. Sollte zu ihm ein ähnliches Verhältnis bestanden haben? Im Vergleich mit dem Lieblingsjünger erscheint Lazarus wie in einem Embryonal-Stadium, einem Kokon eingehüllt, sodaß wir nichts Erhellendes über ihn erfahren. Ob mir die Art seiner Erweckung weiterhelfen konnte? Gab es in der mir zugänglichen Welt irgend etwas, wenigstens im Ansatz, Vergleichbares?

Der Traum als Paradigma des Austausches zwischen den Welten:

Der Schlaf wird bisweilen der kleine Bruder des Todes genannt, weil wir mit unserer Seele und dem Ich rausgehen aus dem Körper in eine geistige Welt. Ich spreche dabei nicht von den normalen Träumen, den „Verdauungsträumen" wie ich sie nenne, weil in ihnen nur Eindrücke des Tages seelisch verarbeitet werden. Sie sind meist nicht mehr als ein Kuriositäten-Kabinett. Ich spreche von denen, über die uns codierte Botschaften aus der geistigen Welt zukommen. Man kann es lernen, ihre Sprache zu verstehen. Ich habe selbst mehrere solcher Träume gehabt, darunter Hinweise zum Verständnis mir Nahestehender, Vorwegnahmen von zukünftigem Geschehen; Träume bis zum Charakter von Offenbarung.

Die meisten Zeitgenossen merken kaum, daß sie träumen, weil bei ihrem Wiedereintauchen in den Körper, gegen Morgen, wie ein Scheibenwischer über ihr Gedächtnis geht.

Worin nun unterschied sich davon das Geschehen bei der Auferweckung des Lazarus?

Lazarus, da wirklich gestorben, war in eine ganz reale jenseitig-geistige Welt für ca. 3 Tage entrückt. Er erlebte dort, anders als bei Traumerfahrungen, keine abgeschattete Welt, sondern eine eigenständig reale, wenn auch stark abweichende von der irdischen und eine Begegnung mit Wesen der geistigen Hierarchien (siehe auch Paulus dazu).

Als ihn Christus zurückholt („Lazarus, komm heraus!") unterblieb der Effekt den der Mensch erfährt bei seiner leiblichen Geburt: den Verlust der Erinnerung an das Erlebte im sogenannten Jenseits. Der Verlust der Erinnerung an Geträumtes ist beim Aufwachen der adäquate, wenn auch um ein Vielfaches abgeschwächte, Vorgang.

Manch einer von uns hat wohl auch schon bemerkt, daß er im Halbschlaf morgens, die besten Ideen und Einfälle hat solange der irdische Einfluß über das Öffnen der Augen sich wohl noch nicht voll entfaltet hat.

Als Lazarus aus dem Erleben der geistigen Welt zurückkommt in die irdische, steht er dem gegenüber, den er kurz zuvor als Himmelsmacht erlebt hatte. Seit diesem Augenblick trägt er, einem Seher gleich, ein hohes Verständnis der Wirklichkeit der geistigen Welt in sich.

Man kann sich Lazarus ab diesem Tag nur noch schweigend und von einer besonderen inneren Würde vorstellen. Er war der erste an dem Christus selbst das Mysterium des kommenden Menschen vollzogen hatte; und wie er es zu vollziehen bereit ist seitdem an jedem von uns der willens ist, den Christus in sich aufzunehmen.

Mit Golgotha endeten die Mysterien der Antike und begannen die des Christentums.

Wenig Zeit nach der Auferstehung des Lazarus, in Kap. 13,23ff wird erstmals erwähnt ein Jünger „welchen Jesus lieb hatte" und dieser zeigt die außergewöhnliche Fähigkeit, daß er Jesu Gedanken zu lesen vermochte. V.28 ist der Beleg dazu, denn die übrigen Jünger hätten ihn sonst zu deuten gewußt.


Das Verhältnis Lazarus - Jesus

In Kap. 11 wird Lazarus der Bruder von Maria und Martha aus Bethanien erstmalig erwähnt unter dem Attribut „den der Herr lieb hat". Auf Art und Bedeutung dieser Liebe aus der Perspektive Jesu wurde bereits hingewiesen im Kapitel „Wer ist Johannes?"

Dieses innere Verhältnis stand ganz unter der Gesetzmäßigkeit, die sich ausdrückt in Jesu Hinweis an die Jünger „nicht ihr habt mich erwählt, sondern ich habe euch erwählt..." : Christi Gnade wird demjenigen zuteil, der bereit ist, sein irdisches Ego mit seinen Schattenseiten zurückzudrängen zugunsten seines höheren, weil Christus-Kräften verpflichteten Ich.

Dieses Wählen des einzelnen erfolgt anfänglich gegen jeden Verstand und irdische Erfahrung die beide vielmehr nahelegen, die Ehre der Welt zu suchen; sprich deren Anerkennung. Selbstüberwindung und Selbstlosigkeit schielen gerade nicht auf diesen leichter zu erringenden und uns schnell befriedigenden Preis.

Ein diesem Wert Verpflichteter sucht gerade dort zu gestalten, wo es nichts zu gewinnen gibt, er folgt stattdessen der Erfüllung des Ideals eines feineren und gerechteren Empfindens, der Sehnsucht nach einer besseren Welt. Und das ohne zu wanken.

Damit hat er etwas von Sisiphus an sich in seinem nie erlahmenden Glauben an den Wert wahrhaft selbstbestimmten Tuns. Er will damit keine eigene Welt aufrichten, wohl aber einer noch verborgenen zerbrechlichen Welt gegen die Schwerkraft menschlicher Schwächen zum Durchbruch verhelfen; nur aus persönlichem Glauben heraus, aus einer durch keine Vernunft gespeisten Hoffnung.

Nun muß man sich einmal die Frage vorlegen, was geschieht mit einem solchen Menschen, wenn in sein Leben das Übersinnliche als real erlebte, d.h. auch ins irdische Geschehen einwirkende Macht hereinbricht? So geschehen dem Lazarus, geschenkt von dem Fleisch gewordenen Christus. Wenn es am Ende von Kap. 11, dem Bericht über das Auferweckungsgeschehen heißt in V.44, als Jesus zu den Umstehenden sagt: „Löset die Binden (des Auferweckten) und lasset ihn gehen!"

Als Betroffener bist du nach einem solchen Erlebnis erst einmal nur noch mit dir selbst beschäftigt, weil du um Fassung und Orientierung ringst. Alle alten Gefühle und Erfahrungen tragen nicht mehr. „Löset die Binden!" Dies ist der ultimative Abschied vom Beheimatet-Sein in der Welt vor der Erweckung.

Nun bist du voll der Gesichte von Kräften und Erlebnissen zwischen dieser und einer geistig-jenseitigen Welt und spürst, ja weißt, entgegen allem Drängen, davon kannst du niemandem sprechen, zu ungewohnt, zu gewaltig sind die Dimensionen, in welche dir Einblick gewährt wurde und zu wenig vorbereitet und empfänglich der Geist und die Seele deiner Mitmenschen.

Was vor der Zeit Christi in den Weisheits-Mysterienschulen der Alten Welt der einzuweihende Schüler durchmachte, unterlag nicht ohne Grund der Schweigepflicht.

Seit Christi Erdengang aber ist es sein Geist, der dem nach Erkenntnis Strebenden und von Gnade Erhörten das Schweigen über solche intimen Geistererlebnisse zur persönlichen Gewissenspflicht macht. Nur sehr selten dringt deswegen heute schon eine mehr oder weniger offene Andeutung ähnlicher Erlebnisse an die Öffentlichkeit.

Je mehr die Menschheit jedoch in der Zukunft aus dem Geiste einer johanneischen Kirche leben wird, desto offener und selbstverständlicher wird sie damit umgehen lernen.

Und dann hatte Lazarus zu tun, erst unmerklich, dann drängender und drängender mit seinem Selbst-Gefühl: wer bin ich, der ich mich doch für nichts besonderes hielt, einer solchen Nähe zu einem solchen Wesen teilhaftig werden zu dürfen? War dies ein Blick in die Zukunft eines jeden Suchenden? Habe ich eine ganz eigene Aufgabe zu erfüllen?

Wir sehen, wie das Auferweckungsgeschehen des Lazarus auch von der Seite des Auferweckten her zu erfragen ist, wenn man seine Bedeutung für die Menschheit und seine Funktion im Johannes-Evangelium verstehen will.

Eine solche Entwicklung erklärt das spätere Schweigen des Lieblingsjüngers und seine außerordentliche Fähigkeit, die Gedanken Jesu zu lesen, so z.B. als Petrus ihn fragte, wer es sei, der Jesus verraten werde. Er ist im inneren Gespräch mit seinem Herrn, seinem Lehrer und Meister weil er sich durch Hadesfahrt und Auferweckung einer Geistigkeit bedienen kann, die weit über der Verstandesstufe der anderen Jünger liegt. Und in dem Maße wie er sich entwickelt, beginnt er zu ahnen, daß er eines Tages wird dem zu entsprechen haben, was sein Meister ausdrückte in den Worten (Kap.22) „...ich will, daß er bleibe bis ich komme."

Wenn wir bedenken, wie wir heute darum ringen, die reine Verstandesstufe der letzten 2000 Jahre zur Bewußtseinsstufe hin zu erweitern, dann ahnt wohl der eine oder andere unter uns, wohin uns Christus einlädt. Eine Passage wie die in Kap.16, V.2-13 bezieht daraus ihren kryptischen Sinn (auch Kap.14, V.21) : „...und ich werde mich ihm offenbaren." Beide Stellen verweisen auf den Heiligen Geist, den Geist der Wahrheit, von dem es heißt: „Was zukünftig ist, wird er euch verkünden!"

182

Ich persönlich sehe daher in so mancher Bemühung von der Kirche wohl gesonnener Wahrheitssucher, eine neue Mystik und Spiritualität zu entwickeln, als einen Weg in die richtige Richtung. Entscheidend dabei wird sein, daß der Mensch Organe entwickelt, die ihn umgebende Kraft des Geistes aufzuspüren und ins Bewußtsein zu heben und nicht aus intellektueller Selbstverliebtheit weiter Theorien aufzustellen.

## Vom reichen Jüngling zu Lazarus?

Wo von Lazarus die Rede ist (Kap.11) fällt auf, daß er mit dem Attribut geehrt wird „den der Herr liebhatte".

Wen das nicht zum Nachdenken veranlaßt, der hat noch nicht bemerkt, daß im Evangelium nach Johannes kein Wort zufällig eingesetzt ist, mithin eine Bedeutung hat, die vom Leser ergründet werden will. Wenn also explizit gesagt wird, daß Jesus einen Menschen „liebhatte", dann deutet dies nicht nur ein besonderes Verhältnis an, sondern ist gleichzeitig ein Hinweis darauf, daß diese Liebe eine Vorgeschichte haben muß.

In der Tat treffen wir bei den Synoptikern auf die Geschichte vom reichen Jüngling, der Jesus um Rat angeht, um das Ewige Leben zu „erben". Jesus weist diesen auf die Bedeutung der 10 Gebote hin, worauf der junge Mensch beteuert, diese alle von jung auf gehalten zu haben. Bei Markus heißt es darauf „und Jesus sah ihn an und liebte ihn". Wir spüren förmlich mit, wie ein innerer Vorgang in Fluß kommt von Jesus hin zu dem jungen Menschen: der Meister erfaßt die Qualität des Behaupteten auf einen Schlag und erkennt in ihr die Reinheit und Willensstärke einer an spirituellen Dingen interessierten Persönlichkeit. Er erspürt das mögliche Potential ihres weiteren Weges, obwohl der Jüngling erst einmal enttäuscht sich von ihm abwendet, als er erfährt, daß er sich von allen seinen Gütern trennen müsse, wenn er Jesus als Jünger nachfolgen wolle.

Wer ist dieser reiche Jüngling? Wie konnte sein bisheriges Leben verlaufen sein?

Bekannt ist von ihm, daß er der Oberschicht angehört und sehr begütert ist. Wir dürfen vermuten, daß er der Schicht der Pharisäer angehört, denn die Einhaltung der Glaubens-Vorschriften scheint ihm selbstverständlich. Eher ungewöhnlich ist jedoch, daß er sie von jung auf beachtet, ohne jede Nachlässigkeit oder Entschuldigung vor sich. Selbstdisziplin und Willensstärke müssen sich bei ihm mit Herzkräften und einem gewissen Gespür dafür vereinen, daß man als Mensch Bürger zweier Welten ist: der stofflich-irdischen, als auch der nicht sichtbaren geistig-göttlichen Welt.

Die Ausbildung eines reichen Gemüts- und Empfindungslebens verdankte er der Mutter - dem Vater mit seinem Gerechtigkeitssinn und seiner Treue im Glauben war ihm der Fels auf Erden, der ihm den Weg zu Jahwe wies. Dieser wiederum beschenkte ihn des nachts mit Träumen, die ihm eine eigene Sicherheit gaben und eine seelische Heimat. Er pflegte jedoch darüber nicht zu sprechen, wenn seine Altersgenossen wieder einmal Fragezeichen hinter die Existenz einer göttlichen Welt setzten. Er war in diese eingebettet auf seine ganz eigene Weise, Hiob vergleichbar vor Beginn seiner Prüfungen.

Es waren aber nicht nur die Reichtümer des Vaterhauses, die diese junge Seele sicher machten; es waren auch die Gesetze des Alten Bundes, deren Daseins-Berechtigung durch Verinnerlichung ihn bereicherten.

Eines Tages jedoch, unser Jüngling mag so um die einundzwanzig herum gewesen sein und hatte das philosophische Seminar eines großen griechischen Redners besucht, regte sich Unruhe in ihm; erst kaum wahrnehmbar, dann von Tag zu Tag wachsend.

Hatten diese Griechen nicht Recht, wenn sie sich ihres kritischen Verstandes bedienten wie einer Gottesgabe? Gab es nicht genügend Beweise, daß der Gerechte wie der Ungerechte gleichermaßen leiden mußte? Fragen über Fragen standen mit einem Mal neu vor seiner Seele und bedrängten diese heftig.

Etwas von der alten Sicherheit in ihm schien bedroht. Gleichzeitig <u>fühlte er wie einen zweiten Pol in sich entstehen, wie ein zweites Ich,</u> zerbrechlich noch, doch unverwechselbar und wie auf der Suche nach Antwort. Eine Regung, die aufs intimste anzuknüpfen schien an die Jahre, als er den Weg zu Jahwe suchte.

So war es keine Frage mehr für ihn, als er von einem im Lande umherziehenden Rabbi berichten hörte, der von einer Schar von Jüngern begleitet und Wundertaten vollbringend, vor allem aber eine revolutionäre Botschaft verkündend, daß er diesen sehen und sprechen mußte. Er wußte vom Hörensagen, daß es dem heiligen Mann vor allem darum zu tun war den Suchenden

den Weg zum ewigen Leben zu weisen. War das nicht auch sein ureigenstes Anliegen? Seine Sehnsucht den Weg zu dem einen, dem eigentlichen Vater zu finden und zur Verheißung ewigen Zusammenseins mit diesem?

Aber dann der Schock der Begegnung! Einerseits fühlt er sich von dem Predigenden angezogen wie noch von keinem anderen menschlichen Wesen zuvor. Wenn er ihn ansieht ist es ihm, als stünde hinter jenem eine zweite, ihn überragende Gestalt. Wuchs sie heraus aus seiner Phantasie? War sie eine höhere Wirklichkeit?

Was ihn jedoch hart in die Tages-Wirklichkeit zurück holte, waren die Worte, die an sein Ohr drangen und ihn wie Schläge trafen : „Nur wer bereit ist, Vater und Mutter zu verlassen, kann mir nachfolgen"  oder „ du mußt sterben um zu leben!"

Es war doch gerade die Gemeinschaft mit den ihm Nächststehenden, das Wissen und Empfinden mit diesen in einer Linie zu stehen, Geschlecht um Geschlecht bis hinauf zu Abraham, dem Urvater, den Gott selbst ausgezeichnet hatte vor allen anderen Irdischen, indem er sich ihm zuwandte in Wort, Gesichte und Traum. Er selbst war doch auch ein Teil in diesem erstmaligen Ich - Du - Verhältnis zwischen Gott und Mensch und bezog daraus sein Selbstbewußtsein und nichts aus der göttlichen Welt hatte ihm bedeutet, dazu auf Distanz gehen zu müssen.

Und dann dieses „du mußt sterben um zu leben!" Da war sie wieder, die neue Art zu denken, die er bei den Griechen kennen gelernt hatte und die sie Dialektik nannten. Er fühlte sich von ihr angezogen und abgestoßen gleichermaßen. Er erlebte die Dinge noch als Einheit zwischen der Schöpfung und sich, weil er sie kreatürlich annehmen konnte. Diese Harmonie zu verlieren, hätte ihm einen unendlichen Schmerz bereitet. In ihr fühlte er sich geborgen und gestärkt in der alles durchströmenden Liebe des Weltenvaters.

Das aber verstörte ihn vollends:  die Worte dieses Rabbi Jesus dangen auf ihn ein und bedrohten seine Welt aufs heftigste, während gleichzeitig von diesem Menschen eine Ruhe und Gelassenheit ausgingen, in deren Kern er nach und nach eine überirdische Güte wahrzunehmen glaubte. Ein solches Wesen konnte ihn doch nicht abweisen mit dem was ihn bedrängte, mußte ihn doch begreifen. Und so wagte er eines Tages Jesus anzusprechen (Mrk.10) : „Guter Meister, was soll ich tun, daß ich das ‚ewige Leben' ererbe?" Und Jesus sah ihn an und liebte ihn und sprach zu ihm: „Eines fehlt dir; gehe hin, verkaufe alles was du hast, und gib's den Armen, so wirst du einen Schatz im Himmel haben und komm und folge mir nach!"

Der Jüngling aber ward unmutig (verzweifelt) über das Wort und ging traurig davon, denn er hatte viele Güter. Soweit der Evangelist Markus. Wir wollen nun versuchen, diese Worte Jesu zu verstehen und der Reaktion des Jünglings nachzuspüren.

Daß in dem Ratschlag Jesu an ihn auch die materiellen Güter gemeint waren, bedarf wohl keiner besonderen Erwähnung. Klar ist aber auch, daß vor allem die immateriellen Güter gemeint sein mußten, also geistig-seelische Fähigkeiten, wie sie z.B. im Halten der zehn Gebote angesprochen werden. Wer, wie der reiche Jüngling, bestrebt war den 10 Geboten zu entsprechen, und das von Jugend an, ist nicht vorderhand auf Erwerb und Besitz materieller Güter aus. Es wäre ganz ausgeschlossen gewesen ansonsten, daß Markus seinen Jesus diesen jungen Menschen liebhaben ließe. Bei dessen immateriellen Gütern müßte es sich um Dinge handeln wie Willensstärke, Disziplin, Gehorsam etc. Und von denen sollte sich der junge Mann trennen? Braucht denn der Christ solche Eigenschaften nicht? Wer würde das verneinen wollen. Doch ist der Impuls aus dem heraus etwas geschieht, also auch diese Werte sich speisen, entscheidend. Folgt dieser Impuls einem von außen kommenden Imperativ, wie dies im Alten Bund der Fall war, so wirken die Gebote Jahwes auf den Menschen ein und formen dessen moralische Gestalt.

In dieser Frühphase unseres Glaubens ging es noch, wie bei einem Kinde, um das Einüben, ja Einschleifen von seelischen Grundmustern, die vernünftiger Weise nicht diskutiert werden.

Wenn aber das Ich erwacht, d.h. der Mensch erwachsen wird, will und muß er sich den Impuls in sich hineinholen, um ihn dort innen zu individualisieren und auf Mitmensch und Gottheit wieder zurückzustrahlen. Ein neuer Dialog Mensch - Gott beginnt, weil Gott an einem andern Ort und anders erlebt wird. Was bisher aus Gehorsam geschah, geschieht nun aus Einsicht in die Notwendigkeit und wird zur selbst verantworteten Haltung und damit einer neuen moralisch-ethischen Qualität.

Ohne es zu wissen hatte der reiche Jüngling diese Stufe erreicht und stand vor seinem entscheidenden Entwicklungsschritt als er Jesus begegnete. Sich von seinen Gütern zu trennen und diese den Armen zu lassen, um Jesus folgen zu können, bedeutete dann nichts anderes, als sich von jeglichem irdischen

Rang- und Ehre-Denken frei zu machen, um die Welt des Der-Ehre-Gottes-Dienens kennen zu lernen, des Dienens eines Wesens für das andere in selbstloser Liebe.

Wenn etwas gewaltig Neues entsteht, muß vorher Altes absterben. Das Wunder des Schmetterlings macht es uns vor: ohne den „Tod" der Raupe keine Puppe. Ohne das Abstreifen von deren Hülle keine Schmetterlingsgeburt. Und so auch der Mensch. In einer Hades-Fahrt mußte der Jüngling seine alte Seele, die noch verhafteten Teile seines Gruppen-Ich, seine Zugehörigkeit zum Alten Bund, abstreifen, um ein neuer Mensch zu werden. Die Forderung Jesu an ihn zielte auf seine personale Neugeburt. Diese würde wie im Gespräch des Nikodemus mit Jesus klar wird, eine Wiedergeburt aus dem Geiste sein: der alte Adam sollte vergehen, die Spiritualität des Neuen Bundes sollte an seine Stelle treten.

Daß eine Ära in der Menschheitsentwicklung zu Ende ging, empfand die ganze damalige Kulturwelt. Die Griechen durchlebten es am bewußtesten. Wenn sie ihre Toten sagen ließen „lieber ein Bettler sein im Reich der Lebenden als ein König im Reich der Toten", dann deutet das darauf hin, daß das alte geistig-seelische Band zwischen den Göttern und dem Menschen zerrissen war.

Den Himmel, den er verloren hatte, sollte der Mensch mit Hilfe seines Erkenntnisvermögens und seiner neu gewonnenen Freiheit in sich selbst entdecken lernen.

Den Verzicht auf seine Güter, den Jesus unserem Jüngling nahegelegt hatte, erlebte dieser als einen Anschlag auf einen Teil seiner Natur. Sprach aus einer solchen Forderung noch Jahwe oder schon jenes Wesen, welches dem Wanderprediger jene Ausstrahlung von überirdischer Größe gegeben hatte?

In unserem jungen Menschen entbrannte ein nie erlebter Kampf. Der alte Adam wollte nicht sterben, de neue war wohl noch zu schwach, sich siegreich zu erheben. Seele, Körper und Geist bildeten keine Einheit mehr und wo ein solches Mißverhältnis andauert, wehrt sich der Organismus mit Flucht in die Krankheit.

Der reiche Jüngling erkrankte schwer, schließlich gar auf den Tod.

Seine Gesundung war längst eine Götterangelegenheit geworden. Nur wenn es diesen gelang, den jungen Menschen erfahren zu lassen, daß auch in Jahwe die Chistus-Wesenheit wohnte, ausgegangen vom Vater-Gott und aufgebrochen zu ihrer Erden-Mission, konnte der Jüngling als Verwandelter, als neuer Adam auferstehen. Um Jesu Einladung anzunehmen, ihm als Schüler zu folgen um zur Übernahme einer gewaltigen Aufgabe heranzureifen, nämlich ein Evangelium zu schreiben, das die Menschen in das Zeitalter ihrer eigentlichen Menschwerdung geleiten sollte. Einen solchen geistigen Hintergrund dürfen wir uns vorstellen zum Kap.11, Joh., wo Maria und Martha, die Schwestern des Lazarus, Jesus wissen lassen, daß der, den er liebhatte, gestorben sei. Und der Christus in ihm antwortet (Joh. 11,4) : „Diese Krankheit ist nicht zum Tode, sondern zur Verherrlichung Gottes, daß der Sohn Gottes dadurch verherrlicht werde."

War die Einweihung des Menschen in den Mysterien der Antike noch der Weg einiger weniger in die spirituelle Welt der Ahnen, so ist die Auferweckung des Lazarus durch Christus die erste Initiation des modernen Menschen und in die Zukunft gerichtet.

Heute geht es freilich weniger spektakulär zu, dafür aber existenziell: um den Preis seines Lebens oft sucht der Mensch seitdem nach dem Sinn seiner individuellen Existenz und nach einem Weg dorthin. Erinnert sei dabei an das Leben von Gestalten wie Kleist oder Kafka, aber auch an das von Tausenden Namenloser vor der Geschichte. Ihr Leben ist vor dem Sohn und dem Vater von nicht geringerer Bedeutung.

Ein Gottsucher wie Søren Kierkegaard hat das in seiner Schrift ‚Die Krankheit zum Tode' (Reclam 96,34) zum Ausdruck gebracht.

# Komposition des vierten Evangeliums

Das Welten-Ich-bin, der kosmische Christus, bringt den Geist mit herab zu seiner Menschwerdung. So wird er zum Licht der Welt.
Was Erde und Mensch brauchen auf ihrem Entwicklungsweg, das strahlt seitdem ein als verborgene Ich-bin-Kräfte. Sie warten auf ihre Entdeckung durch den Menschen, um ihn bei seiner selbstbestimmten Reifung zu begleiten.

Diese Mensch-Werdung ist im Gleichnis vom Weizenkorn versinnbildlicht. In die Erde gelegt, scheint es zu vergehen, aber nur, um in neuer Gestalt aufzuerstehen, um ein Vielfaches an Frucht zu bringen. Und so ist auch der Weg des Menschen angelegt. Sein Stirb und Werde (Lazarus) ruht im Vorbild des Erdenweges Christi, seinem Tod, seiner Auferstehung, seiner Verherrlichung also. So wie er uns voran gegangen ist, so will er, dass auch wir unseren Weg in seinem Geiste suchen. Dass wir zum Absterben bringen in uns was überlebt und undurchseelt, um zu neuem Leben zu erwachen, das aus dem Geist seines Wortes sich nähert: „Ich bin das Brot des Lebens."

In Golgatha begegnen sich Ende und Neubeginn, begegnen sich Tod und Leben. Von Golgatha aus führt der Weg zu einer neuen, verwandelten Erde.

Nach der Idee und dem Entwurf von Peter Gaßmeyer
gezeichnet von Anne-Meike Gaßmeyer

Ich bin die Tür

Ich bin das Licht der Welt

Ich bin die Wahrheit

Ich bin der gute Hirte

Ich bin der rechte Weinstock

Ich bin der Weg

Ich bin das Brot des Lebens

Ich bin das Leben

Gleichnis vom Weizenkorn

Alter Bund

Neue Erde

Stirb und Werde (Lazarus/Mensch)

Golgatha

Verherrlichung Jesu

Zeitfracht Medien GmbH
Ferdinand-Jühlke-Straße 7
99095 Erfurt, Deutschland
produktsicherheit@kolibri360.de